Unterwegs auf Messers Schneide

Unterwegs auf Messers Schneide

Gedanken zur Spiritualität

von Swami Ramakrishnananda Puri

Mata Amritanandamayi Center, San Ramon
Kalifornien, Vereinigte Staaten

Unterwegs auf Messers Schneide

Gedanken zur Spiritualität von Swami Ramakrishnananda Puri

Herausgegeben von:
Mata Amritanandamayi Center
P.O. Box 613
San Ramon, CA 94583
Vereinigte Staaten

——————— *Racing along the Razor's Edge (German)* ———————

Erstausgabe vom MA Center: September 2016

In Deutschland: www.amma.de

In der Schweiz: www.amma-schweiz.ch

In Indien:
inform@amritapuri.org
www.amritapuri.org

sarva śruti śiroratna
virājita padāmbujaḥ
vedāntāmbuja sūryo yaḥ
tasmai śrī gurave namaḥ

Die Lotusfüße des Meisters leuchten wie die Edelsteine,
die Offenbarung der Schriften. Der Guru ist die Sonne,
die den Lotus der vedischen Weisheit erblühen läßt.
Diesem Meister erbiete ich meine Verehrung

Guru Gita 5:68

In tiefer Ehrerbietung überreiche ich dieses Buch den
Lotusfüßen meines geliebten Satguru,
Sri Mata Amritanandamayi

Inhaltsverzeichnis

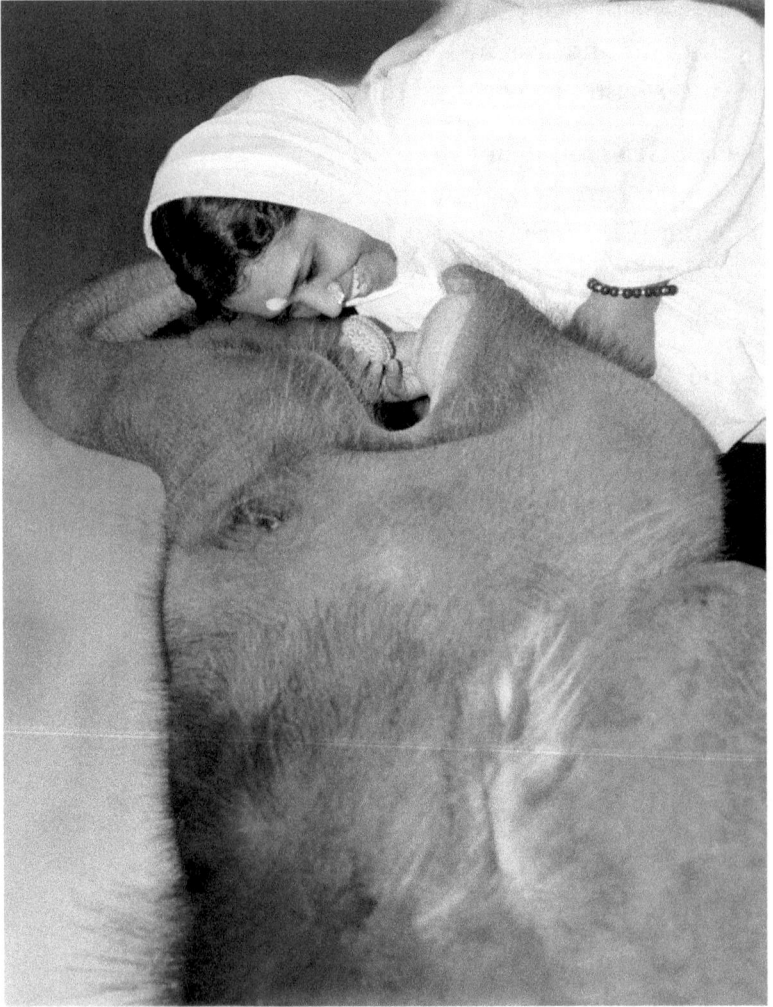

Vorwort

uttiṣṭhata jāgrata
prāpya varānnibodhata
ksurasya dhārā niśitā duratyayā
durgaṁ pathastat kavayo vadanti

*Erhebt euch! Erwacht! Geht auf die Großen Meister zu und
werdet erleuchtet.*
*Schwer zu begehen wie auf scharfer Messers Schneide,
schwierig ist dieser Weg, so sagen die Weisen.*

Katha Upanishad, 1:3,14

Dieser Vers aus den Hinduschriften ist eine treffende Beschrei-
bung des spirituellen Weges. Obwohl es in der ganzen Welt Millionen Suchende gibt, sind nur wenige bekannt, die das Höchste
Ziel ereicht haben. Für einen Menschen der modernen Gesellschaft ist es sehr schwierig, den Ozean der Sinnesvergnügungen
und materiellen Wünsche zu durchqueren. Die Reise auf dem
spirituellen Weg wird außerordentlich schwierig, wenn wir uns
nur durch Bücher führen lassen. Doch soll uns das keineswegs
entmutigen, denn jeder Fortschritt auf dem spirituellen Weg ist
wertvoll, unabhängig davon, wie weit wir reisen.

Zum Glück hat sich die Gnade Gottes in physischer Form auf
Erden inkarniert, um uns aus der Finsternis herauszuführen. Ihr
Name ist Sri Mata Amritanandamayi Devi, doch wird sie in der
ganzen Welt einfach Amma oder Mutter genannt. Sie lehrt uns,
wie wir über des Messers Schneide (den spirituellen Pfad) gehen

können, ohne uns zu schneiden oder hinzufallen. Mit Hilfe und unter der liebevollen Führung einer zutiefst mitfühlenden Höchsten Meisterin wie Amma können wir sogar raschen Schrittes auf dem spirituellen Pfad entlangschreiten. Dieses Buch vermittelt Grundlagen zur heiklen Kunst des Gleichgewichtes zwischen Spiritualität und weltlichem Leben. Es enthält für jeden etwas, möge er ein fortgeschritten Suchender sein oder ganz neu auf dem spirituellen Weg. Es wendet sich vor allem an Menschen, die intensiv in der Gesellschaft leben und dennoch inneren Frieden und Freude erfahren wollen.

Möge dieses Buch dich erfreuen und mögest du gesegnet sein mit unendlicher Sehnsucht nach der inneren Gegenwart der Ewigen Mutter.

Swami Ramakrishnananda Puri
Amritapuri, 27. September 2003

Sri Mata Amritanandamayi: Einführung

„Es fließt ein beständiger Strom von Liebe von mir hin zu allen Wesen im Kosmos. Das ist meine angeborene Natur."

Amma

Auf einer Halbinsel im südindischen Bundesstaat Kerala, eingebettet zwischen dem Arabischen Meer und den Backwaters von Kayamkulam, steht der Ashram Amritapuri. Amritapuri ist gesegnet durch die Präsenz von Sri Mata Amritanandamayi Devi, der Göttlichen Mutter, die weltweit von Millionen Anhängern als Satguru verehrt wird.

Amma kam wie ein Sturzbach göttlicher Liebe zu den ihres lebendigen Glaubens beraubten und in ihrem Herzen nach reiner Liebe dürstenden Menschen dieses Zeitalters. Amma ruht in der immerwährenden Erfahrung der Höchsten Wahrheit und begreift jeden als ihr eigenes Selbst. Indem sie die leidende Menschheit auf ihren Schoß nimmt, unseren Schmerz lindert und uns Hoffnung schenkt, vertreibt sie die Dunkelheit aus unserem Herzen und führt uns auf den Pfad der Vollendung und immerwährenden Freude.

Seit über drei Jahrzehnten unermüdlichen Dienens berät und tröstet Amma persönlich Millionen von Menschen aller Gesellschaftsschichten und aus allen Winkeln der Welt. Amma trocknet eigenhändig allen Menschen die Tränen und befreit sie von ihrer Sorgenlast. Ihr Mitgefühl, ihre Güte und ihr tiefes Interesse, die

13

sie jedem zeigt, ihr spirituelles Charisma, ihre Unschuld und ihr natürlicher Charme sind unvergleichlich und einmalig.

Amma ist die Verkörperung all ihrer Lehren und verbringt jeden Moment ihres Lebens damit, die Beschwernisse der leidenden Menschheit zu verringern. Amma erobert überall durch ihre gottgeweihten Gesänge, ihre einfachen Ansprachen mit so anschaulichen Bildern und lebendigen Beispielen und durch das Vorbild ihres eigenen unvergleichlichen Lebens die Herzen der Menschen.

Kurzer Lebensabriss

Am Morgen des 27.September 1953 wurde in Alappad, einem Dorf an der Westküste von Kerala, ein Mädchen geboren. Ihre Eltern gaben ihr den Namen Sudhamani. Sie kam nicht mit Tränen auf diese Welt, wie die meisten Babies, sondern trug auf ihrem Gesicht ein freudestrahlendes Lächeln, so als verkündete sie die Freude und Glückseligkeit, die sie in die Welt bringen sollte. Obwohl sie sich seit frühester Kindheit ihrer wahren Natur voll bewusst war, verübte sie gerne Streiche, ganz so wie der verspielte Krishna. Später sollte sie ihre Eltern erstaunen, da sie ihnen über die Ereignisse jeder Minute ihrer ersten Lebensmonate berichten konnte.

Obwohl Sudhamani von göttlicher Herkunft ist, verbrachte sie die Jahre ihrer Kindheit und Jugend mit intensiven spirituellen Übungen, um der Welt ein lebendiges Beispiel zu geben. Schon als kleines Kind konnte man sie oft in tiefer Meditation versunken auffinden, ohne dass sie irgend etwas von ihrer Umgebung wahrgenommen hätte. Bereits mit fünf Jahren begann sie hingebungsvolle Lieder an Lord Krishna zu komponieren, Lieder von erschütternder Sehnsucht und oft tiefer mystischer Erkenntnis. In ihrer selbstvergessenen Liebe strömten ihr Herz und ihre Seele

in diese Melodien ein. Die Dorfleute empfanden ihre liebliche
Stimme als Quelle großer Freude.

Als Sudhamani neun Jahre alt war, wurde ihre Mutter krank.
Nun fiel die gesamte Arbeitslast des Kochens und der Haushalts-
führung auf Sudhamanis Schultern, so dass sie gezwungen wurde
die Schule zu verlassen. Sudhamani verrichtete ihre anstrengende
Arbeit klaglos und bot freudig jeden Moment ihrer stundenlangen
schweren Arbeit Gott als Gebet dar. Sie nahm willig jede Form
von Widerstand oder schlechter Behandlung durch ihre Familie
hin und fand einzig Trost und Stütze in der ständigen Besinnung
auf ihren geliebten Lord Krishna. War ihr Tagewerk endlich
um Mitternacht beendet, begab sich Sudhamani noch nicht zur
Ruhe, sondern verbrachte einen Großteil der restlichen Nacht
mit Meditation, Gesängen und Gebeten an Gott.

Schon in diesem zarten Alter zeigte sich eine andere Eigenschaft von Sudhamani ganz klar, ihre Liebe und ihr Mitgefühl für
die Mitmenschen. Da das zu ihren Haushaltspflichten gehörte,
besuchte Sudhamani regelmäßig die Hütten der Nachbarn, um
dort Futter für die Kühe ihrer Familie zu sammeln. Dort hörte
sie sich geduldig viele kummervolle Geschichten, vorwiegend der
Älteren an, die ihr häufig erzählten, dass sie von ihren erwachse-
nen Kindern und Enkeln vernachlässigt und schlecht behandelt
wurden. Ihren Erzählungen entnahm Sudhamani, dass Menschen, die als Kinder um Gesundheit und langes Leben der Eltern
gebetet hatten, ihre Eltern verfluchten, wenn sie alt und schwach
geworden waren. Sie sah, dass weltliche Liebe unterschwellig
immer ein egoistisches Motiv hat. Obwohl noch ein Kind, tat
Sudhamani alles, was in ihren Kräften stand, um die Not ihrer
älteren Nachbarn zu lindern. Sie wusch ihre Kleidung, badete sie
und brachte ihnen sogar Essen und Kleidung von zu Hause mit.
Sudhamanis Angewohnheit, Dinge aus dem Haus ihrer Familie
zu verschenken, brachte sie oft in große Schwierigkeiten. Dennoch

vermochte keinerlei Strafe den Ausfluss ihres angeborenen Mitgefühls zu hemmen. Sudhamani sagte oft zu ihren Eltern: „Die einzige Bestimmung dieses Körpers, den ich angenommen habe, besteht darin, wegen der Unwissenheit der anderen zu leiden."

Als Sudhamani zehn Jahre alt wurde, war ihre Liebe zu Gott ins Unermessliche gewachsen. Immer öfter geriet sie in Ekstase. Vor Glückseligkeit tanzte und sang sie, berauscht von Gott, ohne dabei ihre Umwelt wahrzunehmen. Das ganze Universum war in Sudhamanis Augen allein von Krishna durchdrungen. Bald schon erfuhr Sudhamani eine tiefe mystische Vereinigung mit ihrem Gott, die so absolut war, dass sie nicht mehr zwischen Krishna und sich selbst zu unterscheiden vermochte.

Eines Tages hatte sie eine leuchtende Vision der Göttlichen Mutter des Universums. Dieser Erfahrung folgte ein fortwährender Zustand von Gottesrausch. Tag und Nacht wurde Sudhamani von ihrer Sehnsucht nach Vereinigung mit der Göttlichen Mutter überschwemmt. Ihre Familie und viele Dorfleute konnten Sudhamanis erhabene Zustände überhaupt nicht verstehen und begannen sie auf alle nur erdenkliche Art zu schikanieren. Schließlich wurde sie gezwungen, ihr Haus zu verlassen und Tag und Nacht draußen im Freien zu verbringen. Der Himmel wurde ihr Dach, die Erde ihr Bett, der Mond ihre Lampe und die Brise des Ozeans ihr Ventilator.

Als Sudhamanis eigene Familie und die Dorfleute sie verstießen, blieben die Vögel und Tiere ihre Begleitung und wurden ihre treuen Freunde. Die Tiere brachten ihr Nahrung und standen ihr liebevoll zu Diensten, so gut sie konnten.

Sudhamani unterzog sich monatelang den härtesten und strengsten spirituellen Übungen. Ihr ganzes Sein brannte vor Liebe und Sehnsucht nach der Göttin. Sie küsste die Erde und umarmte die Bäume, da sie in ihnen allen die Göttliche Mutter wahrnahm. Sie weinte beim Hauch des Windes, da sie in ihm die Zärtlichkeit der Göttlichen Mutter spürte. Oft fand man sie stunden- oder tagelang versunken in samadhi, ohne ein Zeichen äußerer Wahrnehmung. Ihre spirituellen Übungen gipfelten in einem völligen Aufgehen ihres persönlichen Selbst in der Göttlichen Mutter des Universums. Amma beschreibt diese Erfahrung in ihrem Lied „Ananda Vithi" folgendermaßen:

„Lächelnd tauchte die Göttliche Mutter in einem riesigen Lichtball in mich ein. Mein Geist erglühte und wurde gebadet in einem Farbspiel Göttlichen Lichtes … Von diesem Moment an sah ich nichts mehr getrennt von meinem eigenen Selbst…"

Sie erkannte, dass „das gesamte Universum wie eine dünne Blase in meinem Selbst existiert." Unvermittelt brach aus ihrem Sein der alles durchdringende Urton „Aum" hervor. Sudhamani machte jetzt die Erfahrung, dass alle Formen Gottes Manifestationen des einen Atman sind.

Als Amma später befragt wurde nach ihren ergreifenden religiösen Liedern und ihrem Bedürfnis, sich in jungen Jahren so intensiver Askese zu unterziehen, antwortete sie: „Huldigten denn nicht Rama und Krishna Lord Shiva und Devi, obwohl sie selbst Avatare waren? Niemand, der mit vollem Bewusstsein geboren wurde, behauptet von sich schon als Kind: ‚Ich bin Brahman', denn dies würde unterstellen, der andere sei nicht Brahman. Zu wem und über was kann jemand, der die Absolute Einheit verwirklicht hat, sprechen? Es ist dies ein Zustand jenseits aller Worte und Beschreibungen. Wenn du mit einem Taubstummen kommunizieren möchtest, kannst du sie oder ihn nicht in deiner eigenen Sprache ansprechen, sondern du brauchst eine Gebärdensprache, soll die Botschaft herüberkommen. Obwohl du dich der Gebärdensprache bedienst, heißt das nicht, dass auch du taubstumm bist. Und auch wenn sich Avatare strenger Askese unterziehen oder ihr sie meditieren seht, bedeutet das nicht, dass sie dessen wirklich bedürfen. Sie tun dies, um der Welt ein lebendiges Beispiel zu geben."

Der Ashram von Amritapuri

Nach dieser anfänglichen Phase intensiver Askese widmete Amma sich vollkommen ihrer Mission, den Armen und Leidenden zu dienen und die Botschaft der Spiritualität zu verbreiten. Sie begann nun sehr viele Menschen zu empfangen, die herbeiströmten, um von ihr gesegnet zu werden, und das Haus, in dem sie geboren worden war, verwandelte sich in einen Ashram. Es scharten sich viele junge Schüler um sie, und Amma unterwies sie im Einklang mit der monastischen Tradition Indiens. Man verlieh ihr den monastischen Namen „Mata Amritanandamayi", obwohl sie viel bekannter ist unter Amma. Der ehemals bescheidene Ashram ist zum Hauptquartier ihrer internationalen Mission geworden. Es strömen täglich Tausende von Anhängern zu ihrem darshan in den Ashram, und es wohnen dort über zweitausend spirituell Suchende, die sich unter Ammas persönlicher Führung einer spirituellen Praxis und selbstlosem Dienen unterziehen.

Welttournéen

Amma reist seit 1987 regelmäßig in viele verschiedene Länder. Sie leitete Tausende spiritueller Programme rund um den Globus, um die Botschaft der Liebe und Spiritualität zu verbreiten. Sie besucht jedes Jahr etwa zwanzig Staaten. Im Westen nennen die Medien Amma oft die „Umarmende Heilige". Ammas Programme werden in jedem ihrer Besuchsländer ausführlich im Fernsehen und in den Zeitungen behandelt.

1993 wurde Amma in Chicago bei der Hundertjahrfeier des Parlamentes der Weltreligionen als eine der drei Vorsitzenden des Hinduismus erwählt. Im selben Jahr verlieh Hinduism Today, eine internationale Zeitschrift für indische Kultur, Amma den „Hindu Renaissance Award". 1995 wurde Amma eingeladen, bei den „Interfaith Celebrations" (Interreligiöse Feiern) anlässlich des 50. Geburtstages der Vereinten Nationen in New York zu sprechen. 2000 hielt Amma beim Millennium Friedensgipfel in der Versammlungshalle der UNO eine große Rede zum Thema „Die Rolle der Religionen zur Lösung von Konflikten". Ein Meilenstein war im Oktober 2002 ihre Rede in der Genfer Halle der Vereinten Nationen über Bedingungen und Möglichkeiten von Frauen: „Das Erwachen der Universalen Mütterlichkeit"; dies anlässlich einer Weltfriedensinitiative Weiblicher Spiritueller Führerinnen. Bei diesem Anlass wurde ihr der renommierte „Gandhi-King Preis für Gewaltfreiheit" verliehen. Vorherige Preisträger waren u.a. Nelson Mandela, ehemaliger Präsident von Südafrika, UNO Generalsekretär Kofi Annan und die berühmte Primatenforscherin und UNO Friedensbotschafterin Dr. Jane Goodall.

Ammas Darshan

Das Sanskritwort darshan bedeutet „Erscheinung", was so viel heißt wie Begegnung mit einem heiligen Wesen, vor allem mit einem selbstverwirklichten Meister. Ammas Darshan ist einmalig. Als Verkörperung der höchsten Mutterschaft empfängt sie jeden, der zu ihr kommt, hört sich deren Probleme an, bietet Rat und Führung und beruhigt die Sorgenbeladenen. Bei besonderen Anlässen manifestiert Amma ihr Einssein mit Devi (der Göttlichen Mutter); dieser Darshan wird Devi Bhava genannt. Früher gab Amma auch Darshan im Krishna Bhava.

Amma sagt über Sinn und Bedeutung des Bhava Darshan: „In uns existieren alle Götter des Hindu-Pantheons als die zahllosen Aspekte des Einen Höchsten Seins. Wer im Göttlichen verankert ist, kann willentlich jeden dieser Aspekte zum Wohle der Welt manifestieren. Krishna Bhava ist die Manifestation des Aspektes von Reinem Sein und Devi Bhava ist die Manifestation des Ewig Weiblichen, der Schöpferin, des aktiven Prinzips des Nichtpersönlichen Absoluten. Doch sollte daran erinnert werden, dass alle Namen und Formen reine Projektionen des Geistes sind. Warum trägt ein Richter eine schwarze Robe oder ein Polizist Uniform und Mütze? Dies sind alles nur äußerliche Hilfsmittel, um ein bestimmtes Gefühl oder einen besonderen Eindruck zu erwecken. So ähnlich ist es zu verstehen, wenn Amma sich in das Gewand von Devi kleidet, um die hingebungsvolle Haltung der Menschen, die zum Darshan kommen, zu stärken. Es ist Ammas Vorsatz, den Menschen zu helfen, die Höchste Wahrheit zu erreichen. Der Atman oder das Selbst, das in mir ist, ist auch in dir. Wenn du das Unteilbare Prinzip, das immer in dir leuchtet, verwirklichen kannst, wirst du Das."

Kapitel 1

Die Ursache von Kummer und Leid

Das Grundproblem

Das Leben ist für viele Menschen ein ständiges Ringen um
Lösung zahlloser leidbringender Probleme. Die Hindu-
Schriften führen alles Leid auf den Mangel an Kenntnis
des eigenen Selbst (Atman) zurück. Obwohl jeder von uns Höchstes
Bewußtsein ist, verstehen wir uns lediglich als Komplex aus Körper,
Gemüt und Verstand. In Wahrheit bleibt das uns beseelende Ewige
Bewußtsein unberührt davon, was Körper, Gemüt und Verstand
widerfährt. In der heiligen Schrift der Bhagavad Gita wird das
Ewige Bewußtsein oder das Selbst folgendermaßen beschrieben:

nai'naṁ chindanti śastrāṇi nai'naṁ dahati pāvakaḥ
na cai'naṁ kledayanty āpo na śoṣayati mārutaḥ
acchedyo'yam adāhyo'yam akledyo'śoṣya eva ca
nityaḥ sarvagataḥ sthāṇuḥ acalo'yam sanātanaḥ

*Waffen verletzen es nicht und Feuer verbrennt es nicht, die
Wasser befeuchten es nicht und der Wind lässt es nicht aus-
trocknen. wig, alldurchdringend, unveränderlich, unbeweg-
lich und immerwährend ist es.*

Bhagavad Gita 2:23-24

Aus falsch verstandener Identifikation mit dem zusammen-wirkenden Gefüge von Körper, Gemüt und Verstand konzentrieren wir uns völlig auf die Bedürfnisse dieses Komplexes. Daraus erspießen unsere stetigen sehnsuchtsvollen Wünsche, die keineswegs alle erfüllbar sind. Und die Nichterfüllung unserer Wünsche bringt uns Kummer und Leid.

Außerdem haben wir bestimmte Lebensvorstellungen, die leider oft nicht mit dem übereinstimmen, was dann wirklich eintrifft. So erhoffen wir uns vielleicht, eine bestimmte Person zu heiraten, Erfolg im Beruf zu haben oder unser Kind mit einem angesehenen Schulprojekt zu fördern. Erfüllen sich unsere Hoffnungen dann nicht, werden wir unglücklich. Anhaftung (attachment) bringt uns noch zusätzliches Leiden. Legen wir beispielsweise zu viel Wert darauf, Geld und andere materielle Güter anzuhäufen, werden wir davon abhängig. Infolgedessen leiden wir gehörig, wenn unser Auto gestohlen wird, unsere Geldanlagen an Wert verlieren oder sonst ein materieller Verlust zu beklagen ist.

Da negative Eigenschaften wie Selbstsucht, Lüsternheit, Ärger, Gier und Eifersucht unsere Entscheidungen und Handlungen beeinflussen, wird unser Elend nur noch größer. Blind getroffene Entscheidungen und die daraus resultierenden falschen Handlungen (mentaler, verbaler und physischer Art) können außerdem ein negatives Karma schaffen, aus dem entweder in diesem oder im nächsten Leben Leid erwachsen wird.

Somit sind wir selbst die Schöpfer unseres Leidens. Gott verursacht kein Leid. Gott hat eine wunderbare Welt erschaffen, doch unser Geist wirkt ihr entgegen. In diesem Zusammenhang erzählt Amma eine Geschichte:

In einem Garten sitzen zwei Männer bei einem Rosenbusch. Beim Anblick der voll erblühten Rosen denkt der eine: „Welch wunderschöne Rosen! Es wird meine Freundin beglücken, wenn ich ihr eine schenke. Ein wunderschönes Lächeln wird in ihrem

Gesicht aufleuchten." So saß er ganz vertieft in seine Gedanken bei dem Rosenbusch, schaute ihn an und vergaß alles um sich herum.

Der andere Mann wurde von denselben Rosen ganz verstört bei dem Gedanken: „Ich habe meiner Freundin so viele Rosen geschenkt, doch sie hat mich betrogen und ging mit einem anderen Mann davon. Ich werde ihr das nie verzeihen." Mit solch bitteren Gedanken wurde er wütend auf die Rosen, trampelte auf ihnen herum und zertrat sie. In der Hoffnung auf etwas Gemütsfrieden machte er sich auf die Suche nach einer Bar.

Einzig unser Geist macht uns zu Sklaven und verwehrt uns die Freiheit. Wir müssen ihn zügeln, wollen wir Frieden, Freude und Befreiung finden.

Es ist äußerst schwierig, aus eigener Kraft heraus Leiden in Freude umzuwandeln. Doch ein *satguru* (Wahrer Meister) kann uns beistehen, unsere leidverursachenden negativen Eigenschaften zu überwinden.

Wünsche und Sehnsüchte

Wir alle haben erfüllbare und unerfüllbare Sehnsüchte. Auf die Frage, warum nicht alle Wünsche erfüllt werden können, antwortete Amma einmal: „Würde sich alles nach unseren Wünschen drehen, gäbe es bald keine Harmonie mehr in der Schöpfung."

So wünschen sich Ärzte mehr Patienten, obwohl niemand krank werden möchte. Damit Rechtsanwälte mehr Klienten bekommen können, müssen mehr Verbrechen, Unfälle und Konflikte passieren. Wir alle wünschen uns aber Frieden und Einmütigkeit in der Gesellschaft. Spirituosenhändler erwarten mehr Menschen, die trinken, damit ihr Geschäft floriert, wohingegen Eltern absolut etwas dagegen haben, wenn ihre Sprößlinge zu trinken anfangen.

Niemand möchte sterben. Es gibt sogar Menschen, die ihren Leichnam so lange einfrieren lassen möchten, bis es der Wissenschaft in Zukunft gelingen wird, Tote ins Leben zurück zu führen. Doch auch die Sargmacher beten um ein besseres Geschäft.

Würden sich all unsere Wünsche erfüllen, gäbe es auf diesem Planeten anstelle von Ordnung nur Chaos und Disharmonie. Nur dank der Tatsache, dass nicht alle Wünsche erfüllt werden, gibt es auf dieser Welt doch noch etwas Harmonie.

Es sei betont, dass alles Glück aus äußeren Dingen nur ein geliehenes ist – haftet doch Glück nicht den Dingen selbst an. In Wirklichkeit spiegelt alles scheinbar aus den Dingen bezogene Glück nur das Glücklichsein in uns selbst wider. Deshalb sind Kinder normalerweise mit ganz einfachen Dingen glücklich.

Erwartungen

Erwartungen können aus mancherlei Gründen Leid verursachen. Nicht erfüllte Erwartungen führen zu Enttäuschung, bei manchen Menschen zu Ärger, Resignation oder Depression.

Doch selbst aus erfüllten Erwartungen kann uns Leid erwachsen, da mit jeder Wunscherfüllung unsere Begehrlichkeit nur noch größer wird. Je intensiver unsere Sehnsüchte und Erwartungen – desto größer unser Leid. Wir müssen nicht völlig ohne Erwartungen leben, sondern nur lernen, gelassen hinzunehmen, wenn sich unsere Hoffnungen nicht erfüllen.

Eine Handlungsweise kann ganz unterschiedliche Folgen nach sich ziehen. Angenommen wir sind krank und müssen eine Arznei einnehmen. Bevor wir einfach nur glauben, diese Arznei könne uns heilen, sollten wir verschiedene Möglichkeiten in Betracht ziehen:

1)Die Krankheit wird vollständig ausgeheilt.
2)Die Krankheit wird nur teilweise ausgeheilt.
3)Die Krankheit wird überhaupt nicht ausgeheilt.

4)Wir reagieren mit einer Allergie oder sonstigen Komplikationen auf die Arznei.

Mit anderen Worten, dies sind die möglichen Folgen unseres Handelns:

1) wie erwartet
2) größer als erwartet
3) kleiner als erwartet
4) ergebnislos
5) völlig anders als erwartet.

Wir sollten diese möglichen Ergebnisse ins Auge fassen. Wirkliche Reife ist, dieses Konzept zu akzeptieren, und es ist unreif, nicht zu akzeptieren, was uns widerfährt.

Amma sagt, unser Körper nimmt an Umfang zu, ohne dass unser Geist wächst, deshalb sollten sich unsere Bemühungen vor allem auf die Entwicklung geistiger und emotionaler Reife konzentrieren.

Negative Eigenschaften

Aus uns allen brechen von Zeit zu Zeit negative Seiten hervor. Ungeduld, Gier, Eifersucht, Ärger, Halsstarrigkeit, Vorurteile, Ängstlichkeit und Arroganz kommen hoch, so sehr wir uns auch um ein freundliches Verhalten bemühen. Solche Eigenschaften trüben unser Wohlgefühl und unsere Beziehungen zu anderen Menschen. Wird unser Geist von solch negativen Eigenschaften erregt, treffen wir unklare Entscheidungen.

Allgemein betrachtet gibt es vier Menschentypen:

1) Menschen, in denen viel Aufruhr und Negativität steckt, die sich dessen aber nicht bewußt sind. Sie meinen, nichts sei falsch an ihnen, nach dem Motto: „Unwissenheit ist Segen".

2) Menschen, die ihre innere Negativität zwar erkennen, aber keinen Grund sehen, sich davon zu befreien. Auch wenn

sie gelernt haben, damit zu leben, leiden sie weiterhin unter ihrem Ärger, ihren Vorurteilen und anderen negativen Seiten. Ihre Emotionen sind für sie selbst und ihre Umgebung problematisch.

3) Menschen, die um ihre zahlreichen negativen Gemütskräfte und die daraus entstehenden Probleme wissen und sich davon befreien möchten. Da sie sich Gemütsfrieden, Ruhe und Gelassenheit wünschen, möchten sie ihre Negativität überwinden. Nur Menschen dieser Gruppe unterziehen sich spirituellen Übungen wie Meditation, Gebet, Studium der Schriften oder gehen sogar zu einem spirituellen Meister.

4) Es gibt nur sehr wenige, außergewöhnliche Menschen, die alle negativen Eigenschaften des Geistes transzendiert haben. Sie sind *mahatmas* wie Amma. Ein *mahatma* besitzt keinen egozentrischen Geist, denn der Geist eines *mahatma* ist Eins mit dem Universalen Geist. Für sie oder ihn gibt es keine Probleme.

Wir alle wissen, wie quälend für uns und andere Ärger, Vorurteil und Angst sind. Obwohl wir intellektuell das Destruktive solcher Gefühlsregungen erkennen, haben wir nicht genügend Geisteskontrolle, sie zu überwinden. Unsere spirituelle Praxis sollte ein Geistestraining zur Überwindung unserer negativen Seiten sein. Leider beherrschen die wenigsten von uns ihren Geist, sondern lassen sich vielmehr von ihm und den negativen Regungen beherrschen.

Selbst in Ammas kraftvoller Gegenwart lassen wir uns oft genug von Kleinigkeiten irritieren. Wie oft habe ich Leute sagen hören: „Amma, obwohl Deine Gegenwart die beste Gelegenheit zur Meditation ist, kann ich sogar in Deiner Anwesenheit nicht immer konzentriert meditieren."

Gewahrsein einer sich stets wandelnden Welt

Vielleicht klingelt dein Telefon, du nimmst den Hörer ab und erkennst den Anrufer schon bei den ersten Worten. Ist es dein

Partner, dein Freund oder deine Freundin, sagst du vielleicht: „Hallo, Liebling, wie geht es dir? Ich vermisse dich so." Sollte dein Chef am andern Ende der Leitung sein, wirst du dich hüten, so etwas zu sagen, sonst wirst du womöglich gefeuert!

Genauso ergeht es uns mit verschiedenen Dingen und Situationen im Leben. Um adäquat handeln zu können, müssen wir die Natur der Dinge, Menschen und Gegebenheiten richtig einschätzen.

Die Tatsache, dass sich Angelegenheiten, Gewohnheiten, Dinge und Lebensumstände ständig verändern, verkompliziert vieles. Besitzen wir heute ein wunderschönes Auto oder einen Computer, landen sie morgen möglicherweise auf dem Schrottplatz. Genau so wechselhaft ist das Gebaren der Menschen. Wer heute dein bester Freund ist, entpuppt sich morgen vielleicht schon als ärgster Feind.

Glückssuche am falschen Ort

Niemand sagt: „Ich möchte nur morgens glücklich sein und es ist egal, wenn ich abends unglücklich bin." Ebenso wenig sagt man: „Ich möchte nur bei meiner Arbeit glücklich sein und nicht zu Hause," oder „Ich möchte nur beim Autofahren glücklich sein."

Wir wünschen uns grenzenloses und bedingungsloses Glück, unabhängig von Ding, Zeit und Ort. Wir suchen ständig unser Glück in anderen Menschen, Dingen und Lebensumständen, die naturgemäß schon wechselhaft und unbeständig sind. Es ist unlogisch, sich unveränderlich dauerhaftes Glück aus etwas Wechselhaftem und Unbeständigem zu erhoffen.

Das soll nun nicht heißen, Dinge könnten uns nicht glücklich machen; sie verleihen uns jedoch nur ein flüchtiges und unwesentliches Glück. So kann ein Gegenstand einen Menschen zu einer bestimmten Zeit und unter einer bestimmten Voraussetzung beglücken, doch keineswegs für immer und ewig. Es kann uns beispielsweise Spaß machen, einen neuen Mercedes zu kaufen. Wann immer wir in dem Wagen fahren oder an ihn denken, sind wir glücklich. Stirbt ein geliebter Mensch, werden wir sehr um ihn trauern – und unser Mercedes wird uns nicht trösten können, egal, wie oft wir an ihn denken oder mit ihm fahren. Ist doch das von ihm entlehnte Glück nur flüchtig und nicht wirklich. Wäre es das, könnte es uns dauerhaft beglücken. Enttäuschung ist die Folge, wenn wir äußere Dinge für unser Glück benötigen.

Amma sagt, wir sollten uns alle wie ein Vogel auf einem dürren Zweig verhalten. Ein Vogel weiß, dass schon beim leisesten Hauch sein fragiler Zweig abbrechen kann, und ist deshalb stets wachsam, vorsichtig und jederzeit zum Wegflug bereit.

Verlieren wir Objekte unseres Interesses oder Begehrens oder hat uns jemand verlassen, sollten wir ohne Trauer vorwärts gehen können im Leben, so wie der Vogel auf dem dürren Zweig genau dann wegfliegt, wenn er bricht. Dinge können uns nur begrenzt beglücken, dagegen *grenzenlos* unglücklich machen. Versucht also, keinem Ding weder eine unangebrachte Bedeutung noch einen unangebrachten Wert beizumessen, und habt an niemanden überhöhte Erwartungen.

Amma sagt, wer dauerhaftes Glück aus veränderlichen Objekten sucht, ist wie jemand, der kaltes Wasser in der Wüste erwartet! Um unseres Friedens und Glückes willen sollten wir unserem Geist keine Abhängigkeit von Menschen oder materiellen Gütern gestatten, entziehen sich doch Menschen und Dinge unserer Kontrolle. Stattdessen sollten wir lernen, angemessen auf jede Situation zu reagieren. Amma lehrt uns, unseren Geist zu „klimatisieren" und erläutert dies folgendermaßen: Menschen können in einem vollklimatisierten Haus leben, ohne ihren Seelenfrieden zu finden; viele Menschen in vollklimatisierten Räumen begehen sogar Selbstmord. Es ist unser Geist, der gut belüftet, sozusagen „vollklimatisiert" werden muss.

Amma erzählt dazu eine Geschichte. Ein König beschloss eines Tages durch seine Hauptstadt zu schlendern. Während er so entlang ging, stieß er mit seinem Zeh an einen kleinen aus dem Boden hervorstehenden Stein, und sein Zeh begann zu bluten. Er wurde wütend über seine Diener und Wächter und schrie sie an: „Wie konntet ihr zulassen, dass mir so etwas passiert!" Er befahl, am nächsten Tag vor seinem Abendspaziergang alle Straßen der Stadt mit Teppichen auszulegen. Angesichts dieser undurchführbaren Aufgabe kratzten sich die Minister ratlos ihre Köpfe. Wo sollten sie derart lange Teppiche auftreiben? Unter ihnen befand sich ein alter weiser Minister von kühner Gesinnung und er sprach: „Eure Majestät, wäre es nicht ratsamer für Euch, gutes Schuhwerk zu tragen, statt in allen Straßen Teppiche auslegen zu lassen?"

Anstatt alles unserer Zweckmäßigkeit anzupassen, sollten vielmehr wir uns den Gegebenheiten anpassen. Das ist möglich, wenn wir die spirituellen Prinzipien begreifen und uns spirituellen Übungen unterziehen. Wenn wir daraus spirituelle Kraft gewinnen können, wird sie uns schützen ähnlich den Stoßdämpfern des Autos, die Stöße und Schläge auf unebenen und ungepflasterten Straßen abfedern. Gleichermaßen hilft uns die spirituelle Kraft, die durch die Höhen und Tiefen in unserem Leben bedingten Rückschläge aufzufangen.

Am echten Wert festhalten

Wenn wir blinde Entscheidungen ohne klaren Blick für den eigentlichen Wert der Dinge treffen, entsteht daraus Leiden. Viele Studenten begehen Selbstmord, wenn sie durchs Examen fallen oder nicht den erhofften Abschluss bekommen. Bei einer hitzigen Sportveranstaltung bricht manchmal Gewalt unter den Fans aus, wenn der Schiedsrichter das Spiel abpfeift. Von höherer Warte aus sieht man die Unangemessenheit

29

solcher Reaktionen im Verhältnis zur eigentlichen Bedeutung des Ereignisses.

Manchmal verleihen wir den Dingen durchaus den ihnen angemessenen Wert. Angenommen wir haben nagelneue teure Schuhe. So teuer sie auch sein mögen, wir werden sie nicht in unserer Aktentasche oder im Bad verwahren, sondern an unseren Füßen tragen, und ohne Aufhebens über schmutzige Straßen gehen, da wir die Schuhe nun mal zum Tragen gekauft haben. Leider haben wir nicht in allen Lebenssituationen das erforderliche Unterscheidungsvermögen. Ich möchte zur Illustration einen Vorfall erzählen, der deutlich macht, dass Amma jedem Objekt zu jeder Zeit den ihm gemäßen Wert verleiht. In den Anfangsjahren des Ashrams hatten wir oft nicht genug zu essen und auch nicht genügend gute Sachen zum Anziehen. Wenn wir außerhalb des Ashrams Programme veranstalteten, teilten sich die *brahmacharis* (zölibatär lebende Schüler) die wenigen verfügbaren guten Kleider. Amma achtete damals sehr darauf, dass jeder Ashrambesucher etwas zu essen bekam. Erst wenn die Besucher mit Essen versorgt waren, durften wir *brahmacharis* essen. An manchen Tagen blieb für uns nichts übrig. Amma pflegte dann in den Nachbarhäusern um Essen für die *brahmacharis* zu bitten.

Eines Tages kam eine arme Frau aus der Nachbarschaft, um Amma von der bevorstehenden Hochzeit ihrer Tochter zu erzählen. Da sie sehr arm war, benötigte sie Ammas Hilfe[1]. Obwohl der Ashram finanziell zu kämpfen hatte, sicherte Amma ihre Hilfe zu. Ich saß gerade neben Amma, als sie einen Ashrambewohner rief und ihn beauftragte, etwas aus ihrem Zimmer zu holen. Er brachte eine Schachtel und überreichte sie Amma, die sie öffnete.

---

[1] In Indien ist es üblich, die Braut mit einer Mitgift und einem Schmuckstück von der Brautfamilie auszustatten. Amma ist gegen dieses System der Mitgift. Hätte sie in diesem Fall der Frau und deren Tochter nicht geholfen, hätten diese unter dem vorherrschenden kulturellen System leiden müssen.

Darin lag eine neue, sehr kostbare Goldkette, vermutlich ein erst kürzlich von einem Devotee überreichtes Geschenk. Ich war gespannt, was Amma jetzt machen würde.

Ohne zu zögern, überreichte Amma die Goldkette der Frau. Diese war überglücklich und dankte Amma begeistert. Ich wurde ziemlich aufgeregt bei dem Gedanken, wie sehr wir selbst finanziell zu kämpfen hatten und wie Amma so etwas tun könne. Bevor ich irgendetwas einwenden konnte, war die Frau schon verschwunden. Unfähig mich in meinem Schock zu beherrschen, platzte ich vor Amma heraus: „Wie konntest du nur so etwas tun?" Ich gab ihr eine längere Belehrung. „Weißt du, wie wertvoll diese Kette ist?" Da ich damals in einer Bank arbeitete, kannte ich den Marktwert von Gold. „Ich hätte diese Kette für dich auf die Bank bringen und dafür eine ordentliche Stange Geld bekommen können. Ich finde, das war nicht in Ordnung, was du gemacht hast."

"Wirklich?", erwiderte Amma. „Warum hast du mir das nicht eher gesagt? Bring die Frau sofort zurück, mach schnell!" Ich plusterte mich vor Stolz auf, so geistesklar zu sein, sogar einen Fehler von Amma korrigieren zu können. In jener Zeit begriff ich noch überhaupt nichts von Ammas wirklicher Größe als eine Selbst-Verwirklichte Meisterin. Mein spirituelles Verständnis war erbärmlich klein. Deshalb bildete ich mir ein, erfahrener als sie zu sein und mehr als sie über die Welt zu wissen. Ich war überzeugt, Amma wolle die Kette von der Frau zurückbekommen und machte mich auf, jene Frau zu holen. Diese schaute sehr verstört. Amma zeigte auf mich und sagte zu der Frau: „Dieser *brahmachari* erklärt, das sei eine sehr wertvolle Kette." In meiner Ungeduld wollte ich schon zu der Frau sagen: „Gib sie also zurück!" Amma spürte meine Ungeduld, hieß mich schweigen und fuhr fort: „Da dieses Halsband so kostbar ist, solltest du es nicht unter seinem

Wert verpfänden oder verkaufen. Lass dir auf jeden Fall einen
guten Preis dafür geben."

Ich fühlte mich plötzlich zutiefst beschämt, als ich merkte,
wie wenig ich von Ammas Mitgefühl verstanden hatte.

Dies als Beispiel, dass Amma weltlichen Dingen keinen über-
triebenen Stellenwert verleiht. Das will nicht heißen, materieller
Wohlstand sei unwichtig, wir sollen uns einfach nur bewußt sein,
wie begrenzt er ist. Materielle Güter sind nicht alles. Wären sie
das, würden alle reichen Menschen auf dieser Erde absolut glücklich sein. Ich erlebe immer wieder wohlhabende Familien, die aus
verschiedenen Gründen weinen, wenn sie zu Amma kommen.
Spiritueller Reichtum ist viel wichtiger als materieller Überfluss.
Unter spirituellem Reichtum verstehe ich die spirituelle Kraft und
Reife, die aus dem Verständnis der Vergänglichkeit der Welt und
ihrer Objekte kommt. Spiritueller Reichtum befähigt uns, sogar
im Angesicht des Todes zu lächeln.

Vor Jahren, als die Leute in Scharen anfingen, zu Amma zu
pilgern, lehnten viele Ammas Art ab, die Menschen während des
Bhava darshan[2] zu umarmen. Es trachteten sogar einige nach
ihrem Leben, auch ihr Cousin, der glaubte, Ammas Verhalten
schade dem Ruf der Familie. Als er sie in ein Haus lockte und
mit einem langen Messer bedrohte, blieb Amma völlig gelassen
Sie lachte nur und sagte: „Ich fürchte mich überhaupt nicht vor
dem Tod. Der Körper muß früher oder später sein Ende finden,
doch ist es für dich unmöglich das Selbst zu töten. Wenn du dazu
bestimmt bist, meiner physischen Existenz ein Ende zu setzen,
laß mich einen Augenblick meditieren. Du kannst mich töten,
während ich meditiere." Amma reagierte aus ihrem Verständnis
der Natur ihres wahren Selbst und der Welt heraus so ruhig auf
diese unmittelbare Lebensbedrohung. Sie war weder ärgerlich

---

[2] Beim Bhava darshan enthüllt Amma (die Mutter) ihre Identität mit der
Göttlichen Mutter.

noch aufgebracht über den sie Bedrohenden. In dem Moment, als ihr Cousin sie in die Brust stechen wollte, verspürte er einen qualvoll stechenden Schmerz in seiner eigenen Brust und fiel zu Boden.

Das Gesetz vom Karma

In jüngster Zeit vermuten manche Wissenschaftler aufgrund sehr überzeugender Hinweise, diese Geburt sei nicht unsere einzige. Dennoch ist mit den gegenwärtigen wissenschaftlichen und technologischen Methoden noch kein über jeden Zweifel erhabener Beweis für die Wahrheit von Wiedergeburt und vergangenen Leben möglich. Nichtsdestotrotz können wir in bestimmten Lebenssituationen, in denen vieles in Bewegung geraten oder an einem Kulminationspunkt angelangt ist, vermuten, es müsse andere Leben vor oder nach diesem geben. Wir rätseln natürlicherweise, wie es sein kann und wo die Ursache liegt, dass ein Kind behindert, in eine arme Familie oder als Wunderkind geboren wird. Das Kind hat sich dieses Leben durch nichts verdient – woraus man den Schluss zieht, es müsse ein früheres Leben gegeben haben, in dem dieser Mensch sich dieses Ergebnis „verdient" hat. Bisweilen sind Geschwister grundverschieden. So gibt es Familien, in denen das eine Kind hochintelligent ist und das andere nicht. Worin liegt die Ursache? Das Kind muss irgendetwas in einem früheren Leben getan haben, das die gegenwärtigen Bedingungen vorbereitet hat. Es gibt Tyrannen wie Hitler und Stalin, die Millionen Menschen ermordet haben. Wann und auf welche Weise werden sie die Folgen ihrer bösen Taten zu spüren bekommen? Werden sie unter den Konsequenzen in ihren künftigen Leben nicht zu leiden haben?

Nach dem Gesetz des Karmas wirkt jede Handlung unerbittlich auf den Handelnden zurück. Solange der Mensch ein Ego besitzt, kann er aus der Kette des Karmas nicht entkommen.

Die Folgen aus den Handlungsweisen einer Person betreffen nicht nur ihn, sondern auch andere Menschen. Tun wir etwas Gutes, wirkt sich das nicht nur auf uns selbst positiv aus, sondern auch auf die Welt im Ganzen. Handeln wir selbstsüchtig und verletzend, wirkt sich das entsprechend auf uns und andere aus. Neigen wir beispielsweise dazu, über den Durst zu trinken und fahren in alkoholisiertem Zustand Auto, stoßen wir als Ende vom Lied möglicherweise mit einer Person zusammen, die gerade vorsichtig die Straße überqueren möchte. Das Opfer wird verletzt, und wir müssen vor Gericht. Diese Tragödie wird die Familien beider Parteien treffen. Somit wirkt sich die falsche und achtlose Handlung eines einzelnen Menschen misslich auf das Leben Vieler aus. Amma sagt deshalb, wir sind keine isolierten Inseln, sondern sind miteinander wie die Glieder einer Kette verbunden. Unsere Handlungen wirken sich bewußt oder unbewußt auf uns selbst ebenso wie auf andere aus.

Zwei Gewohnheitsverbrecher wurden auf eine ferne karge Insel verbannt. Viele Jahre vergingen. Eines Tages saßen sie am Strand und weinten bitterlich über ihr Schicksal, als eine Flasche angespült wurde. Der eine hob sie auf, öffnete sie und ein Geist schoss heraus. Der Geist, glücklich aus der Flasche befreit zu sein, stellte beiden Männern als Gegenleistung je einen Wunsch frei. Der Erste sagte: „Ich leide hier auf dieser Insel schon so viele Jahre darunter, von meiner lieben Frau und den Kindern getrennt zu leben. Ich möchte bei meiner Familie sein." Und schon fand er sich bei seiner Familie in einem weit entfernten Land wieder. Nachdem er weg war, wurde der andere Verbrecher noch trauriger als zuvor, da er jetzt ganz allein war. Er sagte zu dem Geist: „Ich habe niemals eine Familie oder Freunde gehabt. Dieser Bursche war mein einziger Freund und liebte mich wirklich. Ich vermisse ihn so sehr, dass ich mir wünsche, er werde hierher zurückgebracht." Im Handumdrehen kehrte der erste Verbrecher auf die Insel zurück und der Geist verschwand!

Ob wir mit einzelnen Bemühungen erfolgreich sind oder scheitern, hängt ganz entscheidend vom Karma ab, von unserem eigenen ebenso wie von dem anderer. Um sich unnötiges Leid zu ersparen, sollten wir die Rolle, die das Karma in unserem Leben spielt, verstehen.

Ich erschien zu meiner Abschlussprüfung in der Erwartung gut abzuschneiden. Als die Ergebnisse verkündet wurden, stellte ich zu meiner Überraschung fest, in einer der schriftlichen Arbeiten durchgefallen zu sein, was mich schockierte, da mir diese Arbeit sehr gut gelungen war. Ich wurde bei der Universität vorstellig, mein Prüfungspapier nochmals auszuwerten. Das neuerliche Ergebnis lautete, ich hätte mit Auszeichnung bestanden. Bei späteren Nachforschungen wurde bekannt, dass der Professor, der als Erster meine Prüfungsarbeit gelesen hatte, sich gerade in einer schwierigen Lebensphase befand. Nach einem Streit mit seiner Frau war diese mit dem Nachbarn, einem Lastwagenfahrer, durchgebrannt. Dem Professor setzte das sehr zu. Wann immer er das Geräusch eines Lastwagens hörte, wurde er unheimlich unruhig und aufgeregt, mitunter sogar hysterisch, da ihn das Geräusch an den Lastwagenfahrer erinnerte, mit dem seine Frau auf und davon gegangen war. Da an seinem Haus viele Lastwagen vorbeifuhren, wurde er immer unruhiger. Aus diesem Grund konnte er sich bei der Auswertung der Prüfungsarbeiten nicht konzentrieren. Somit hatte sein Karma auch in mein Leben nachteilig hineingewirkt.

Diese Beispiele zeigen uns, dass sich unvorhersehbare Faktoren zwischen unsere Leistungen und ihre Ergebnisse schieben können. Bitten wir Gott um Erfüllung eines Wunsches, hängt seine Realisierung von verschiedenen Dingen ab: von der Intensität und Aufrichtigkeit unseres Gebetes und der Energie, die wir einsetzen, von unserem vergangenen Karma und manchmal auch von dem anderer. Viele Einflüsse entziehen sich unserer Kontrolle. Wir brauchen Gottes Gnade, damit sie sich günstig auswirken. Das erhoffte Ergebnis können wir nicht allein aus eigener Anstrengung erreichen.

Kummer und Leid

Jeder Mensch hat sein Päckchen Freude und Leid. Jeder von uns hat aus vergangenen Gedanken, Worten und Taten Karma angehäuft. Was immer uns bestimmt ist, infolge unseres Karmas zu erfahren, sei es gut oder schlecht, nennt man *prarabdha*.

Es gibt verschiedene Formen von *prarabdha:*

1) *Prarabdha* kann durch positive Handlungen völlig entfernt werden wie ein gutartiger Tumor durch einfachen chirurgischen Eingriff.

2) *Prarabdha* kann durch unsere Anstrengung verringert oder teilweise beseitigt werden. Diese Form von *prarabdha* ist wie ein bösartiger Tumor, der entfernt werden und doch wiederkehren kann.

3) *Prarabdha*, dem mit nichts beizukommen ist. Wir müssen es durchstehen. Amma vergleicht dies mit Krebs im Endstadium. Diese Form von *prarabdha* kann nicht verhindert, sondern muss durchlitten werden.

Man mag sich fragen, was große Meister wie Amma durch das Vorbild ihres Lebens die Welt zu lehren haben. Sie zeigen uns, wie man schwierigen Situationen mit innerer Reife begegnen kann, und ermutigen uns, ihrem Beispiel zu folgen. Wenn wir uns besinnen, mit wieviel Liebe Jesus seinen Feinden vergab, als er gekreuzigt wurde, bekommen wir Mut, jeder Herausforderung ohne Hass, Groll oder Bitternis ins Auge zu schauen.

Amma hatte in ihrer Jugend trotz ihrer grenzenlosen Liebe und Hingabe für Gott viele schwere Belastungen durchzustehen.

Sie war überhaupt nicht enttäuscht, dass Gott ihr solch ein hartes Leben zugedacht hatte. Ihre Mühsal betrachtete sie als Möglichkeit zu begreifen, dass hinter menschlicher Liebe immer Eigeninteresse steckt. Wird diesem Interesse nicht entsprochen, kann sogenannte Liebe schnell in Groll oder gar Hass umschlagen. Gott allein liebt uns bedingungslos und ohne Erwartungen. Da Amma darum wußte, war sie ganz von Liebe erfüllt für die Menschen, die sie schlecht behandelten. Uns dagegen fällt es leider sehr schwer, unseren Feinden zu vergeben, geschweige denn sie zu lieben. Wenn uns das gelingt, wird unser Herz in eine Wohnstatt Gottes verwandelt.

Durch die Art und Weise, wie Amma auf ihre Beschwernisse reagierte, zeigte sie der Welt, dass man – ausgerichtet auf Gott – auch unter den widrigsten Umständen allen Herausforderungen mutig ins Auge blicken kann. Es brachte sie nicht aus der Fassung, dass ihre Eltern ihr nicht die geringste Liebe oder Zuwendung schenkten. Sie dachte: „Warum soll ich bei irgendjemandem Liebe suchen? Laßt mich stattdessen jedem Liebe *geben*." Amma erwartet von niemandem irgendetwas. Sie erfüllt einfach nur ihre Pflicht ohne Gedanken an das Ergebnis. Das ist wahre Spiritualität.

Das Ego

Gemäß den Hindu-Schriften ist das Ego das Produkt unserer Unwissenheit über die Natur unseres wahren Selbst. Im Sanskrit wird das Ego *ahamkara* genannt, was so viel heißt wie „Gefühl von der eigenen Existenz, abgetrennt vom Rest des Universums". Aus unserem Ego entspringen alle Wünsche, Erwartungen, Anhaftungen, schlechten Eigenschaften und sogar unser Karma. Aus dem Ego entsteht das Gefühl von „Ich", z.B. „Ich mache es", „Ich erfreue mich" oder „Ich leide." Welcher Gedanke schießt uns beim Aufwachen als erster durch den Kopf? Es ist das „Ich". Alle anderen Gedanken folgen diesem ersten.

Aus diesem Gefühl von „Ich" entspringen all unsere Probleme. Aus Identifikation mit dem Ego drehen sich all unsere Sehnsüchte, Erwartungen und Anhaftungen nur um den Schutz, die Sicherheit und Bequemlichkeit dieses Ego. Werden Sehnsüchte, Erwartungen und Anhaftungen enttäuscht oder unser Ego verletzt, reagieren wir mit Ärger, Hass, Furcht, Depression usw. Nach Ammas Lehre blockieren die von unserem Ego herrührenden negativen Eigenschaften die Erfahrung der Gnade Gottes. Vielleicht meinen wir, das Ego schon überwunden zu haben, weil wir unsere spirituellen Übungen häufig ausüben oder schon viel *seva* (selbstlosen Dienst) gemacht haben. Vielleicht denken wir sogar: „Ich mache doch viel mehr *seva* als der Soundso und bin viel selbstloser als jener!"

Es sollte uns bewußt sein, wie spitzfindig und gerissen das Ego ist. Im *Mahabharata* (dem großen antiken Epos über den Mahabharata Krieg) wird beschrieben, wie selbst fortgeschrittene spirituell Suchende und bedeutende Devotees in die Falle des Egos tappen: Nach dem Ende der Schlacht kehrte Arjuna, der Kriegsführer, zusammen mit Lord Krishna, dem Wagenlenker, und seinen Brüdern, den rechtschaffenen Pandavas, zu ihrem Zelt zurück. Sobald sie das Zelt erreichten, hielt Krishna den Wagen an und sagte: „Arjuna, steig bitte ab." Arjuna aber dachte bei sich: „Ich habe doch gekämpft und die Schlacht gewonnen. Krishna war nur mein Wagenlenker. Deshalb soll er als Erster absteigen." Da er so dachte, befahl er Krishna, vor ihm abzusteigen. Krishna widersetzte sich dem und bestand darauf, dass Arjuna absteige. Obwohl Krishna ihm doch längst Seine Göttlichkeit auf dem Schlachtfeld enthüllt hatte, ihm die gesamte *Bhagavad Gita* eingegeben und ihn während der Schlacht vor dem Tod bewahrt hatte, sperrte sich Arjuna noch immer, auf Krishna zu hören, und beharrte darauf, Krishna solle vor ihm absteigen. Obschon Arjuna bei zahlreichen Begebenheiten Krishnas Göttlichkeit wahrgenommen hatte, trickste ihn jetzt sein Ego aus, und er meinte größer als Gott zu sein. Krishna blieb beharrlich, bis Arjuna endlich gehorchte und vom Wagen abstieg. Krishna wartete ganz ruhig und stieg erst ab, als Arjuna sich etwas vom Wagen entfernt hatte. Sobald er den Wagen verließ, ging dieser in Flammen auf, denn an diesem Tag der Schlacht waren viele schwere Geschosse gegen das Gefährt geschleudert worden. Dass der Wagen heil geblieben war und Arjuna die Schlacht hatte gewinnen können, war einzig Krishnas Anwesenheit zu verdanken. Als Arjuna sah, was geschah, fiel er zu Krishnas Füßen. Endlich hatte er begriffen, dass er nur mit Gottes Ermächtigung hatte kämpfen und die Schlacht gewinnen können.

Wir selbst können uns vom Ego nicht befreien, sosehr wir uns auch bemühen. Amma sagt, das Ego ist das einzige Ding in der Schöpfung, das nicht von Gott geschaffen wurde. Das Ego ist unsere eigene Kreation und dieser können wir uns nicht entledigen. Dazu benötigen wir den Beistand eines *satguru*. Es ist die Hauptaufgabe eines *satguru*, das Ego aufzulösen.

Kapitel 2

Die Fesseln der Gewohnheiten

Gewohnheiten verstehen

Ständig halten wir Ausschau nach dem geeigneten Job, dem richtigen Chef, dem perfekten Freund, Seelengefährten usw. Dabei vergessen wir, dass wir selbst die rechte Person sein sollten! Amma betont, Männer wünschen sich eine reine, edle Frau wie *Sita* (die heilige Gefährtin von Lord Rama) und übersehen dabei, dass sie dann so tugendhaft und rechtschaffen wie Lord Rama sein müssten.

Man findet schwerlich vollendete Menschen – von Heiligen und *satgurus* abgesehen – perfekte Jobs oder perfekte Ehemänner und Ehefrauen. Mit unserem Hang nach Perfektion können wir die Gunst der Stunde verpassen oder enttäuscht werden. Manchmal vertauschen wir auf der Jagd nach makellosen Dingen die Probleme. So hoffen wir beispielsweise, unser Problem durch Veränderung des Schauplatzes oder mit der Wahl einer anderen Person lösen zu können. Solche Denkweise entspringt uralten Gewohnheiten bzw. Prägungen. Wir bilden uns ein, weiterzukommen, wenn wir äußere Gegebenheiten verändern, eine Strategie, die früher vielleicht mal funktioniert hat. Wir wären von innen heraus fähig, uns positiv zu verändern, wir neigen jedoch aufgrund früherer Prägungen dazu, uns selbst zu begrenzen.

Amma gibt uns zum Thema Prägungen und Gewohnheiten ein Beispiel in ihrer Genfer Ansprache 2002, anläßlich der

Welt-Friedensinitiative Religiöser und Spiritueller Führerinnen: Ein Elefant streift als Baby noch frei in der Wildnis umher. Wird es eingefangen, bindet man es mit einer schweren Kette an einen kräftigen Baum oder Pfosten. Das Elefantenbaby wird vergebens an seiner Kette zerren und reißen, bis es schließlich aufhört zu kämpfen und ganz ruhig dasteht. Jetzt ist es anders geprägt. Als ausgewachsener Elefant kann er dann mit einem dünnen Seil an einen schwachen Pfosten oder an ein Bäumchen gebunden werden. Obwohl der jugendliche Elefant mit Leichtigkeit das Seil zerreißen und auf und davon gehen könnte, tut er es nicht, weil er durch seine Prägung glaubt, die Fesseln unmöglich zerreißen zu können. Auch wir werden ständig geprägt durch unser Umfeld, unsere Eltern, Freunde, durch Film und Fernsehen usw.

Es gab einen pensionierten Offizier, den die Nachbarskinder wegen seines schroffen, zackigen Wesens nicht leiden konnten. Eines Tages heckten sie einen Streich aus. Als er vom Markt mit einem Korb voll mit Eiern kam, rief ein Kind: „Ach-tung!" Der Offizier ließ sofort den Eierkorb fallen und nahm eine stramme Haltung an. Er reagierte aus alter Gewohnheit so.

Amma lehrt uns, unbedingt unsere alten eingefleischten Gewohnheiten abzulegen, damit wir uns des Lebens voll erfreuen können. In schwierigen Situationen haben wir durchaus die Wahl zwischen mehreren Möglichkeiten und können doch oft nicht die richtige Entscheidung treffen. Die Macht alter Gewohnheiten hindert uns, die gebotenen Chancen optimal auszuschöpfen.

Durch diese alten Gewohnheiten verhalten wir uns meistens nach einem bestimmten Muster. Da wir uns oft nicht bewußt sind, was wir tun oder sagen, reagieren wir dann ganz mechanisch. So sind wir entzückt, wenn uns jemand lobt und sagen: „Was für eine reizende Person!" Bei Kritik rechtfertigen wir uns; beschimpft uns jemand oder ärgert sich über uns, regen wir uns auf und werden auch ärgerlich.

Positive Gewohnheiten entwickeln

Entwickeln wir positive Gewohnheiten, werden daraus gute Eigenschaften erwachsen; dazu das Beispiel der Wiederholung eines *mantra*. Anfangs wissen wir noch nichts über Mantren und sind uns der Unkenntnis dieses Themas nicht einmal bewußt. Schließlich entdecken wir, dass es da etwas gibt, das „Mantra" genannt wird. Durch einen Meister können wir in ein *mantra* eingeweiht werden und die Praxis des Mantrasprechens oder -rezitierens erlernen. Anfangs vergessen wir ständig unser *mantra* zu sprechen, weil wir noch nicht daran gewöhnt sind, und müssen uns deshalb sehr bewußt vornehmen, das *mantra* ständig zu wiederholen.

Wenn wir regelmäßig über einen langen Zeitraum hinweg ein *mantra* rezitieren, wird es für uns so selbstverständlich wie das Atmen, und wir müssen uns schließlich nicht mehr ermahnen, unser *mantra* innerlich zu sprechen. Es geschieht jetzt mühelos von allein, in einem ständigen Fluss, unabhängig davon, wo wir uns gerade befinden oder was wir tun. Es geschieht automatisch. Daraus entwickeln wir für unser Leben eine positive Gewohnheit oder Disziplin.

Meistens kommen negative Eigenschaften wie Ärger, Ungeduld oder Eifersucht ganz spontan und ungewollt in uns hoch. Eigentlich sollten wir durch ständiges Üben so außerordentliche Tugenden wie Liebe, Mitgefühl, Geduld und Freundlichkeit entwickeln. Eine Meisterin wie Amma zeigt diese Tugenden ganz unmittelbar.

Viele Devotees von Amma haben ganz mühelos die gute Eigenschaft entwickelt, sich gegenseitig mit dem Mantra „Om Namah Shivaya" (Ich verneige mich vor deiner inneren Göttlichkeit) zu begrüßen; manche Devotees begrüßen so auch Freunde oder Berufskollegen. Viele verneigen sich tief, bevor sie sich vor Amma niederlassen, eine schon so selbstverständlich gewordene

Gewohnheit, die sie beibehalten, auch wenn Amma nicht in der Halle ist, ebenso bevor sie sich hinsetzen oder essen, sich unterhalten oder etwas lesen.

Mahatmas sind dafür bekannt, ihre göttlichen Eigenschaften spontan und unmittelbar zu zeigen. Vor vielen Jahren sah ich, auf welch außergewöhnliche Weise Amma diese göttliche Spontaneität zum Ausdruck brachte. Gegen Ende eines *Devi Bhava darshan* betrat Dattan, ein Leprakranker, die Halle. Sein Körper war über und über mit den schrecklichen Wunden dieser Krankheit bedeckt; aus stinkig fauligen Wunden sickerten Blut und Eiter. Als ich ihn sah, überfielen mich Ekel und Angst vor Ansteckung. Im ersten Impuls wäre ich am liebsten aufgesprungen und aus dem Tempel gerannt. Amma dagegen stand spontan von ihrem Sitz auf, eilte auf Dattan zu und umarmte ihn! Bevor sie ihn umarmte, überlegte sie nicht, ob es ratsam wäre Handschuhe oder eine Maske anzuziehen. Solchermaßen ist der unmittelbare Ausdruck ihrer göttlichen Eigenschaften.

Kapitel 3

Die Fesseln der Gewohnheiten sprengen

Not als Lehrmeister

Wir können an Stärke gewinnen, wenn wir unsere negativen Gewohnheiten angesichts schwieriger Umstände überwinden. Amma erlebte in jungen Jahren große Bedrängnis von ihrer Familie und den Dorfbewohnern, ohne daran zu zerbrechen. Sie lernte stattdessen in allen widrigen Umständen die Eigenart der Welt und die oberflächliche weltliche Liebe kennen. In den Augen ihrer Familie galt Ammas unvergleichliche Hingabe an Gott und die Art und Weise, wie sie diese ausdrückte, als höchst sonderbar. Man glaubte sogar, es stimme etwas nicht mit Amma und behandelte sie sehr rüde. Obwohl Amma zu jedem freundlich war, bekam sie selten ein freundliches Wort oder Lob. Sie richtete ihr Herz und ihre Seele ganz auf Gott und suchte Liebe und Zuneigung bei niemand anderem. Amma lernte, von keinem Menschen etwas zu erwarten, ging unermüdlich ihren Pflichten nach und überließ es Gott, sich dem übrigen anzunehmen. Trotz der selbstsüchtigen Art menschlicher Natur ließ Ammas Liebe zu den Menschen niemals nach, obgleich sie so viele Widerwärtigkeiten aus ihrem Umfeld erleiden musste.

Für Amma war immer klar: der Freund von heute kann der Feind von morgen werden, und ein Feind kann sich in einen Freund verwandeln. So sind Ammas Liebe und ihr Mitgefühl allen Menschen gegenüber gleich – ob sie von ihnen gepriesen oder kritisiert wird. Inzwischen sind tatsächlich viele Menschen, die Amma und dem Ashram in den Anfangsjahren Widerstände entgegen gebracht hatten, zu Gönnern ihrer unterschiedlichen gemeinnützigen Projekte geworden. Viele von ihnen unterstützen Amma jetzt tatkräftig in ihren Hilfswerken.

Aus Erfahrung lernt man bekanntlich am meisten. Auch wenn wir uns noch so lange in der Gegenwart eines wahren Meisters aufhalten, machen wir nur dann spirituelle Fortschritte, wenn wir aus unseren Erfahrungen lernen. Amma bringt das Beispiel eines Schwimmlehrers. Er wird uns, wenn wir schwimmen lernen, ab einem bestimmten Zeitpunkt loslassen und auffordern, alleine zu schwimmen. Dies, damit wir das nötige Selbstvertrauen und den Mut bekommen, aus eigenem Antrieb zu schwimmen. Genauso schickt uns Gott oder der spirituelle Meister immer wieder Prüfungen und Mühsal, um daraus gestärkt hervorzugehen und Gespür für den rechten Entschluss im Leben zu entwickeln.

Gelingt es uns nicht, die richtigen Entscheidungen zu treffen, berauben wir uns nicht nur der besten Lebensmöglichkeiten, sondern züchten negative Gefühle, aus denen Stress und Spannungen in uns entstehen. Ich möchte dazu gerne eine Begebenheit aus meiner Anfangszeit bei Amma erzählen. Amma erschien damals in *Krishna Bhava* und anschließend in *Devi Bhava*. Üblicherweise sang die eine Gruppe der *brahmacharis* während des *Krishna Bhava* und die andere während des *Devi Bhava*.

Zusammen mit einem anderen *brahmachari* lernte ich damals die *tabla* zu spielen (zwei kleine indische Handtrommeln zur Begleitung indischer Musik). In dieser Anfangslernphase setzten wir beide alles dran, die *tabla* so oft es ging und vor allem für

Amma zu spielen. Wir waren damals nur wenige *brahmacharis*. Amma rief während des *Devi Bhava* häufig den einen oder anderen von uns zu sich, um ihm die Gelegenheit zu geben, neben ihr sitzend zu meditieren. Eines Tages während des *Devi Bhava* – ich war gerade an der Reihe *tabla* zu spielen – ging ich vorher zum *darshan* mit der Absicht, unmittelbar danach die Trommeln zu spielen. Doch Amma forderte mich beim *darshan* auf, mich neben sie zu setzen und zu meditieren. Nun war ich in einer Zwickmühle. Ich wollte doch unbedingt *tabla* spielen und jetzt bot sich die Chance, neben Amma zu sitzen und zu meditieren! Da ich ihr nicht widersprechen wollte, setzte ich mich neben sie. Als ich zu meditieren begann, fingen gerade die *bhajans* (Anbetung in Form von Gesängen) an. Der *brahmachari*, der vorher schon das Glück gehabt hatte, mit den *tablas* dran zu sein, begann erneut zu spielen. Darüber regte ich mich auf und wurde richtig wütend über ihn. Wie konnte er es nur wagen zu spielen, wo ich doch eigentlich dran war! Aufstehen und mit ihm rechten konnte ich nicht, denn durch Ammas Veranlassung saß ich neben ihr.

Anstatt zu meditieren focht ich in meinem Geist einen Kampf mit dem anderen *brahmachari* aus. Darüber verging fast eine halbe Stunde. Ich konnte absolut nicht meditieren, obwohl ich meine Augen geschlossen hatte. Plötzlich merkte ich, dass jemand auf meinen Kopf tippte wie auf eine *tabla*. Ich öffnete meine Augen – es war Amma. Sie fragte mich, was ich mache. Noch bevor ich antworten konnte, ermunterte sie mich zum *tabla*-Spielen zu gehen. Sie wusste, dass ich unentwegt an die *tabla* gedacht hatte und ärgerlich über den anderen *brahmachari* war. Obwohl es zum Meditieren keine bessere Atmosphäre gibt, als bei *Devi Bhava* in Ammas Nähe zu sitzen, hatte ich mir mit meinen negativen Gefühlen diese kostbare Chance verpatzt.

Amma hätte sich in einer solchen Situation ganz anders verhalten. Sie hätte eine völlig andere Entscheidung getroffen und sich ganz und gar auf die Meditation konzentriert, anstatt sich mit tabla-Spielen zu beschäftigen oder sich über irgendjemanden zu ärgern.

Man kann aus jeder Erfahrung, ob angenehm oder unangenehm, etwas lernen, haben wir doch als Menschen den Vorteil angeborener Qualitäten wie Intelligenz und Unterscheidungsgabe. Schauen wir auf Ammas Leben, sehen wir, wie sie alle traurigen oder scheinbar ungünstigen Gegebenheiten als Chance nahm, Gott näher zu kommen.

Schon vor Gründung des Ashrams war Amma bekannt für ihr hartes Arbeiten, und zwar unablässig von vier Uhr morgens bis elf Uhr abends oder sogar bis Mitternacht. Neben ihrer schweren Arbeitslast zu Hause wurde sie oft in verschiedene Häuser von Verwandten geschickt, um dort ebenfalls im Haushalt zu helfen, manchmal weit entfernt von zu Hause. Zuerst erhielt sie von ihren Eltern etwas Geld, um mit dem Boot entlang den Backwaters zu fahren.

Die Bootsfahrt genoss Amma immer sehr und sang zum Summen des Motors das „Om". Wie selbstvergessen heftete sich dann ihr Blick auf die sich leise kräuselnden Wellen des Wassers; sie nutzte jeden Moment ihres Lebens, sich mit Gott zu verbinden.

Später gaben ihr die Eltern kein Geld mehr für die Fähre, sondern hießen sie zu Fuß gehen, was Amma gelassen hinnahm. Obwohl sie etwa sechs Kilometer zu Fuß gehen musste, genoss sie das sogar noch mehr als die Bootsfahrt, auch wenn es dreimal länger dauerte. Sie war glücklich, so lange allein zu sein, entlang der Küste oder der Backwaters zu laufen und noch mehr *mantras* zu sprechen und zu beten. Somit gereichte ihr eine scheinbar negative Situation zum Vorteil.

Mit angemessenem Unterscheidungsvermögen können wir im Leben auch aus schwierigen Umständen einen Vorteil ziehen. Wir können jedoch nicht bestimmen, welche Erfahrungen wir haben wollen und welche nicht. Das ist jenseits unserer Kontrolle. Wir brauchen Weisheit – und wir haben alle diese Fähigkeit – um jede Situation als vorteilhaft zu erleben.

Eine Frau hatte bei der Arbeit und auch zu Hause eine Menge Probleme. Immer wenn bei ihrer Arbeit etwas schief lief, zog sie ein Foto aus ihrer Handtasche und schaute eine Weile darauf. Wenn sie sich wieder gefangen hatte, arbeitete sie friedlich weiter. Einer ihrer Kollegen hatte das ein paar Tage lang beobachtet und fragte sie: „Wer ist das auf dem Foto? Wer gibt dir so viel Kraft und Ruhe? Ist das dein spiritueller Lehrer, ein Lieblingsschauspieler oder vielleicht ein Baseballspieler?"

„Nein, nein – das ist ein Foto meines Mannes," antwortete die Frau. „Oh, das ist ja wunderbar, dass du deinen Mann so liebst!" erwiderte der Kollege. „Das tu ich ja gar nicht," sagte die Frau. „Immer, wenn ich ein Problem bekomme und meine Fassung verliere, muss ich mir nur sein Foto ansehen und schon werden alle übrigen Probleme unbedeutend. Im Vergleich mit ihm lassen sich alle Probleme bewältigen!" Kurz gesagt, diese Frau besaß die Fähigkeit, Dinge aus einer anderen Perspektive zu betrachten und aus widrigen Umständen Kraft zu gewinnen.

Den wilden Elefanten zähmen

Wir wussten zu Beginn unseres Aufenthaltes bei Amma noch nicht, wie mit einem spirituellen Meister richtig umzugehen und wie sie oder er zu respektieren sei. Erst durch das Studium der Schriften begannen wir die Größe eines Meisters zu verstehen und die gebotenen Umgangsformen zu lernen. Vorher hatten wir keine Ahnung von der Größe eines wahren Meisters, weil Amma uns nichts darüber sagte.

Sie verlangte nie von uns: „Ihr müßt mich respektvoll behandeln" oder „Ihr müsst euch vor mir niederwerfen" oder „Ihr müsst euch in meiner Gegenwart so und so verhalten." Obwohl wir es gebraucht hätten, hörten wir in dieser Richtung nichts von Amma. Manchmal waren wir ungehorsam und verhielten uns ihr gegenüber respektlos. Sogar unseren Ärger ließen wir an ihr aus. Amma aus ihrem Mitgefühl und Verständnis heraus akzeptierte uns mit all unseren negativen Seiten, lächelte meistens nur oder sagte nichts, wenn wir Fehler machten oder nicht folgsam waren. Sie versuchte nie, uns eine Disziplin aufzuzwingen. Hatten wir später unseren Fehler eingesehen, gingen wir zu ihr und entschuldigten uns. Eines Tages sagte sie etwas, das ich nicht akzeptieren mochte, und ich fing deshalb an, mit ihr zu diskutieren. Gewöhnlich erwiderte Amma in solchen Fällen nichts. Doch an diesem besonderen Tag setzte sie sich zu meinem Erstaunen mit mir auseinander und erwiderte: „Nein, das war nicht richtig, was du gesagt hast." Da ich nicht in der Stimmung war einzulenken, argumentierte ich lauthals, bis Amma sich erhob und wegging. Doch ich wollte Recht behalten und nicht mit meinen Diskussionen aufhören, stand deshalb auf und folgte Amma. Sie ging in ihr Zimmer, ließ die Türe nur angelehnt, setzte sich hin und begann zu meditieren. Da ich meine Argumente nicht vorbringen konnte, wartete ich draußen in der Annahme, Amma werde bald aus ihrem Zimmer heraus kommen und ich könne dort anknüpfen, wo ich aufgehört hatte. Ich wartete fünfzehn Minuten, aber nichts passierte. Nach fünfundvierzig Minuten meditierte Amma noch immer. Ich hatte nicht die Geduld, noch länger zu warten, wollte sie auch bei ihrer Meditation nicht stören und dachte, die Diskussion später fortsetzen zu können.

Amma kam erst nach zweieinhalb Stunden aus ihrem Zimmer. Ich war inzwischen mit einer Arbeit beschäftigt und musste etwas in der nahegelegenen Stadt erledigen. Immer noch war ich der Meinung, Recht zu haben mit dem, was ich gesagt hatte, und dies Amma beweisen zu können. So geladen mein Geist mit Ärger und Arroganz war, erstaunte es mich gleichzeitig, dass

Amma nach solch einem heftigen Meinungsaustausch meditieren konnte, als wäre nichts geschehen.

Langsam und beharrlich siegte die Liebe in ihrer unendlichen Geduld über meinen Zorn und beruhigte mein Gemüt. Es dauerte fast zwei Wochen, bis ich wieder bei Amma sein konnte. Ich entschuldigte mich wegen meines Verhaltens und sagte: „Amma, du gingst nach diesem hitzigen Wortgefecht in dein Zimmer und tauchtest ein in die Meditation. Ich dagegen kämpfte vergebens zehn Tage lang, um meditieren zu können. Sobald ich meine Augen schloss, schoss mir durch den Kopf, wie ich dich in dieser Diskussion besiegen könne. Darüber meditierte ich zehn Tage lang! Ich konnte noch nicht einmal mein *mantra* friedlich sprechen. Wie war dir nur möglich, unmittelbar nach diesem Streit zu meditieren, so als sei nichts vorgefallen?"

Amma antwortete darauf: „Als ich einsah, welche Zeitverschwendung es war, mit einem so nutzlosen Burschen wie dir zu diskutieren, kehrte sich mein Geist im Bruchteil einer Sekunde nach innen."

Und was mich betraf, ich hatte selbst nach zehn Tagen noch nicht begriffen, dass meine Meditation durch meine eigene Negativität gestört worden war. Manchmal braucht es viele Jahre, mitunter sogar viele Leben, dies einsehen zu können. Ein Meister verhilft uns in kurzer Zeit dazu.

Amma sagt, Wut ist wie ein Messer ohne Griff; es verletzt sowohl die angegriffene Person als auch den Angreifer. Wir wissen sehr wohl, wie sich Wut auswirkt auf unseren Körper und Geist ebenso wie auf unsere Familie und die Gesellschaft im Ganzen. Wut setzt in unserem Körper viele zerstörerische Hormone frei; der ganze Körper brennt wie Feuer und unser Immunsystem ist in Aufruhr. Wut kann zusätzlich die Kette unseres Karmas verstärken und Gottes Gnadenstrom in uns blockieren. Wird unser Ego verletzt, reagiert es sofort mit Ärger und Wut. Das zieht unkontrolliertes Sprechen und Handeln nach sich und als Folge verletzen wir unschuldige Leute.

Amma sagt, eine von uns im Zorn unschuldig beschimpfte Person mag zu Gott rufen: „Oh Gott, ich habe doch nichts falsch gemacht! Warum werde ich denn so behandelt?" Die Schwingungen ihrer Verzweiflung werden uns erreichen und unsere Aura verdunkeln, wie der Ruß das Glas schwärzt. Und so wie Sonnenlicht nicht durch rußgeschwärztes Glas dringen kann, vermag auch Gottes Gnade durch diese Einwirkungen nicht in uns zu dringen. Amma fügt noch hinzu, dass wir in unserer Wut aus jeder Pore unseres Körpers Energie verlieren und somit viel hart erworbene spirituelle Energie vergeuden.

Wenn wir dazu neigen, über Leute schnell wütend zu werden, sollten wir beim nächsten Anlass versuchen, unsere Wut zu bändigen. Mit Achtsamkeit und Geduld lassen sich Ärger und Groll nach und nach überwinden.

Wollen wir über Ärger und Zorn hinauswachsen, muss unser Geist dahingehend trainiert werden zu erkennen, wie negativ Ärger ist, und außerdem zu beobachten, wann sich Ärger zeigt. Beobachten wir den Ärger nur – sozusagen von einer unabhängigen Beobachterposition aus – verliert er an Macht über uns. Solange wir uns mit Gefühlen wie Ärger, Lüsternheit und Angst identifizieren, können wir sie nicht unter Kontrolle bringen. Wir sollten Raum schaffen zwischen uns und unseren Gefühlen.

Genauso wie wir einen wilden Elefanten oder ein junges Pferd zähmen, sollten wir unsere in Worten und Taten geäußerte Wut zügeln. Dann können wir beobachten, wie Groll in unserem Gemüt entsteht, und werden zum Zeugen seines Entstehens und Vergehens. Wir beobachten den Ärger einfach nur, so wie ein Mensch am Meer das Auf und Ab der Wellen des Ozeans beobachtet. Auf diese Weise werden wir schließlich völlig befreit von seinem schädigenden Einfluss.

Wechselnde Gefühle, beständige Liebe

Amma übernimmt sehr oft menschliche Empfindungen, damit wir uns ihr nah fühlen können. Wenn sie die Probleme eines Menschen aufnimmt, können ihr in einem Augenblick Tränen kommen, und schon im nächsten teilt sie lachend mit jemandem Glück und Freude. Wie würde sich jemand fühlen, der beim *darshan* zu Amma kommt und sagt: „Heute habe ich Geburtstag," wenn Amma immer noch weinen würde, weil sie zuvor mit Tränen in den Augen dem Kummer eines Menschen zugehört hatte. Amma ist beim *darshan* für jeden Menschen ein Spiegel seines Gemütszustandes. Amma kann eben noch Ärger über einen Fehler von jemandem ausdrücken, um ihn im nächsten Moment zu umarmen. Wir würden vielleicht eine Person, über die wir uns so richtig geärgert haben, tagelang nicht umarmen können. Amma vermag in ihrem Geist Gefühle ein- und auszuschalten, ganz nach Belieben. Sie verfügt über Bleistift und Radiergummi, um in ihrem Geist alles aufschreiben und auch wieder ausradieren zu können.

Vielleicht meinen wir, Amma möge uns nicht, wenn sie ärgerlich oder aufgebracht ist über uns. Das ist nicht wahr. Sie sagt einfach nur, was wegen unseres eigenen spirituellen Fortschritts zu sagen ist, und geht weiter. Sie hält sich überhaupt nicht bei ihrem Ärger auf. Um ein Bild von Amma zu gebrauchen, ihre Emotionen sind wie eine durchs Wasser gezogene Linie. Wie lange kann sich solch eine Linie halten? Das heißt aber beileibe nicht, dass Amma uns nicht liebt oder sich nicht um uns kümmert, weil sie ihren Gefühlen nicht anhaftet.

Sobald du deinen *darshan* hattest, nimmt Amma die Gefühle der nächsten Person auf. Ihre Liebe ist wie ein Ozean und all ihre Gefühle nur schäumende und brausende Wellen – denn die Essenz ist Wasser in seinen unterschiedlichen Erscheinungen. Um es noch einmal zu unterstreichen, jedes Wort und jede Handlung von Amma ist reine Liebe. Es ist möglich für uns diesen Zustand auch zu erreichen, aber es erfordert von uns außergewöhliche Übung, Wachsamkeit und Achtsamkeit.

Werden wir von unseren Gefühlen überschwemmt, können wir niemandem helfen – noch nicht einmal uns selbst. Gelingt es uns jedoch, unsere Gefühle und Negativität zu transzendieren, können wir vielen helfen.

Kapitel 4

Ammas Liebe

Ammas Lebensbestimmung

Als Amma noch ganz jung war, ging sie regelmäßig in die Häuser der Nachbarn, um dort Lebensmittelabfälle (vor allem Schalen von Tapioca-Früchten) für die Kühe ihrer Familie zu sammeln. Dabei sah sie, dass in vielen Hütten die Kinder nicht genug zu essen hatten und vor Hunger wie ein Fötus gekrümmt schliefen. In anderen Behausungen entdeckte sie von ihren Kindern völlig vernachlässigte Eltern. Viele Menschen waren krank und hatten kein Geld für eine ordentliche Behandlung. Als Amma all dies Elend sah, entbrannte in ihr Zorn auf die Natur – auf die Natur als Manifestation Gottes. Sie geriet über all das Leiden in der Welt so in Rage, dass sie sich aus Rache Zoll um Zoll selbst verbrennen wollte.

Da sagte eine innere Stimme zu ihr, leidende Menschen hätten sich ihr Schicksal durch vergangene Taten selbst geschaffen. Die Stimme fuhr fort: „Es war nicht Sinn und Zweck deiner Geburt, deinen Körper auf diese Weise aufzugeben. Millionen Menschen bedürfen deiner Hilfe und Führung. Es ist deine Lebensbestimmung, ihnen zu dienen. Indem du ihnen dienst, dienst du Mir (der Höchsten Wahrheit)."

Amma ging darauf ein und antwortete: „Wenn es ihr Schicksal ist zu leiden, dann ist es meine Pflicht, ihnen zu helfen."

Gottes Liebe in einem menschlichen Körper

"Sie steht hier vor uns,
Gottes Liebe in einem menschlichen Körper."

Dr. Jane Goodall, 2002,
bei der Übergabe des Gandhi-King-Preises

Vor vielen Jahren, als ich gerade erst in den Ashram eingetreten war, wurde einer der Ashrambewohner beim Stehlen ertappt. Wir informierten Amma darüber, sie unternahm jedoch nichts. Als ein paar Monate später dieselbe Person wieder ertappt wurde, ignorierte Amma den Fall genauso. Einige ärgerte das, und sie wollten darüber mit Amma diskutieren. Ich selbst war äußerst wütend, als ich mir vorstellte, dieser junge Mann werde noch länger im Ashram bleiben. Wenn ich Amma auf ihn anspräche, das wusste ich, würde ihn Amma in ihrer Liebe und ihrem Mitgefühl verteidigen. Und als Ende vom Lied würde ich vermutlich mit ihr rechten und ihr widersprechen. Deshalb schrieb ich Amma in einem Brief, den Ashram verlassen zu wollen, falls sie den jungen Mann nicht fortschicke. Amma las den Brief, rief mich zu sich und sagte: „Du magst ein ordentlicher Mensch sein, der weiß, was richtig und falsch ist und kannst, wenn du möchtest, in einen anderen Ashram gehen, um dort deine spirituelle Praxis fortzusetzen. Dieser arme Junge dagegen weiß nicht, was richtig und falsch ist. Wenn ich ihm nicht die notwendige Liebe und richtige Führung gebe und ihn liebevoll korrigiere, wer sonst könnte ihm helfen? Er könnte im Gefängnis landen. Ich werde ihn hier behalten, selbst wenn ihr alle den Ashram verlasst." Als der Junge, der beim Stehlen ertappt worden war, das hörte, weinte er. Von diesem Augenblick an war er wie verwandelt und stahl niemals mehr.

Ammas göttliche Liebe und Mitgefühl stärken und nähren uns, und wir empfangen Geistesklarheit, wenn wir in ihre Gegenwart eintauchen. Viele Menschen können ihre Süchte, Anhaftungen, Nöte und Probleme durch Ammas reine Liebeskraft überwinden. Wahre Liebe weist niemanden ab – sie nimmt jeden an. Amma sagt: „Jemanden abzuweisen wäre für mich so viel wie mein eigenes Selbst abzuweisen, denn ich bin von niemandem getrennt, und niemand ist von mir getrennt." Amma kann deshalb jeden einfach nur lieben. Es ist ihr unmöglich, jemanden nicht zu mögen oder auch nur eine Spur von Ablehnung zu empfinden.

Amma sagt, so wie Licht und Wärme zur Sonne gehören, sind Liebe und Mitgefühl das Wesen aller großen spirituellen Meister. Was wir aus dieser Liebe machen, bleibt uns überlassen. Es gehört zur Natur des Flusses zu fließen. Wir können von seinem Wasser trinken, uns darin baden, uns an seinem Ufer niederlassen und die kühle Brise genießen oder auch in den Fluss spucken. Dem Fluss macht das nichts aus – er fließt einfach weiter. Genauso gibt Amma, stets und immerdar.

Man sagt, in der Gegenwart eines in der Höchsten Liebe verankerten Wesens würden selbst grimmige Raubtiere zahm und harmlos.

Vor vielen Jahren wurde einer der Hunde um Amma tollwütig, lief aus dem Ashram und biss verschiedene Leute. Als man ihn fangen und töten wollte, lief er in den Ashram zurück. Er hatte den bei tollwütigen Hunden typischen Schaum an seinem Maul. Die Leute schrien: „Das ist ein tollwütiger Hund, tötet ihn!" Alle rannten vor dem Hund in Sicherheit.

Ich schrie in die Runde: „Rennt nicht weg! Kein Grund zur Aufregung! Amma wird sich um ihn kümmern." Da ich aber um meine eigene Sicherheit besorgt war, rannte ich genauso wie alle anderen weg, und zwar so weit ich konnte.

Als Amma den Tumult hörte, kam sie aus ihrer Hütte und sah sofort, was los war. Sie ging auf den Hund zu und rief: „Mon! Mon!", das heißt: „Mein Sohn! Mein Sohn!"

Einige von uns mahnten: „Amma, bleib bitte weg von ihm. Der Hund ist tollwütig und wird dich beißen!" Sie nahm aber keine Notiz von unseren Warnungen und ging weiter auf den Hund zu. Völlig unerwartet stand der Hund ganz ruhig da, wie hypnotisiert. Amma streichelte ihn und bat um etwas Futter aus der Küche. Derjenige, der das Futter brachte, hatte zu sehr Angst, sich dem Hund zu nähern und gab es deshalb Amma mit einigem Abstand. Amma nahm das Fressen, fütterte mit eigener Hand den Hund und aß dann zu unserem Erstaunen den mit Hundespeichel getränkten Rest des Futters auf. Als wir das sahen, erschraken wir fürchterlich. Nach wenigen Minuten starb der Hund, und es war klar, dass er Tollwut gehabt hatte. Jetzt bekamen wir es mit der Angst zu tun, dass sich Amma angesteckt haben könnte. Sie jedoch schien völlig unbekümmert und hörte nicht auf uns, die wir darauf beharrten, sich gegen Tollwut impfen zu lassen. Erstaunlicherweise passierte ihr nichts.

Ich war völlig überwältigt von dem, was ich gesehen hatte, und wollte wissen, warum Amma den Rest des Hundefutters aufgegessen hatte. Ihre Antwort auf meine diesbezügliche Frage trieben mir Tränen in die Augen. Sie sagte, da sie den Rest des Hundefutters gegessen habe, wurde sein noch verbliebenes Karma endgültig aufgelöst, denn sie habe das Karma des Hundes auf sich genommen. Die Seele des Hundes sei damit von zukünftigen Leben befreit. Diese Liebe muss der Hund gespürt haben, als Amma auf ihn zuging, und deshalb stand das arme Tier so ruhig da.

Selbst unsere sogenannten Freunde und Verwandten können uns nicht die Liebe geben, die Amma gibt. Amma lehrt uns: „Wenn du hundert gute Taten aber nur eine einzige schlechte Tat verübst, lehnen dich die Leute ab; Amma dagegen nimmt dich selbst dann an, wenn du überhaupt nichts Gutes gemacht, sondern hundert üble Dinge gedreht hast."

Zur Illustration dieser nur begrenzten Liebe zwischen Freunden und Verwandten die Geschichte von zwei eng befreundeten Rucksacktouristen. Beim Trampen sehen sie einen riesigen Bären, der sich anschickt sie anzugreifen. Der eine öffnet blitzschnell seinen Rucksack und holt ein Paar Laufschuhe heraus. Als er seine Stiefel mit den Laufschuhen vertauschen will, fragt ihn sein Gefährte: „Hey, was bringt denn das, wenn du deine Laufschuhe anziehst? Du kannst doch vor dem Bären nicht weglaufen!" Der Mann mit den Laufschuhen erwidert: „Wer sagt denn, ich wolle vor dem Bären weglaufen? Ich muss doch nur dich überrunden!"

Dies als Beispiel für die Liebe in der Welt. Sind wir in Lebensgefahr, kümmern wir uns nicht mehr um unsere Lieben. Nur wenige würden ihr eigenes Leben für das eines sterbenden Freundes hingeben.

Amma sagt deshalb: „Erwartet nichts von den Menschen oder von der Welt, denn selbstlose Liebe gibt es nur äußerst selten." Erwartung führt zu Enttäuschung und Unzufriedenheit. Es wäre töricht, reine, beständige Liebe von einer selbstsüchtigen, unbeständigen Welt zu erwarten.

Freundlichkeit

adveṣṭā sarva bhūtānāṁ maitraḥ karuṇa eva ca
nirmamo nirahaṁkāraḥ samaduḥkhasukhaḥ kṣamī

Lieb ist mir, wer kein einziges Wesen hasst, freundlich ist und voller heilender Hinwendung, frei von „Ich" und"mein", Gleichmut wahrend in Lust und Leid, voller Geduld.

Bhagavad Gita 12:13

59

Eines Tages kam eine Frau – erst seit kurzem Devotee – mit einer Frage zu Amma. Sie sagte: „Amma, du ermahnst uns immer, alle Menschen zu lieben. Leider kann ich das nicht, ich kann noch nicht einmal eine Person voll und ganz lieben. Was soll ich machen?"

Amma antwortete sanft: „Tochter, mache dir keine Sorgen, wenn du nicht jeden lieben kannst; versuche wenigstens, niemandem Hass entgegenzubringen. Das wird dich nach und nach in den Zustand versetzen, alles und jeden zu lieben."

Die Frau erzählte nachher: „Ich habe diese Frage so vielen Menschen gestellt, auch einigen Psychologen. Niemand konnte mir eine praktische und zufriedenstellende Antwort geben. Als Amma mir ihre Antwort gab, fühlte sich mein Herz auf der Stelle von einer großen Last befreit."

Maitri oder Freundlichkeit allen Wesen gegenüber ist ein wichtiges Merkmal des wahren Gottesverehrers. Wie wir schon gesehen haben, hegt ein wirklicher Gottesverehrer keinen Hass gegenüber irgendeinem Wesen in der Welt. Mit dem Wort *maitri* macht Lord Krishna deutlich: ein Charakteristikum des wahren Gottesverehrers ist nicht nur Freisein von Hass, sondern ein positives, vibrierendes Gefühl von Freundlichkeit und Verbundenheit mit allen Wesen. Ein wahrer Gottesverehrer sieht Gott überall in der Schöpfung.

In der *Srimad Bhagavatam* heißt es, wer Gott lediglich in einem Bild verehrt, ist ein primitiver Gottesverehrer. Ein echter Gottesverehrer huldigt und dient Gott, indem er ihn in der gesamten Schöpfung sieht. Die Haltung eines Gottesverehrers, freundlich gegen alle Wesen zu sein, entspringt wahrer Liebe, ist spontan und selbstverständlich.

Was dagegen gemeinhin in der Welt unter Freundlichkeit verstanden wird, entspringt menschlichen Neigungen und Abneigungen und findet schnell seine Grenzen in Anbetracht des

sozialen Hintergrundes, materiellen Wohlstandes, der Religions-
zugehörigkeit und gesellschaftlichem Status. Diese Freundlichkeit
basiert meistens auf Eigennutz und gegenseitigen Interessen.
Gedanken an persönlichen Gewinn sind oft das Motiv weltlicher Freundlichkeit. Geschäftsleute verhalten sich meistens sehr
freundlich gegenüber ihren Kunden, was oft nur eine Fassade
ist, hinter der sich die Hoffnung auf ein gutes Geschäft verbirgt.
Sobald sie jedoch merken, dass bei einer bestimmten Person nicht
viel zu gewinnen ist, lassen Enthusiasmus und Freundlichkeit
schnell nach.

Ich erinnere mich an eine Geschichte, die zeigt, was in der
Welt allgmein unter Freundlichkeit verstanden wird. Ein Junge
bekam von seiner Mutter einen Korb voller Tomaten, die er zu
einem festgesetzten Preis auf dem Markt verkaufen sollte. Als er
die Tomaten zum Kauf anbot, kamen seine Freunde vorbei und
wollten sich bei ihm eindecken, weshalb er ihnen die Tomaten
zu einem günstigeren Preis gab. Mit einer guten Einnahme kam
er am Abend nach Hause zurück. Das erstaunte seine Mutter,
die von dem Preisnachlass an seine Freunde gehört hatte, und
sie fragte ihn deshalb: „Wieso hast du trotzdem so einen guten
Gewinn gemacht?"

Er antwortete: „Ich gab ihnen die Tomaten unter dem Nor-
malpreis, weil sie meine Freunde sind – dafür habe ich dann ein
paar Tomaten weniger auf die Waage gelegt, denn ich bin ihr
Freund!"

Die Freundlichkeit eines wahren Gottesverehrers anderen
gegenüber ist universal und frei von selbstsüchtigen Überlegun-
gen. Der große Meister Adi Shankaracharya[3] hat dazu ein Gedicht
verfasst, in dem es heißt: „Shiva und Parvati sind meine Eltern, alle

---

[3] Adi Shankaracharya war eine große Seele und begründete die Vormacht-
stellung der *Advaita* Philosophie (die Lehre der Nicht-Zweiheit) zu einer Zeit
des Niedergangs des Sanatana Dharma neu.

Verehrer Lord Krishnas meine Verwandten und die drei Welten mein Heimatland." Und Tulsidas, berühmt für seine Übertragung des *Ramayana* in Hindi, schrieb: „Unter Gottesverehrern gibt es keine hohen oder niederen Kasten. Ein Anbeter Gottes ist auch dann ein Brahmane, wenn er in eine niedere Kaste geboren wurde." Zwischen dem großen König Lord Rama und dem Bootsmann Guha bestand eine tiefe Freundschaft. Ebenso waren Lord Krishna, von königlicher Geburt, und Sudama, ein armer Brahmane, enge Freunde. Solche Beispiele zeigen, wie sich die Freundlichkeit großer Seelen über alle Begrenzungen hinwegsetzt.

Wahre Verehrer und Verehrerinnen Gottes verbreiten schon durch ihre Anwesenheit Wellen von Liebe und Freundlichkeit, nicht nur menschlichen Wesen gegenüber. Ihre Freundlichkeit umfasst die gesamte Schöpfung.

In Südindien befindet sich an einem Platz, der Sringeri genannt wird, in der Nähe des Flusses Tunga, einer der von Adi Shankaracharya gegründeten Ashrams. Es rankt sich um diesen Ashram eine Legende. Adi Shankaracharya erreichte nach einer Reise kreuz und quer durch das Land eines Tages Sringeri. Bei seinem Weg entlang des Flusses Tunga wurde er plötzlich von einem ungewöhnlichen Anblick gefangen genommen. Eine Kobra schützte mit ihrem aufgerichteten Kopf einen schwangeren Frosch vor der sengenden Hitze. Adi Shankaracharya versank sofort in Meditation, um zu verstehen, was sich hinter dieser überraschenden Szene verbarg. Er entdeckte, dass vor langer Zeit ein großer Weiser an diesem Ort gelebt hatte. Dieser Weise liebte alle Wesen und liebte wilde Tiere, Vögel und Schlangen, als seien sie seine Kinder. Seine heilige Gegenwart erweckte in den Tieren ein Gefühl gegenseitiger Liebe und Freundschaftlichkeit, statt angeborener natürlicher Feindschaft. Die Größe dieses Weisen war so enorm, dass noch Jahrhunderte danach diese freundliche

Atmosphäre zu spüren war. Wie wahr sind doch die Aphorismen des Weisen Patanjali:

ahimsā pratiṣṭhāyāṃ tat
saññidhau vairatyāgaḥ

"In der Gegenwart des Einen, der in ahimsa (Gewaltlosigkeit) verankert ist, verschwindet jegliche Feindschaft."

Ammas Leben ist leuchtendes Vorbild solch universeller Freundlichkeit. Sie liebt auf vollendete Weise in der Verkörperung universeller Mütterlichkeit jeden, ob reich oder arm, jung oder alt, krank oder gesund – unabhängig von Rang und Namen. Ammas Liebe ist so unmittelbar und natürlich, dass jeder und jede fühlt, wie sehr Amma sein oder ihr Eigenes ist. Für sie ist niemand fremd. Selbst die schlimmsten Sünder oder hartherzigsten Menschen werden von ihrer allumfassenden Liebe und Freundlichkeit berührt.

Vor einigen Jahren wurde in Kerala in einem berühmten Tempel ein Fest begangen, als plötzlich zwischen zwei Gruppen ein Kampf ausbrach, der den Tempel in ein Schlachtfeld verwandelte. Die Polizei griff ein und musste mit Gewalt die Menschenmenge auseinander bringen; viele Leute wurden verletzt.

Ein älterer, sehr grober Polizeioffizier war mit dabei und drosch erbarmungslos auf die Menschen ein. Einige Zeit danach war er bei der Eröffnung von AIMS[4], Ammas Krankenhaus in Cochin, in Kerala, als Sicherheitsbeamter auf dem Posten. Dieses Ereignis wurde von einem großen Aufgebot an Sicherheitsvorkehrungen begleitet, da der Premierminister von Indien, der Gouverneur von Kerala und viele andere Würdenträger zugegen waren. Dieser Polizeioffizier hatte Amma nie zuvor persönlich

---

[4] Amrita Institut für Medizinische Forschung und Wissenschaft

gesehen, war auch kein Devotee und lediglich wegen seiner amtlichen Verpflichtung dort anwesend.

Sobald er Amma erblickte, vergaß er jegliches Protokoll. Er warf seine Mütze weg, zog seine Schuhe aus und fiel Amma vor die Füße. In Indien macht ein Polizeioffizier so etwas normalerweise im Beisein seiner Vorgesetzten nicht, ohne sie zuvor um Erlaubnis zu fragen. In diesem Moment jedoch vergaß er alles. Ammas Gegenwart hatte ihn so in Bann gezogen. Er hatte keinen spirituellen Hintergrund und war allseits bekannt für sein harsches Verhalten. Wenn solch ein hart gesottener Polizeioffizier Ammas Liebe und Mitgefühl auf den ersten Blick spüren kann und sich ein Wandel in ihm vollzieht, wieviel leichter sollte es uns fallen.

Ammas Liebe beschränkt sich nicht auf die Menschheit, sondern umfängt alle Wesen. In der Phase ihrer intensiven spirituellen Praxis suchten Hunde, Katzen, Kühe, Ziegen, Eichhörnchen, Vögel und Schlangen ihre Nähe und wurden enge Freunde. In einer Lebensphase, in der Amma von ihrer eigenen Verwandtschaft verlassen und in ihrem spirituellen Leben pausenlos bekämpft wurde, standen ihr diese Tiere bei und boten ihre Dienste bei jedem Wetter an.

War Amma hungrig, brachte ein Hund ihr etwas zu essen oder ein Adler ließ auf den Platz, wo Amma saß, einen Fisch fallen. Eines Tages fühlte sich Amma nach einer langen Meditation sehr durstig. Als sie ihre Augen öffnete, stand eine Kuh so dicht neben ihr, dass Amma ganz einfach Milch aus ihrem Euter trinken konnte. Man sagt, die Kuh sei sechs Kilometer weit weg aus einem Haus herbeigerannt. Wenn sich Amma sehr lange in *samadhi* (ein transzendentaler Zustand, bei dem sich jegliches Gefühl von persönlicher Identität verliert) befand, wanden sich Schlangen um ihren Körper, um sie wieder ins Normalbewußtsein zurück zu bringen. Wenn sie während inständiger Gebete zur Göttlichen Mutter alles äußere Bewusstsein verlor, rieb ein

Hund ihren Körper und leckte ihr Gesicht und Gliedmaßen, um sie wieder zu beleben.

Befragt über solche Begebenheiten, antwortete Amma: „Sobald du jenseits aller Sinnesverhaftungen und Abneigungen in einem Zustand von absolutem Einklang bist, werden selbst wilde Tiere freundlich zu dir."

Oft erleben wir heute noch, wie Tiere und Vögel Amma ihre Gefühle von Freundschaft und Nähe zeigen. Ammas allumfassende Freundlichkeit und ihr absolutes Einssein mit der gesamten Schöpfung kommt umfassend zum Ausdruck in ihrem für ihre Kinder so oft wiederholten Satz: „Amma wirklich zu lieben, heißt, alle Wesen dieser Welt gleichermaßen zu lieben."

Wahrheit gegen Liebe

In den Dörfern nahe beim Ashram gibt es viele hartnäckige Kommunisten und Atheisten, denen es gar nicht passt, dass in der dortigen Gegend ein Ashram gegründet wurde. In den Anfangsjahren des Ashrams versuchten diese Leute ihn mit allen Mitteln zu zerstören. Sie rotteten sich immer wieder mit lauten Parolen zu Protestgruppen zusammen und warfen Steine in den Ashram. Wieder einmal kam eine Truppe von Aufwieglern und warf Steine gegen das Ashramgebäude. Wir wurden wütend und wollten mit ihnen kämpfen. Amma jedoch sagte: „Nein, bleibt ruhig. Es wird alles gut."

Als jedoch einer der *brahmacharis* von einem kleinen Stein getroffen wurde, war Amma sehr aufgebracht. Es griff ihr ans Herz, als sie sah, dass ein unschuldiger Junge, der Zuflucht zu ihren Füßen genommen hatte, grundlos verletzt wurde, wenn auch nicht schlimm.

In dem großen *Mahabharata*-Krieg gibt es den interessanten Zusammenstoß zwischen der Wahrheit und der Liebe. *Bhishma*, der mächtige Kriegsführer der Kauravas, war glühender Anhänger von Krishna. Die Umstände zwangen ihn, gegen Arjuna zu kämpfen, der Krishna gleichermaßen verbunden war und unter seinem göttlichen Schutz stand. Krishna hatte gelobt, in diesem Krieg keine Waffen zu tragen, sondern einzig als Arjunas Wagenlenker zu fungieren. Als *Bhishma* von diesem Gelübde Gottes hörte, setzte er dem ein anderes entgegen und schwor, Lord Krishna dazu bewegen zu können, die Waffen doch aufzunehmen. Er kämpfte wütend gegen Arjuna und Krishna. Krishna ließ sich von keinem der gegen ihn geschleuderten Pfeile aus der Fassung bringen, sondern trug seine Wunden mit einem süßen Lächeln. Da es *Bhishma* nicht gelang, Lord Krishna zum Waffenkampf zu bewegen, änderte er seine Strategie. Er setzte jetzt Arjuna unter einen Pfeilregen. Obwohl dieser ein glänzender Krieger war, konnte er es mit der Kriegskunst und Erfahrung des alten Anführers nicht aufnehmen.

Da Arjuna sich selbst nicht vor diesem Pfeilregen schützen konnte, suchte er Schutz bei Krishna. Jetzt konnte Krishna nicht mehr länger nur Zuschauer sein. Lord Krishna, die Verkörperung der Höchsten Wahrheit, war bereit, sein Gelübde zu brechen. Krishna sprang vom Wagen und trat mit seinem Schild gegen *Bhishma* an. Dieser sah beglückt die zornige Verfassung Lord Krishnas, der abzuwägen hatte zwischen dem Gelübde eines Gottesverehrers und der Lebensrettung eines anderen und bereit war, die Schande und den schlechten Ruf eines Eidbrüchigen auf sich zu nehmen. Als Krishna *Bhishma* entgegenlief, ließ der alle Waffen fallen und fiel vor Krishna nieder.

Die Liebe eines Meisters für seinen Schüler oder seine Schülerin ist so groß, dass der Meister bis zum Äußersten geht, um seinen Schüler zu retten. Wenn Amma von jemandem verletzt wird, macht ihr das nichts aus – wenn dagegen einem ihrer Devotees etwas zustößt, kann sie das nicht ertragen.

Eine große Seele wie Amma mildert aus Mitgefühl oft das negative Karma von Menschen. Wenn ein *mahatma* jemanden bestraft, vielleicht sogar streng, geschieht das immer nur zum Besten dieses Menschen; es ist ein Akt von Gnade.

Im Falle des Mannes, der den Stein nach dem *brahmachari* geworfen hatte, griff Amma nicht mildernd in sein Karma ein. Sie überließ der Natur den Gang der Dinge und so musste er die Konsequenzen aus seinem Handeln voll tragen. Einige Tage später wurde das Haus des Mannes durch Blitzschlag völlig zerstört, und er musste woanders seinen Lebensunterhalt suchen.

Amma erklärt uns: „Ich bestrafe nie jemanden. Wenn ich misshandelt oder belästigt werde, macht mir das nichts aus. Wird jedoch ein Devotee Misshandlungen ausgesetzt, kann selbst Gott dem Frevler nicht verzeihen. Jeder Mensch muss die Früchte seiner Taten ernten. Es gibt keinen anderen Weg."

Es gibt egoistische, arrogante und gottlose Menschen, die von der Größe eines *mahatma* nichts wissen wollen. Das war schon immer so. Es gab Menschen, die Rama, Krishna, Jesus und andere Meister angriffen.

Doch gibt es auch Hunderttausende, die durch Ammas bedingungslose Liebe und Mitgefühl verwandelt wurden. Ein frisch verheiratetes Paar kam in den Ashram, um bei Amma zu sein. Jemand fragte sie: „Warum wolltet ihr hierher kommen und Amma sehen? Ihr habt doch gerade erst geheiratet und könntet nun in eure Flitterwochen fahren."

Sie erwiderten: „Wir möchten Ammas Liebe erfahren." Allgemein erleben Frischverheiratete ihre berauschendste Liebe während ihrer Hochzeitsreise und dem Beginn ihrer Ehe. Doch selbst während dieser Zeit sehnte sich das Paar danach, Ammas Liebe zu erfahren. In Ammas Liebe ist etwas so Feines und Göttliches, das mit keiner anderen Liebe zu vergleichen ist. Deshalb bewirkt ihre Liebe oft eine so unglaubliche Verwandlung in unserem Leben.

Selbst Tiere und Pflanzen sind für das strahlende Sonnenlicht ihrer Liebe empfänglich.

Vor einigen Jahren schenkte ein Devotee aus Chennai Amma ein Elefantenbaby, das erst anderthalb Jahre alt war, als es in den Ashram kam. Amma gab ihm den Namen Ram. In den ersten Wochen schrie es oft, vor allem nachts. Während sich alle ihres Schlafes erfreuten, schrie Ram, weil er seine Mutter vermisste. (Er war bereits von seiner Mutter getrennt, als man ihn für Amma kaufte, und konnte nicht mehr mit ihr zusammengebracht werden.) Seine Schreie weckten uns oft auf.

Eines Nachts schrie er stärker als üblich und fraß auch nicht richtig. Amma wurde von uns darüber informiert und sagte: „Wenn er nicht aufhört zu schreien, bringt ihn zu mir." Ram schrie erneut.

Der *brahmachari*, der damit betraut war, sich um Ram zu kümmern, wollte Amma nicht belästigen und brachte Ram nicht zu ihr, obwohl Amma ihn damit beauftragt hatte. Als Ram nicht zu schreien aufhörte, kam Amma aus ihrem Zimmer und forderte einige *brahmacharis* auf, ihn in den Hof vor ihrem Zimmer zu führen. Als er dort stand, streichelte ihm Amma liebevoll seinen Rüssel und die Stirn und fütterte ihn mit Bananen und Biskuits. Amma sprach mit ihm und fragte ihn: „Ram, bist du traurig? Magst du den Ashram? Magst du Amma? Magst du deine Geschwister hier?" Sie fragte ihn so, als könne Ram sie verstehen. Amma streichelte ihn mindestens eine halbe Stunde lang voller Liebe und Fürsorge und bat dann einen *brahmachari,* Ram an den Baum unterhalb ihres Zimmers zu binden.

Ammas Liebe und Zuwendung schienen ihn so zu beglücken, dass er seine Mutter fortan nicht mehr vermisste. Er schrie nur noch wenige Nächte, wurde dann jedoch zu Amma geführt, die sich eine Weile mit ihm beschäftigte, ihn streichelte und fütterte.

Nach wenigen Tagen schrie er nicht mehr. Ich bin sicher, dass er in Amma die Liebe und Nähe seiner eigenen Mutter spürte.

Mittlerweile ist Ram fast vier Jahre alt. Nach den abendlichen *bhajans* widmet ihm Amma regelmäßig etwas Zeit, spielt und spricht mit ihm und füttert ihn. Ram wird sehr traurig, wenn sie das nicht macht. Manchmal ist er ungezogen und kann von den *mahouts* (Tierpflegern) nicht beruhigt werden. Amma jedoch kann ihn immer besänftigen.

Feinfühligkeit

Wenn in Menschen negative Eigenschaften überhand nehmen, wirken ihre Handlungsweisen der natürlichen universellen Harmonie entgegen. Aus gestörter Harmonie kann Unheil entstehen.

Wir können diese Disharmonie nicht spüren, da unser Sensorium nicht feinfühlig genug ist, erkennen aber die Auswirkungen. Erdbeben, Wirbelstürme, Überflutungen und andere Naturkatastrophen sind Symptome solcher Disharmonie. Es gab Zeiten mit größerer Harmonie und weniger Katastrophen. Jetzt haben sich die Verhältnisse verändert. Naturkatastrophen werden immer häufiger. Auch wenn normale Leute die kosmische Disharmonie nicht spüren, vermag das ein *mahatma* wie Amma.

Als Amma einen Ashram in Madurai plante, beauftragte sie mich, ein Baugrundstück zu finden. Mit Hilfe einiger Devotees vor Ort fand ich etwas Preisgünstiges, das mir sehr brauchbar schien. Bei der Rückkehr von Ammas Programm in Chennai bat ich Amma, das Stück Land anzuschauen und zu segnen. Amma stimmte zu. Als wir dort ankamen und ich es ihr zeigte, warf sie die Arme hoch und rief: „Oh Gott! Das Geld meiner Kinder in Madurai wird im Schlamassel versinken!" Ammas Reaktion machte uns allen zu schaffen. Ich war nicht feinfühlig genug, die negativen Schwingungen dort wahrzunehmen, die Amma sofort verspürt hatte.

Bei Nachforschungen entdeckten wir, dass das Land so preiswert war, weil es niemand haben wollte. Es lag unmittelbar an einer großen Durchgangsstraße in Tamil Nadu. Dieses Teilstück der Straße war berüchtigt für auffällig viele schwere Unfälle. Immer wieder passierten Frontalzusammenstöße, Autos überschlugen sich, manchmal sogar Busse – und viele Menschen verloren ihr Leben. Damit nicht genug, mehrere Menschen hatten sich an einem ganz bestimmten Baum in der Nähe aufgehängt.

Von Anfang an war der Bau mit unheimlichen Schwierigkeiten konfrontiert. Einmal geriet das Zelt, in dem Zement und Malerutensilien aufbewahrt waren, in Brand und alles wurde zunichte. Öfters wurde eine Wand oder sonst etwas nicht plangemäß gebaut, musste abgerissen und wieder aufgebaut werden. Komplette Bautrupps quittierten schon nach einer Woche ihren Dienst mit dem schlichten Hinweis, an diesem Platz nicht arbeiten zu wollen. Nie zuvor waren wir solchen Hindernissen beim Bau eines Ashrams begegnet. Normalerweise benötigten wir zur Erstellung eines Zweigashrams sechs Monate, der Bau des Ashrams in Madurai dauerte drei Jahre und kostete dreimal so viel wie geplant. Ammas Voraussage hatte sich zu 100% erfüllt.

Im dritten Baujahr wünschte Amma, den Tempel einzuweihen, obwohl die Arbeiten noch nicht abgeschlossen waren. Nach der Tempelweihe verlief der Bauabschluss ganz glatt und ohne weitere Schwierigkeiten. Die wegen ihrer fatalen Unfälle einst so berüchtigte Verkehrsstrecke entlang des Ashrams ist inzwischen aus einem anderen Grund berühmt: seit Ammas Tempelweihe passierte in jener Kurve kein einziger Unfall mehr. Der nahegelegene Baum, an dem sich Menschen aufgehängt hatten, ist vom Sturm gefällt worden. Auf dem ehemals verlassenen, hässlichen Gelände der Umgebung sind inzwischen viele Wohnhäuser, Läden und andere Einrichtungen gebaut worden. Amma hat durch ihren *sankalpa* (göttlicher Entschluss) einen Fluch in Segen verwandelt.

Auf die Frage, warum sie solch einen fluchbeladenen, gemiedenen Ort zum Bau ihres Tempels gewählt habe, antwortete Amma, sie wähle derartige Plätze, um deren negative Schwingungen in positive umzuwandeln.

Amma ist nicht nur für negative Schwingungen so empfänglich. Eines Tages baten wir sie, uns nach Tiruvannamalai, einen heiligen Ort in Tamil Nadu, mitzunehmen. Auf dem Weg dahin im Bus scherzte Amma mit uns und erzählte Geschichten. Als ein *brahmachari* einschlief, goss Amma ihm Wasser in seinen Mund und stopfte ihm etwas in die Nase. Während sie so mit uns spielte, fuhr unser Bus durch ein Dorf, und Amma wurde plötzlich sehr ernst. Sie schloss ihre Augen und formte mit ihren Händen verschiedene *mudras* (Gesten von tiefer spiritueller Bedeutung). Während sie in Meditationshaltung saß waren wir mucksmäuschenstill. Nach etwa zehn oder fünfzehn Minuten öffnete sie ihre Augen wieder und setzte die Gespräche fort. Wir konnten uns ihr Verhalten nicht erklären. Nach einer Weile stoppten wir zu einer Teepause. Die Leute am Straßenrand sahen unsere weißgekleidete Gruppe von *brahmacharis,* mit langem Haar und Bärten, und fragten uns, ob wir aus dem Ashram eines Swamis ganz in der Nähe kämen. Wir hatten noch nie von diesem Swami gehört. Einige von uns wurden neugierig und wollten mehr über ihn und seinen Ashram wissen. Wir erfuhren, dass ein *avadhut*[5] etwa 30 km von dem Dorf entfernt als Einsiedler lebe, wie ein Bettler aussehe und so gut wie nichts spreche, sondern nur wenige seltsame Laute und Wörter ausstoße. Uns wurde bewusst: das war genau die Gegend, wo Amma plötzlich in eine meditative Stimmung gefallen war.

Später erklärte uns Amma, sie habe starke Wellen von Mitgefühl um diesen Ort herum gespürt.

---

[5] Ein Heiliger, dessen Verhalten nicht sozial-konform ist.

Solche Geschehnisse zeigen uns, wie unglaublich sensitiv Amma ist. Ich war nicht in der Lage gewesen, die negativen Schwingungen des von mir ausgesuchten Grundstückes zu spüren und hatte genauso wenig die positiven Schwingungen gefühlt, die von dem *avadhut* und seinem Ashram ausgingen. Amma spürte beides, ohne, dass ihr jemand über diese Orte etwas gesagt hatte. Genauso nimmt Amma jede Störung in der Welt wahr. Sie kann alles im Universum fühlen und wahrnehmen, ohne dort wirklich physisch zu sein.

Kapitel 5

Wie wichtig es ist einen Meister zu haben

Warum wir einen Meister brauchen

Obwohl der Wind überall weht,
genießen wir die besondere Kühle
im Schatten eines Baumes.
Deshalb brauchen wir, die wir in der sengenden Hitze
des weltlichen Dasein leben, einen Meister.

— Amma

Viele Menschen mögen sich fragen, warum man überhaupt einen spirituellen Meister braucht. Selbst wenn wir etwas so Einfaches wie das Alphabet erlernen, brauchen wir einen Lehrer. Was spricht dagegen, in die Vielschichtigkeit des spirituellen Lebens eingewiesen zu werden, wenn wir sogar zum Erlernen von nur sechsundzwanzig Symbolen einen Lehrer benötigen?

Amma gibt das Beispiel einer Reise zu einem uns unbekannten Ort. Auch wenn wir eine Straßenkarte benutzen, sind viele Details, die uns begegnen können, darin nicht verzeichnet. Beispielsweise kann der Straßenzustand erbärmlich sein, es können Straßenräuber oder wilde Tiere auftauchen oder es gibt Umleitungen. Will unser Reisender sein Ziel sicher erreichen, braucht er einen Führer, der die Route schon kennt. Während der Reise auf dem spirituellen Weg brauchen wir auch einen Führer, der das Ziel sowie alle Verwicklungen, Umwege und Fußangeln auf dem Wege kennt, und der über unsere Stärken und Schwächen Bescheid weiß. In Amma haben wir die höchstvollendete Führerin auf dem spirituellen Pfad. Sie kennt nicht nur den Weg, sondern ist bereit, an unserer Seite zu gehen, uns bei jeder Stufe an der Hand zu nehmen und uns den Pfad voraus zu leuchten.

Die spirituelle Praxis ist wie Tonic-Wasser, das in der richtigen Dosis gesundheitsfördernd ist, in einer Überdosis uns jedoch unerwartete Probleme bereitet. Wenn wir die spirituelle Praxis im richtigen Maß und entsprechend unserer Konstitution ausüben, schenkt sie uns geistige und körperliche Gesundheit. Übertreiben wir jedoch, können daraus Probleme entstehen. Nur ein *satguru* kann wirklich beurteilen, welches Maß für jeden zuträglich ist.

Eine übergewichtige Frau kaufte sich ein Ratgeber-Buch zum Abnehmen, das viele verschiedene Arzneien vorschlug. Sie wählte eine aus mit der Anweisung: „Nehmen Sie eine Pille, überspringen Sie einen Tag, nehmen Sie die nächste Pille, überspringen Sie wieder einen Tag, und das sechs Monate lang." Nach etwa drei Monaten hatte die Frau bereits 100 Pfund verloren! Dafür litt sie jedoch unter Kopfschmerzen, Muskelkater und Wassermangel, was ihr so zusetzte, dass sie schließlich einen Arzt aufsuchte. Der Doktor war entsetzt, als er hörte, wieviel Gewicht sie in so kurzer Zeit verloren hatte. „Offensichtlich wirkt diese Behandlung", meinte er, „diese Symptome jedoch sind wohl Nebenwirkungen der Pillen, die Sie einnehmen." „Oh, nein, die Pillen sind prima," erwiderte die Frau, „was mich kaputt macht, ist das *Überspringen*!"

Wie wichtig es ist einen spirituellen Meister zu haben, lernen wir mit Blick auf das Leben eines *avatar* wie Rama und Krishna. Obwohl sie mit höchstem Wissen geboren wurden und eines spirituellen Meisters nicht bedurft hätten, wurden sie Schüler, um der Welt die Größe eines wahren Meisters zu zeigen.

Die Bedeutung des Wortes „Guru"

Die uralten Texte der Veden, der subtilste spirituelle Schatz der Menschheit, beginnen mit der Anrufung des Feuers: *„agnimile purohitam…"* Das Wort *agni* (Feuer) dieses Verses bezieht sich auf das Reine Bewusstsein, das alles erhellt. Es repräsentiert zugleich den Guru oder Meister. Die Silbe „gu" steht für Dunkelheit und „ru" heißt entfernen. Das Wort „Guru" meint „das Feuer, das die innere Dunkelheit vertreibt." Innere Dunkelheit ist die Dunkelheit der Unwissenheit.

Ich habe Amma sagen hören, dass in Gott verwirklichte Seelen das Karma von anderen Menschen auf sich nehmen und im Feuer ihrer eigenen Selbst-Erkenntnis verbrennen können.

Das Wort „Guru" hat noch eine andere erstaunliche Bedeutung, nämlich „gewichtig" – nicht im Sinne von Körpergewicht, denn dann wären zahllose Menschen dazu qualifiziert, ein Meister zu sein! Gewichtigkeit eines verwirklichten Meisters meint seine oder ihre spirituelle Größe und Herrlichkeit. In der indischen Astrologie wird Jupiter, der größte und schwerste Planet, Guru-Planet genannt. Lord Krishna, eigentlich nur ein Hirtenjunge, wurde wegen seiner spirituellen Größe als Universaler Guru verehrt. In der *Srimad Bhagavatam* wird gesagt, dass nur sieben Menschen während seines Erdenlebens wussten, wer Krishna wirklich war. Viele von der Größe eines Krishna, Rama oder Jesus wurden erst nach ihrem Erdenleben als *avatar* (göttliche Inkarnation) anerkannt. Wir sollten uns glücklich schätzen, schon während Ammas Verkörperung auf Erden die Gewissheit ihrer göttlichen Herkunft zu haben. Es ist Zeugnis ihres Mitgefühls, dass sie so vielen von uns gestattet, ihre Göttlichkeit und Größe zu erfahren.

Die meisten von uns können sagen, dass sie viele wunderbare Erfahrungen mit Amma geschenkt bekamen. Wird jedoch einer unserer Wünsche einmal nicht erfüllt, vergessen wir alle vorherigen Erfahrungen. Zeigen wir Amma unsere Ehrerbietung und sie geht darauf scheinbar nicht ein, meinen wir schon, sie kümmere sich nicht mehr um uns oder wisse nichts von unserer Liebe für sie. Amma möchte nur unseren Glauben und unsere innere Stärke entwickeln. Sie kann nicht immer auf unsere Lust und Laune eingehen und sagt: „Wenn dich Zweifel überfallen, besinne dich auf deine früheren Erlebnisse mit deinem spirituellen Guru oder Meister und erinnere dich daran, wie du seine oder ihre Größe und Mitgefühl erfahren hast. Denke an diese Begegnungen und versuche deinen Glauben zu festigen." Wir sollten uns innerlich an diese Begegnungen und Erfahrungen halten und versuchen, erfolgreich auf unserem spirituellen Weg vorwärts zu schreiten.

Vom spirituellen Verständnis

Wissenschaft und Technik haben unser Leben enorm verändert. Noch vor wenigen Jahrzehnten konnte man sich unsere heutigen Erfindungen, Errungenschaften und Bequemlichkeiten nicht im Traum vorstellen. Allerdings hat proportional dazu die Ruhelosigkeit und Not der menschlichen Psyche zugenommen. Jedes Jahr nehmen sich Tausende von Menschen das Leben, was nicht wenig ist. Die Menschen finden keine Zufriedenheit in ihrem Leben, suchen Erfüllung in materiellem Besitz, in Beziehungen und Zerstreuungen, im Alkohol und anderen Drogen, und wenn das alles nicht hilft, bringen sich manche um. Das Leben wird für solche Menschen erbärmlich, weil sie nirgendwo dauerhaftes Glück finden können. Obwohl der Lebensstandard in vielen Teilen der Welt angestiegen ist, fragt man sich, wie es um die eigentliche Lebensqualität bestellt ist. Die ständige Zunahme von

Selbstmorden, Verbrechen und Unruhen ist symptomatisch für den Niedergang des psychischen Wohlbefindens der Menschen.

Noch vor zwei Generationen waren Selbstmorde, Drogen und psychische Krankheiten weniger häufig als heutigentags. Es überwog der Glauben an Gott oder an eine göttliche Kraft, die unser Leben führt. Ihr Glauben an Gott und damit verbundene Grundwerte halfen diesen früheren Generationen, ihre Schwierigkeiten zu bewältigen und in Harmonie zu leben.

Sind wir glücklich, gesund und wohlhabend, meinen wir aus einer falschen Perspektive heraus, Gott nicht zu brauchen. Gott ist nicht irgendein Notbehelf. Sich auf Gott zu besinnen, ist unabdingbar für unser geistiges und emotionales Wohlbefinden. Das spiegelt sich im Frieden und in den Glücksgefühlen, die wir auch schon mit wenig spiritueller Praxis empfinden.

Amma nennt das Leben eine Mischung aus Freude und Leid und lehrt uns, durch Spiritualität in allen Lebenslagen Gleichmut zu bewahren, denn nur so können wir ein friedliches Leben führen. Wenn nicht Spiritualität unsere Gedanken und Taten leitet, kann uns jedes noch so kleine Problem aufwühlen. Wie können wir gelassen bleiben? Amma gibt uns dazu ein Beispiel:

An einem Ort treffen sich Leute, um ein Feuerwerk steigen zu lassen. Derjenige, der beim Vorübergehen bemerkt, was da los ist, wird sich nicht erschrecken, wenn es plötzlich losknallt; geht aber dort jemand völlig ahnungslos vorbei, wird er von der plötzlichen Explosion der Feuerwerkskörper geschockt. So ähnlich wird auch ein Mensch, der die Natur der Welt durchschaut, nicht von plötzlichem Unheil überwältigt.

Alles im Leben braucht einen spirituellen Boden. Alle Beziehungen sollten auf Liebe, Mitgefühl und Selbstlosigkeit basieren. Solange du kein inneres spirituelles Fundament und damit verbundene Werte hast, kannst du keine stabile Liebesbeziehung aufrecht erhalten. In unseren modernen Zeiten zerbrechen unendlich viele Ehen. Wie anders wäre es, wenn Mann und Frau einander vergeben und die Fehler des anderen vergessen könnten.

Wenn jemand mit seinen Problemen, z.B. einer Depression, einen Psychologen aufsucht, wird man ihm raten zu entspannen, positives Denken zu üben, zu meditieren usw., um seine Depression zu überwinden. Die meisten Pschologen empfehlen als Behandlungsform nicht direkt Meditation, sondern umschreiben sie mit einem Fachwort wie „kreative Visualisation."

Die Heiligen und Weisen haben schon vor Tausenden von Jahren dargelegt: Wenn wir uns Gott zuwenden und eine spirituelle Praxis befolgen, können wir Werte entwickeln, die uns zu Gemütsfrieden in einer komplizierten und wankelmütigen Welt verhelfen. Wer die Weisung eines wahren Meisters befolgt, ist vor Depressionen und psychischen Krankheiten gefeit.

Ein Beispiel selbstloser Liebe

In den Schriften steht „*Atmanastu kamaya sarvam priyam bavathi,*" was so viel heißt wie: „Um unseres eigenen Glückes willen lieben wir materielle Dinge und unsere Mitmenschen." Wir lieben Menschen und Dinge, solange sie uns glücklich machen; ein Beweis, dass wir uns selbst mehr lieben als andere. Fast jeder sehnt sich nach Liebe, aber nur wenige sind bereit, Liebe ohne Gegenliebe zu verschenken. Eine Liebe mit dem Anspruch auf Gegenliebe ist keine reine Liebe, sondern, wie Amma sagt, ein auf Gewinn angelegtes Geschäftsunternehmen. Das bleibt glücklos, denn Liebe ist kein Konsumgut mit einem bestimmten Marktwert. Was unter dem Namen „Liebe" gehandelt wird, hat mit Liebe nichts zu tun und sieht wie eine optisch hübsche Plastikfrucht ohne Nährwert für Körper und Seele aus.

Ein unglücklicher Mann verspricht sich Vergnügen aus einer Ehe und eine Frau glaubt durch Heirat ihr Unglücklichsein beenden zu können. Daraufhin heiraten diese zwei Unglücklichen einander und leben zusammen. Wenn sie vielleicht für kurze Zeit glücklich sind, tauchen doch über kurz oder lang ihre alten Probleme wieder auf.

Viele Eheleute streiten sich und gehen wieder auseinander. Anfangs liebten sie sich offensichtlich so sehr und beteuerten sich auf ihrer Hochzeitsreise: „Ich kann keinen Moment ohne dich leben." Das schlägt schon nach wenigen Jahren um in: „Ich halte es keinen Moment mehr mit dir aus!"

Das ist die Natur weltlicher Liebe. Sie beruht immer auf Erwartungen. Bleiben die Hoffnungen unerfüllt, hört auch die Liebe wieder auf. Mitunter schlägt sie sogar um in Hass. Wir wünschen uns zwar alle bedingungslose Liebe, bekommen jedoch nur eine bedingte Liebe. Die anfängliche Liebe von Eheleuten schwindet dahin, weil sie selbstsüchtigen Motiven entsprang. Sobald der Reiz des Neuen verfliegt, empfinden beide, nicht genügend Liebe vom anderen zu bekommen.

Amma sagt stets: „Bei gegenseitiger Liebe, Verständnis und Vertrauen schwinden unsere Nöte und Sorgen dahin. Wo diese Eigenschaften jedoch fehlen, nehmen unsere Kümmernisse zu. Liebe ist das Fundament eines glücklichen Lebens. Wir missachten diese Wahrheit bewusst oder unbewusst. Genauso wie unser Körper gute Nahrung zum Leben und Wachstum braucht, bedarf unser Geist der Liebe zu seiner Entfaltung. Die kraftvollen Nährstoffe der Liebe sind für unseren Geist sogar noch belebender als es die Nahrung der Muttermilch für ein Baby ist."

Amma lehrt uns, andere zu lieben ohne irgendeine Gegenleistung zu erwarten, und auf dieses Ziel sollten wir zustreben. Wir sehen diese selbstlose Liebe in einem erleuchteten Meister. Er oder sie erwartet von niemandem etwas.

Heilende Gegenwart

Wir mögen in unserem persönlichen Leben noch so viele Probleme haben, in der Gegenwart eines *Satguru* wie Amma wird unser Geist ruhig, und unsere Sorgen schmelzen dahin. Ich habe so viele Menschen mit ihren Fragen und Zweifeln zu Amma kommen sehen, doch sobald sie in ihrem Schoß ruhen oder von ihr umarmt werden, verschwindet alles aus ihrem Gemüt. Erst nach dem *darshan* fällt ihnen auf, dass sie vergaßen, ihre Fragen zu stellen! Oft merken sie, dass ihr vorher so drängendes Problem sie überhaupt nicht mehr berührt, weil sich auf einer anderen Ebene etwas verändert hat. Das ist die Wohltat in Ammas göttlicher Gegenwart zu sein.

Als Amma 1993 beim Parlament der Weltreligionen in Chicago war, wurde sie gebeten, die Schlussrede zu halten und die abschließenden Gebete zu sprechen. Die Devotees fuhren den Wagen ganz nah zum Bühneneingang, damit Amma am Ende der Veranstaltung so schnell wie möglich einsteigen könne, bevor die Menschen sich in Trauben um sie scharen würden. Da sich der Dalai Lama und andere spirituelle Führer mit Amma auf der Bühne befanden, waren enorme Sicherheitsvorkehrungen getroffen worden. Deshalb war es schwierig, so nahe der Türe eine Parkerlaubnis zu bekommen. Amma beendete ihr Gebet und ihre Botschaft, ging durch den Bühneneingang hinaus zum Auto und sah dort einen Sicherheitsbeamten im Streit mit einem Devotee. Der Polizist war rot vor Zorn, und seine Stimme wurde immer lauter. Amma ging direkt auf ihn zu, strich ihm über seine Brust und umarmte ihn. Er wurde von dieser unerwarteten Liebe und besänftigenden Umarmung tief berührt.

Der Beamte, der vorher darauf beharrt hatte, das Auto müsse aufgrund der herrschenden Sicherheitsvorschriften weggefahren werden und Amma könne nur durch den offiziellen Ausgang, nicht durch irgendeinen anderen herauskommen, geleitete nun

Amma zum Wagen und öffnete ihr die Türe! Eine Berührung reichte aus, um ihn zu verändern. Als Amma im darauffolgenden Jahr nach Chicago kam, gehörte er zu den Ersten in der *darshan* – Reihe.

Eine vollerblühte Blume schenkt jedem Vorübergehenden ihren süßen Duft. Amma fließt über vor Liebe, Mitgefühl und Gnade. Wer immer in ihre Nähe kommt, wird das wohltuend spüren.

Ich machte einmal einen Besuch bei einem Devotee von Amma. Das Zimmer der Tochter, damals noch Teenager, war voll anstößiger Fotos. Ihre Eltern waren treue Amma-Devotees, das Mädchen jedoch weigerte sich Amma zu begegnen. Ihre Mutter regte das sehr auf. Im Jahr darauf kniete dasselbe Mädchen vor Amma und weinte bitterlich. Bei ihrer Rückkehr nach Hause entfernte sie alle anstößigen Bilder aus ihrem Zimmer. Als ich kurz darauf wieder in das Haus kam, sah ich im Zimmer des Mädchens nur zwei Bilder, eins von Amma und ein Foto des Mädchens mit Amma. Niemand hatte es geheißen, die anderen Bilder zu entfernen. Das Mädchen hatte es von selbst getan.

Es ist sehr schwierig unsere Vorlieben, Abneigungen und negativen Tendenzen zu überwinden. In der Gegenwart einer großen Meisterin wie Amma wird es viel einfacher. Es kann ganz spontan geschehen.

Gottes Mitgefühl

na me pārthā'sti kartavyaṁ triṣu lokeṣu kiṁcana
nā'navāptam avāptavyaṁ varta eva ca karmaṇi

*Für mich gibt es in den drei Welten nichts, was ich tun müss-
te, auch nichts Unerreichtes zu erreichen. Dennoch handle ich
unentwegt.*

Bhagavad Gita 3:22

Amma sagt, *mahatmas* sind Botschafter des Mitgefühl Gottes und
Fuhrwerke seiner Gnade. In einigen Schriften heißt es, *mahatmas*
haben sogar noch mehr Mitgefühl als Gott, da sie einzig in die
Welt kommen, um uns zu unterstützen und zu erheben. Sie haben
schon erreicht, was durch menschliche Geburt erreicht werden
muss. Sie sind vollendet. Sie möchten nichts, sondern wollen nur
geben. Sie könnten in einem ewigen Zustand von Glückseligkeit
verharren, entscheiden sich jedoch ihn zu verlassen und auf unsere
Erkenntnisebene herab zu steigen, um uns beizustehen.

Amma sagt: „Mein einziges Ziel ist es, meine Kinder in
diesem und allen folgenden Leben glücklich zu machen." Amma
hört Tag und Nacht die Probleme von Tausenden und das schon
seit dreißig Jahren. Zusammengenommen hat sie schon mehr als
23 Millionen Menschen persönlich getroffen, umarmt und ihre
Probleme und Nöte angehört. Es bedarf keines weiteren Beweises
für das Ausmaß ihres Mitgefühls. Amma macht das nicht aus
eigenem Bedürfnis sondern nur um unseretwillen.

Obwohl Amma nie traurig um ihrer selbst willen ist, wird sie
traurig und ergriffen, wenn ihre Devotees traurig sind. Sie hat die
Härte eines Diamanten und ist so weich wie eine Blume, wenn
es um ihre Kinder geht. Sie ist berührt von unseren Sorgen, die
sich in ihrem Geist spiegeln. Amma wurde in diese Welt geboren,
um denen beizustehen, die ihre Hilfe suchen.

Wenn wir aus tiefem Herzen zu ihr beten, kümmert sie sich
um alles; viele Probleme werden gelöst und es wird uns Stärke und
Mut geschenkt, die noch ungelösten zu sehen und anzunehmen.

Wenn du zu einem *mahatma* kommst, scheinen die Lebensverwicklungen viel einfacher zu werden.

Es lebte in Indien ein Ehepaar mit nur einem Sohn. Da beide tief religiös waren, hielten sie ihren Sohn an, zu Gott zu beten, was er jedoch in den Wind schlug. Nie in seinem Leben hatte er zu Gott gebetet. Eines Tages bekam er einen Job im Mittleren Osten angeboten, den er annehmen wollte. Seine Eltern, Devotees von Amma, baten ihn, zu Amma zu gehen, bevor er in ein so weit entferntes Land gehe, aus dem er erst nach zwei oder drei Jahren zurückkehren würde. Sie rieten ihm, alle seine Papiere mit in den Ashram zu nehmen und von Amma segnen zu lassen. Um seine Eltern nicht durch Ungehorsam vor seiner Abreise zu verstimmen, willigte er ein Amma aufzusuchen.

Am nächsten Tag ging er mit all seinen Dokumenten in den Ashram, um sie von Amma segnen zu lassen – seinen Pass, das Visum und den Arbeitsvertrag. Als er zum *darshan* ging, fragte ihn Amma: „Wirst du diesen Job annehmen?" und er antwortete: „Ja". Amma sagte nichts mehr, schloss einen Moment ihre Augen und segnete ihn.

Er fuhr mit dem Bus nach Hause und war so müde, dass er einschlief. Als er seine Augen wieder öffnete, entdeckte er, dass seine Aktentasche mit allen Unterlagen fehlte. Er war fassungslos, konnte es im ersten Schock nicht glauben und geriet dann völlig in Rage. Kaum aus dem Bus, rannte er wie ein Besessener nach Hause und hätte seine Eltern fast geschlagen, weil er glaubte, sein Leben sei jetzt ihretwegen ruiniert. Er gab ihnen die Schuld, ihn zu Amma geschickt zu haben, mit dem Erfolg nun alles verloren zu haben. Seine Eltern waren jetzt auch fassungslos und wussten keine tröstende Antwort.

Am nächsten Tag gingen seine Eltern zu Amma und erzählten ihr mit Tränen in den Augen, was ihrem Sohn am Tag zuvor widerfahren war, und dass sie ohne sein Wissen gekommen seien.

Amma beruhigte sie, alles werde gut werden. Kurze Zeit später brach der Golfkrieg aus. Es war im Irak, wo der junge Mann sowie einige Freunde einen Job gefunden hatten; manche waren bereits dort. Das Gebäude, in dem er hätte arbeiten sollen, wurde bombadiert, viele Menschen kamen um, und von seinen Freunden wurden einige schwer verletzt.

Kurze Zeit darauf meldete die Ortspolizei dem jungen Mann, seine Aktentasche sei gefunden worden. Der Dieb schien ein relativ guter Kerl zu sein; er hatte lediglich Geld und was ihm sonst noch wertvoll war, entwendet und die Tasche dann an den Straßenrand nahe der Polizeistation geworfen, ohne die Reisepapiere und Dokumente zu beschädigen. Die Aktentasche war von jemandem gefunden und sofort bei der Polizei abgegeben worden.

Als Amma unterrichtet wurde, was vorgefallen war, sagte sie: „Ich wusste, was passieren wird. Er hätte jedoch nicht auf mich gehört, wenn ich ihm von dieser Anstellung abgeraten hätte. Und dort angekommen, wäre er auf jeden Fall schwer verwundet oder sogar getötet worden. Nur so konnte sein Leben gerettet werden."

Später wurde dem jungen Mann dank Ammas Gnade eine gute Stelle angeboten, jedoch wollte er da bereits im Ashram leben! Genau das hatten sich seine Eltern in ihren Gebeten so gewünscht. Viele Devotees von Amma machen die Erfahrung, dass Amma ihnen persönlich beisteht. Amma wird jeden aus dem Herzen kommenden Hilferuf erwidern. Sind wir in wirklicher Not, kommt unser Ruf nach Gott ehrfurchtsvoll aus der Tiefe unseres Herzens. Sind wir dagegen glücklich, beten wir vermutlich weniger ernsthaft zu Gott. Im Leiden bekommt unser Gebet mehr Tiefe und Hingabe. Manchmal gibt Gott uns eine Bürde zu tragen, damit wir nicht vergessen, uns aufrichtig an Ihn zu wenden.

In Mumbai lebt ein glühender Verehrer von Amma, bei dem die Ärzte vier verstopfte Arterien diagnostizierten. Als sie ihm eine

Herzoperation vorschlugen, löste das Angst und Schrecken in ihm aus. Da seine Söhne ebenfalls sehr beunruhigt waren, riefen sie im Ashram an und informierten Amma. Als der Betroffene mit Amma telefonierte, weinte er vor Angst. Ammas Antwort war: „Mach dir keine Sorgen, mein Sohn! Alles geht gut." Amma ließ ihm etwas *prasad*[6] durch jemanden schicken, der am nächsten Tag nach Mumbai fuhr.

Zwei Tage vor der Operation entschied der Chefchirurg eine letzte Untersuchung vorzunehmen. Zu seinem größten Erstaunen fand er nur noch eine geringfügige Herzblockade. Der Chefchirurg beriet sich mit seinen Kollegen und befand, eine Operation sei momentan nicht notwendig. Der Devotee wurde mit einigen Medikamenten und einer Diät-Anweisung entlassen, ging überglücklich wieder nach Hause und dankte Amma zutiefst.

Schon fast acht Jahre liegen seit diesem Wunder zurück, und bis jetzt musste er sich noch keiner Bypass-Operation unterziehen.

Ein zutiefst aufrichtiger Ruf kann Wunder bewirken, vor allem dann, wenn wir einen unter uns lebenden Meister haben. Anstatt unser Leben mit sinnlosen Beschäftigungen zu vergeuden, sollten wir die Dinge im Leben tun, die uns Gottes Gnade eröffnen. Ohne Gottes Gnade ist das Leben öde und leer. Lasst uns versuchen, unsere Zeit, Energie, Begabungen und physischen Fähigkeiten so zu gebrauchen, dass wir aufnahmefähig werden und diese Gnade verdienen.

Chance zur Erfahrung Gottes

Einem *mahatma* zu begegnen, ist eine überwältigende Chance. Wir mögen tiefen Glauben an Gott haben und es doch als schwierig empfinden, mit ihm in eine enge Beziehung zu kommen, weil

---

[6] *Prasad* ist üblicherweise etwas zum Essen, das von einem Mahatma gesegnet oder einer Gottheit dargebracht wurde.

wir Ihn nicht sehen oder unmittelbar mit Ihm sprechen können. In der Gegenwart eines *mahatma* können wir Gott fühlen und erleben, denn ein *mahatma* ist ständig im Gottesbewußtsein verankert. Er ist Eins mit Gott.

Der Bund, den wir mit einem *mahatma* schließen, wird für immer in unserem Herzen sein, und wir können seinen Schutz um uns spüren. So wie eine Henne ihre Küken unter ihren Flügeln beschützt, beschützt Amma ihre Kinder, wo immer sie auch sind.

Eines Abends saß Amma mit den *brahmacharis* in dem Sand auf der am nächsten bei den Backwaters liegenden Seite des Ashrams. Amma schloss plötzlich ihre Augen und versank in tiefe Meditation. Als sie nach einer Weile ihre Augen öffnete, fragte einer der *brahmacharis:* „Amma, über wen meditierst du?" Amma antwortete, sie denke an ihre Kinder und verbinde sich über eine ganz feine Ebene mit denen, die zu ihr mit brennendem Herzen beten. Später sagte sie, eine Frau habe zu dem Zeitpunkt in ihrem Hausschrein bitterlich weinend vor Ammas Bildnis gesessen, da ihr Mann ihr verbot, in den Ashram zu gehen. Wir hörten später von der Frau, sie habe genau zu dem Zeitpunkt eine Vision von Amma in ihrem eigenen Haus gehabt und sich unendlich getröstet gefühlt, dass sie bei ihr war.

In Begleitung eines großen Meisters wird unser Gemüt gefestigt. Seine Liebe befähigt uns, alles so zu nehmen, wie es kommt, und den Herausforderungen des Lebens ins Auge zu schauen. Wir haben unendliches Glück, dass Amma unter uns lebt.

Wir brauchen uns wirklich um nichts zu sorgen, da wir versichert sein können, dass sich Amma immer um uns kümmert. Wann immer ein Problem in unserem Leben auftaucht, können wir beruhigt sein, dass Amma dessen gewahr ist und uns Hilfe und Unterstützung bietet. Diese Überzeugung ist tröstlich und entlastet uns enorm. Ein kindlich unschuldiges Vertrauen und

Liebe für den Meister ist der Anfang unserer spirituellen Entwicklung. Amma möchte in uns spirituelle Achtsamkeit und positive Eigenschaften wie Liebe und Mitgefühl entzünden. Sie gibt ein Beispiel durch die Art und Weise, wie sie selbst ihr Leben lebt.

Jeder trägt diese Eigenschaften in sich. Beispielsweise wird ein hartgesottener Verbrecher beim Anblick seines eigenen Kindes von Liebe erfüllt. Ein *mahatma* kreiert Situationen für uns, in denen wir Eigenschaften der Liebe entwickeln und ausdrücken können. Erwacht dieses Liebevolle in uns, verschwinden unsere negativen Tendenzen nach und nach.

Viele von uns kamen zu Amma, um von ihr mit einer Wunscherfüllung oder Problemlösung gesegnet zu werden. Amma sagt, durch heißes Streben nach einem höheren Ziel werden die niederen Begierden bezwungen. In der Verbundenheit mit einem *satguru* können wir aus Liebe zu ihm eine Fülle von Begierden und Wünschen überwinden. Aus unserer Sehnsucht mit Amma im Ashram zu leben, können viele von uns ihre Sehnsucht nach weltlichen Dingen aufgeben.

Wir sollten eine lebendige Beziehung, einen regen Austausch mit Gott aufrecht erhalten können. Amma hat uns öfter von der Zeit ihrer spirituellen Praxis erzählt, in der sie im Gebet *Devi* eindringlich beschwor, sich ihr zu enthüllen, und manchmal ärgerlich über *Devi* wurde, von ihr keinen *darshan* zu bekommen.

Wenn wir in solch intimer Nähe zu Gott all unsere Gefühlsregungen unmittelbar auf ihn richten, befreien wir uns von negativen Gewohnheiten. Amma sagt: „Wenn du ärgerlich wirst, richte deinen Ärger auf Gott. Bist du traurig, wende dich mit deinen Sorgen an Gott. Setze dich vor deinen Altar oder gehe in deinen Hausschrein und rede dir vor Gott alles von der Seele – genauso wie ein kleines Kind sein Herz vor seiner Mutter ausschüttet. Das wird dein Herz erleichtern, und Frieden und Ruhe werden wieder einkehren."

Was wir über uns selbst lernen können

Unser Gemüt ist von großer Unruhe erfüllt. Sobald wir zu einem wahren Meister kommen, scheint es, er trage noch zusätzlich zu dieser Unruhe bei – als ob wir nicht schon genug davon hätten! Der Meister wird ganz bestimmte Situationen für uns schaffen, um uns zu sagen: „Schau her, das ist dein Problem." Auf diese Weise macht er uns auf etwas Negatives in uns selbst aufmerksam. Dies ist ein wesentlicher Teil seiner Arbeit. Nur Unvollkommenheiten, die wir erkennen, können wir korrigieren.

Es fällt uns nicht leicht, unsere Fehler und Schwächen zuzugeben, anstatt sie anderen in die Schuhe zu schieben. Der Geist kann manchmal sehr destruktiv sein. Obwohl wir vielleicht den größten *satguru* haben, der dieser Welt verfügbar ist, projizieren wir mitunter unsere negativen Eigenschaften und Defekte auf den Meister und machen sie oder ihn für unsere Ungereimtheiten verantwortlich. Vielleicht verlassen wir ihn sogar und denken: „Das ist nicht der passende Lehrer für mich, ich suche mir einen anderen Meister."

Wir haben immer schon diese Turbulenzen gehabt, werden uns dessen aber jetzt erst langsam bewußt und denken vielleicht: „Bevor ich zu Amma kam, war ich doch eine ganz brauchbare Person, vielleicht sogar ein bißchen heilig. Und jetzt, bei Amma, steigen so viele unangenehme Seiten in mir hoch." Und schon denken wir, mit Amma stimme etwas nicht. So funktioniert unser bewertendes Naturell. Der Meister bereitet uns Situationen, in denen wir unserer Mängel bewußt werden, und er steht uns dann auch bei, sie zu überwinden.

Beobachten wir unser Gemüt oberflächlich, wähnen wir uns vielleicht frei von negativen *vasanas* (latenten Neigungen). Sobald wir jedoch tiefer in unserem Geist und Gemüt schürfen, begegnen uns zahllose Mängel und Begierden. Amma illustriert das an einem Beispiel. Ein Raum mag bei flüchtigem Hinsehen sauber aussehen, doch sobald wir ihn mit Wassser und Seife schrubben, sehen wir wieviel Schmutz er noch hat. Damit unsere negativen *vasanas* an die Oberfläche kommen und wir sie sehen können, bedarf es einer geeigneten Situation oder Umgebung. Die weiß ein wahrer Meister herzustellen. Amma erwähnt das Beispiel einer Schlange im Winterschlaf. Im Winterschlaf reagiert die Schlange auf nichts, doch sobald sie erwacht, reagiert sie auf die leiseste Erschütterung.

Swami Amritatmananda, ein Senior-Schüler von Amma, erzählt eine Begebenheit aus seiner Anfangszeit bei Amma, in der sichtbar wird, wie Amma unsere negativen Qualitäten an die Oberfläche bringt. Um sich hervorzutun, hatte er im Beisein einer Gruppe von *brahmacharis* und Menschen, die in Familien leben, eine, wie er fand, schwierige Frage an Amma gestellt, auf die Amma schlicht antwortete: „Liebes Kind, die Antwort darauf würdest du nicht verstehen!"

Früher hatte Amma Swami Amritatmananda (damals noch Ramesh Rao) oft wegen seines guten Unterscheidungsvermögens gelobt. Diese Kritik nun an ihm konnte er nicht aushalten. Er war so außer sich, dass er beschloss, aus Protest zwei Tage nach Kanyakumari (ein 200 km entfernter Pilgerort an der Südspitze Indiens) zu pilgern.

Als er bei Kanyakumari wanderte, befand er sich nahe des Ashrams der *avadhut* Mayiamma. Sie war gerade nicht anwesend, da ein Devotee sie in eine andere Stadt zu einem Besuch mitgenommen hatte. Als Swami Amritatmananda mit Herzklopfen den Sonnenuntergang beobachtete, näherte sich ihm einer von Mayiammas Devotees. Er trug ein Gefäß mit Futter, deutete auf ein Rudel Hunde, die in der Nähe lagen, und sprach zu ihm: „Diese Geschöpfe vermissen Mayiamma so sehr, dass sie noch nicht einmal Wasser trinken. Ich habe mit allen Mitteln versucht, sie zum Fressen zu bringen. Vielleicht fressen sie, wenn du ihnen das Futter anbietest." Als Swami Amritatmananda seinem Blick folgte, sah er über fünfzig Hunde mit ausgestreckten Pfoten daliegen, die Köpfe mit geschlossenen Augen auf dem Boden. Die meisten hatten Spuren von Tränen in ihren Gesichtern. Völlig verwundert schaute er wieder auf den Devotee, der ohne sich zu unterbrechen fortfuhr: „Wenn Mayiamma nicht anwesend ist, fressen diese Tiere überhaupt nichts. Gibt es denn solche Wesen?"

Swami Amritatmananda näherte sich den Hunden mit dem Futterkübel in der Hand. Die Hunde reagierten jedoch nicht und hielten ihre Augen geschlossen. Ohne irgendeine Bewegung lagen sie da, wie in *samadhi*. Nach einer Weile schauten vier oder fünf Hunde zu ihm herüber und nahmen gleich wieder ihre ursprüngliche Position ein. Er fragte sich erstaunt, was diese Hunde in eine solche Teilnahmslosigkeit versetzte? Welch kostbaren Schatz hatten sie wohl von Mayiamma bekommen?

Sein Geist flog nach Amritapuri. Ein strahlendes Bild von Amma erschien vor ihm, sie lächelte ihn voller Zuneigung und Mitgefühl an und winkte ihm, zu ihr zu kommen, bis das Bild wieder verschwand. Er verlor seine Kontrolle und weinte laut auf: „Amma!" Er überließ dem Mann mittleren Alters den Futterbehälter und kehrte so schnell er konnte zurück nach Amritapuri.

Als er den Ashram zu früher Morgenstunde erreichte, sah er Amma auf der Veranda des *kalari* (kleiner Tempel) sitzen. Er fiel vor ihr nieder und stellte sich voller Schuldgefühl neben sie. Auf einmal kam ein Hund vorbei. Amma schaute zu ihm hin und sprach, ohne sich auf ein bestimmtes Gegenüber zu beziehen: „Sogar die Hunde empfinden Liebe und Dankbarkeit ihren Meistern gegenüber." Er schaute in Ammas Augen. Sie schwammen in Tränen. Überwältigt von Schmerz und Schuldgefühlen sank er weinend in Ammas Schoß. Amma küsste ihn mitfühlend auf den Kopf, streichelte ihn und flüsterte: „Mein ungezogenes Kind, ist dein Ärger vorbei?"

Wenn der Meister eine Situation kreiert, auf die wir negativ reagieren, legt er unsere schlechten *vasanas* und Mängel offen. Auch noch in Anbetracht dieser Tatsache versuchen wir unsere Reaktionen zu rechtfertigen, weil wir es hassen, einen Fehler zuzugeben.

Amma erzählt in diesem Zusammenhang einen Witz: Ein Mann rutschte und fiel hin. Als seine Frau sich darüber lustig machte, entgegnete er: „Was gibt's denn da zu lachen? Ich mache gerade meine Yoga-Übungen!"

Mit der Liebe und Geduld eines wahren Meisters können wir schließlich die Wahrheit über uns selbst erfahren; das Bewusstwerden unserer negativen Neigungen bewirkt eine innere Veränderung in uns. Und doch reicht, wie Amma sagt, die physische Gegenwart eines Meisters allein nicht aus. Wir müssen offen sein und dem Meister gestatten, uns zu formen, so schmerzlich dieser Prozess auch sein mag. Je stärker das *vasana*, desto größer der Schmerz; wenn wir unseren spirituellen Meister wirklich lieben, werden wir den Schmerz des Geformtwerdens nicht verspüren.

Ein Mann ging zu einem Augenarzt, um seine Augen überprüfen zu lassen. Der Arzt forderte ihn auf, die Buchstaben von einer Tafel abzulesen und setzte verschiedene Linsen ein. Der Patient konnte nicht einen Buchstaben lesen, selbst durch die stärksten Linsen nicht. Der Arzt war irritiert und äußerte sich verärgert: „Warum können Sie denn selbst mit den stärksten Linsen die Buchstaben nicht lesen?" Der Patient antwortete kühl: „Weil ich erst noch das Alphabet lernen muss."

So wie wir das Alphabet kennen müssen, um die Buchstaben lesen zu können, müssen wir offen und bereit sein, um die Größe eines Meisters würdigen zu können. Nur mit einem offenen Herzen vermögen wir die Gnade des Meisters zu empfangen.

Vom Wert des Prasad

Ich erinnere mich an ein Ereignis, das viele Jahre zurückliegt. Amma besuchte einen Devotee in seinem Haus. Ich arbeitete damals noch in einer Bank. Nach Dienstschluss fuhr ich direkt zu dem Haus, das Amma gerade besuchte, und kam dort gegen 9 Uhr an.

Damals besuchte Amma oft die Häuser ihrer Devotees, von denen viele sehr arm waren. Amma nahm liebevoll alles an, was ihr an *bhiksha* (Gabe) dargereicht wurde. Da Fisch viel preiswerter war als Gemüse, standen vor allem Reis und Fisch auf dem Speiseplan der Armen dieser Region. Amma, wenn auch strikte Vegetarierin, nahm aus Mitgefühl alle Speisen an, die ihr angeboten wurden, um die Menschen nicht zu verletzen oder ihnen irgendwelche Umstände zu machen.

Als ich abends in dieses Haus kam, hatte Amma gerade begonnen mit den Devotees zu essen. Als sie mich sah, gab sie mir eine Hand voll Essen. Ich nahm es respektvoll an, doch als ich draufschaute, war es ein dickes Stück Fisch!

Ich bin in einer Familie groß geworden, die streng vegetarisch lebt. Als ich das Stück Fisch sah, ließ ich es angewidert fallen. Amma fragte: „Warum hast du das weggeworfen? Das ist *prasad*." Ich erwiderte: „Ich mag Fisch nicht!" Obwohl mir der Fischgeruch unangenehm war, saß ich mit dabei, bis Amma mit dem Essen fertig war.

Wegen des Fischgeruchs musste ich mich ein paar Minuten später übergeben und ich griff anschließend nach einer Schale Wasser in der Nähe von Amma. Ich wusste nicht, dass sie nach dem Fischessen ihre Hände in *diesem* Wasser gewaschen hatte. Da ich nirgends sonst Wasser fand, nahm ich mir diese Schale, wusch mir das Gesicht und spülte mir den Mund aus.

Als Amma das sah, lächelte sie schadenfroh und ich verstand nicht warum. Einige um sie herum begannen zu lachen bei dem

Gedanken, dass ich wohl gerade eine scheußliche Erfahrung machte, weil ich das nach Fisch riechende Wasser kostete und mein Gesicht darin wusch.

Ich verwendete alles Wasser und als ich mir den Mund ausspülte, entdeckte ich, dass es nach reinem Rosenwasser schmeckte. Der Duft war wunderbar – eine große Wohltat nach dem Fischgeruch! Inzwischen hatten alle gegessen und die Teller wurden weggeräumt. Ich spürte aber von irgendwoher noch einen Fischgeruch und merkte zu meiner Verwunderung, dass dieser Fischgeruch von meinem ausgespuckten Zeug herrührte. Das war mir unerklärlich, da ich doch keinen Fisch gegessen hatte. Ich begriff dann, dass diese ganze Situation etwas „Fischiges" hatte!

Man hätte erwarten können, das Wasser in der Schale, in der Amma ihre Hände gewaschen hatte, werde nach Fisch riechen. Stattdessen hatte es einen wunderbaren Duft von Rosen, wohingegen das, was ich als strenger Vegetarier erbrochen hatte, nach Fisch roch, obwohl ich keinen Fisch gegessen hatte. Mir ging auf, dass das eine Lektion für mich über den mangelnden Respekt vor dem *prasad* der Meisterin war. Als ich das *prasad* wegwarf, hatte ich vergessen an Amma als Göttin zu denken. Ich betrachtete Amma als ganz normalen Menschen, ohne mir zu überlegen, dass das von ihr verteilte Essen *prasad* ist. Alles, was der Meister gibt – Essen oder andere Dinge – ist *prasad*. Wir sollten es mit vollem Herzen annehmen.

Damals verehrte ich Amma schon seit geraumer Zeit und ich hatte sie in einer Vision als Göttin geschaut. Diese Vision erhob mich eine Weile und verstärkte sicherlich meinen Glauben an sie, doch konnte ich die Überzeugung noch nicht aufrechterhalten, dass Amma zu allen Zeiten und unter allen Umständen Eins ist mit der Göttlichen Mutter. Wenn wir diese Überzeugung unerschütterlich in uns verankern, können wir all unser Tun mit mehr Liebe und Hingabe ausführen. Amma sagt, wenn wir eine

Haltung von Hingabe entwickeln, werden nach und nach unsere schlechten Neigungen dahinschwinden.

Ammas Allwissen

Mitunter erzählte mir Amma Einzelheiten über jemanden, der sich zum ersten Mal in die *darshan*-Reihe einordnete. Kam derjenige dann zum *darshan,* befragte Amma ihn nach Dingen aus seinem Leben, die Amma mir zuvor schon erzählt hatte. Da das öfter passierte, fragte ich Amma irgendwann aus Neugierde: „Warum hast du ihn nach all den Einzelheiten gefragt, die du doch schon kennst?" Amma erklärte mir, dass derjenige dadurch, dass er ein paar Worte mit Amma hatte wechseln können, ihre Nähe deutlicher spüre. Der *darshan* wird persönlicher, wenn wir uns Amma auf diese Weise nahe fühlen können. Diese persönliche Sphäre ist für uns wie eine gute Meditation, in der wir uns an Ammas Lächeln, ihre Worte, ihre Berührung usw. erinnern. Da sie uns mit ihrer göttlichen Liebe bindet, werden wir von ihr inspiriert, gute Eigenschaften zu entwickeln. Amma formt uns um zu Instrumenten, die bereit sind, Gottes Gnade zu empfangen.

Wenn wir Amma von unseren Nöten erzählen, vergießt sie manchmal mit uns Tränen. Das zeigt uns, dass Amma wirklich unsere Probleme mit uns teilt, was uns sehr viel bedeutet. Würde Amma keine Gefühle zeigen, wäre sie wie ein beziehungsloser Roboter, auf den sich niemand emotional einlassen könnte. Andererseits neigen wir dazu, ihre göttliche Größe zu vergessen, wenn Amma solch menschliche Gefühle zeigt.

In Australien ging ein fünfjähriger Junge mit seiner Mutter zu einer spirituellen Veranstaltung, wo ihm die Hauptperson einen dicken Apfel schenkte. Als ihm seine Mutter einen Monat später erzählte, dass sie gemeinsam zu einer indischen Heiligen gingen, die Amma genannt wird, fragte der Junge als Erstes: „Gibt mir Amma auch so einen Apfel wie die andere Frau?" Was konnte seine Mutter da wohl sagen? Sie hatte Amma noch nie gesehen. Sie konnte deshalb nur antworten: „Ich weiß es nicht."

Sie kamen zu Amma. Als sie nach ihrem *darshan* aufstanden, um wegzugehen, rief Amma plötzlich den Jungen nochmals zu sich und gab ihm einen Apfel. An dem Tag kamen viele Kinder zu Amma, ohne jedoch einen Apfel geschenkt zu bekommen. Amma schenkte nur diesem Jungen einen, der überglücklich war. Seiner Mutter flossen vor Rührung die Tränen und es nahm sie wunder, woher Amma wohl wusste, dass ihr Sohn sie nach einem Apfel gefragt hatte.

Als Swami Amritagitananda, ein Senior-Schüler von Amma, ihr zum ersten Mal begegnete, wollte er auf der Stelle in den Ashram eintreten. Amma meinte, das sei nicht gut, da er damals gerade einen Vedanta-Kurs in einem anderen Ashram absolvierte. Sie bat ihn deshalb den Kurs zu beenden und sie dann um Erlaubnis zum Eintritt in ihren Ashram zu bitten. Da ihn das traurig machte, versicherte ihm Amma, er könne ihr jederzeit schreiben und sie werde ihm antworten.

Nach seiner Rückkehr in den Ashram in Mumbai schickte er mindestens sieben Briefe an Amma, doch sie schrieb nie zurück.

Kurz vor Ende seines Kurses schrieb Swami Amritagitananda erneut an Amma, seine Lehrer seien damit einverstanden, wenn er nach Beendigung seines Kurses in Ammas Ashram eintrete. Amma antwortete wieder nicht. Da Amma auch zuvor nie geantwortet hatte, kam er zu der Überzeugung, sie wolle ihn nicht im Ashram. Mehr noch, er bekam das Gefühl, seinen spirituellen Weg nach Abschluss des Vedanta-Kurses verlassen zu müssen, zumal er in dem jetzigen Ashram seinen Weggang schon verkündet hatte. Er beschloss nach Hause zu gehen und sich eine Arbeit zu suchen. Als er sich mit dem bevorstehenden weltlichen Leben auseinanderzusetzen begann, hörte er mit seinen spirituellen Übungen auf.

Drei Tage später bekam er einen kleinen Brief von Amma; auf einem winzigen Stück Papier schrieb sie: „Sohn, du hast mit deinen spirituellen Übungen aufgehört. Dein Geist gerät völlig außer Kontrolle. Nimm deine spirituellen Übungen wieder auf. Amma ist mit dir." Eine Freudenwelle ergriff ihn bei der Erkenntnis, dass Amma ihn bei jedem Schritt seines Weges begleitet hatte. Er nahm seine spirituelle Praxis wieder auf, beendete seinen Kurs und ging anschließend in Ammas Ashram.

Swami Pranavamritananda, ebenfalls Senior-Schüler von Amma, machte eine Erfahrung, die uns zeigt, dass Amma in unserem Geist wie in einem offenen Buch liest. Er hatte einen bewegenden Film über Adi Shankaracharya gesehen, einen der bedeutendsten Philosophen des Vedanta. Das weckte in ihm tiefes Interesse an Meditation. Er probierte sie als Erfahrung aus und besuchte sogar etliche *sannyasis,* in der vergeblichen Hoffnung, von ihnen Antworten auf seine Fragen und Zweifel bezüglich der Meditation zu bekommen.

Eines Tages besuchte er seine Tante, die in der Nähe seiner Schule wohnte. Sie war Amma-Devotee. Als er in ihr Haus kam, bemerkte er eine junge ganz in Weiß gekleidete Frau. Binnem kurzem wurde ihm bewusst, wer die Dame in Weiß war, da er die vielen Menschen sah, von denen er wusste, dass sie Amma-Devotees waren. Als er ihr jugendliches Aussehen bemerkte, dachte er: „Worüber kann diese junge Dame wohl Bescheid wissen?" Er ging in den Nebenraum, um ihr auszuweichen. In derselben Sekunde betrat Amma den Raum, setzte sich neben ihn, nahm seinen Arm und sprach: „Mein Sohn, ich wollte dich gerne treffen und singen hören." Nach und nach kamen die anderen Devotees und scharten sich um Amma. Ohne dass jemand sie gebeten hatte, begann Amma über Meditation zu sprechen. Im Handumdrehen hatte Amma ihm eine sehr klare Vorstellung von Meditation vermittelt und alle seine Zweifel beseitigt. Er war überzeugt von ihrem Allwissen und spürte, dass sie ihre Worte direkt an ihn gerichtet hatte.

Swami Pranavamritananda erwähnt noch eine andere Begebenheit, die uns zeigt, wie Ammas Allwissen unsere Fehler zum Vorschein bringt. Ein Jugendlicher, der oft in den Ashram kam, saß einmal nach dem *darshan* hinter Amma, da er sich in ihrer Gegenwart so wohl fühlte. Auf einmal wurde ihm bewusst, dass alle dasselbe taten. Und verwundert darüber, dass die Leute nach ihrem *darshan* alle um Amma saßen, dachte er: „Warum sitzen die bloß alle herum? Warum stehen sie nicht auf und tun was Nützliches?" Genau in dem Moment drehte sich Amma nach ihm um, schaute ihm in die Augen und sagte: „Steh auf und geh an die Arbeit, du Nichtsnutz!" Er sprang baff vor Staunen über Ammas allwissende Natur auf und lief in die Küche – genau der richtige Platz – um zu arbeiten, nicht ohne dort später auch seinem Magen Genüge zu tun!

Wenn wir uns bewusst sind, dass Amma alles von uns weiß – all unsere kleinen Wünsche und heimlichen Sehnsüchte – können wir immerzu an sie denken und in Einklang mit ihr bleiben.

Kapitel 6

Unser spirituelles Potenzial wecken und entwickeln

Erhebe dich mit deinem Selbst

uddhared ātmanā'tmānaṁ nā'tmānam avasādayet
ātmai'va hy ātmano bandhurātmai'va ripur ātmanaḥ

*Man muss sich selbst durch das Selbst emporheben
und darf sich nicht selbst herabsinken lassen.
Denn das Selbst allein kann einem selbst Freund sein,
und man selbst allein kann sich selbst Feind sein.*

Bhagavad Gita 6:5

Da Bewusstsein von Gott ist, sollst du dich selbst nie verurteilen, wie auch immer deine Umstände beschaffen sein mögen. Lass die ganze Welt über dich spotten und behaupten, du seiest ein völliger Versager, glaube ihnen nicht. Lass kein Jota Selbstmitleid zu. In dir ist unendliche Kraft. Halte dich an diese Kraft der Höchsten Wahrheit und erhebe dich selbst.

Alles in Ammas Leben war eine Herausforderung. Sie schaute jeder Gegebenheit mit Mut und Entschlossenheit ins Gesicht. Amma weist uns allen den Weg, unserer eigenen Göttlichkeit bewusst zu werden, allen Lebensproblemen zum Trotz.

Göttlichkeit ist unser Geburtsrecht und unsere eigentliche wahre Natur. Einer Meisterin wie Amma zu begegnen, regt uns zu spirituellem Streben an. Ein wahrer Meister steht uns als immerwährende Inspirationsquelle bei.

Obwohl Amma innerlich außergewöhnlich war, wuchs sie wie ein normales Dorfmädchen ohne besondere Begünstigungen auf. Ihr Leben war alles andere als luxuriös, und sie musste sich jeden Schritt ihres Weges beharrlich erkämpfen.

Als Amma damit begann, *darshan* in *Krishna Bhava* und *Devi Bhava* zu geben, lästerten etliche Leute, sie umarme Menschen des anderen Geschlechtes. Da die Dorfbewohner in ihr nur einen normalen Menschen sahen, nicht *Krishna* oder *Devi*, beschuldigten sie Amma, die Anhänger im Namen der Hingabe in die Irre zu leiten. Amma blieb dabei, liebevoll *darshan* zu geben, und mittlerweile umarmt sie jedes Jahr Hunderttausende Devotees in der ganzen Welt.

Als Amma den ersten Brahmasthanam-Tempel in Kodungallur, Kerala, einweihte, nahmen religiöse Schüler und Priester Anstoß daran, dass eine Frau einen Tempel einweihte. Amma gab nicht auf. Jetzt gibt es schon siebzehn von Amma geweihte Tempel, von denen jeder ein Refugium für Tausende von Andächtigen ist.

Amma hätte ihre Bemühungen auf jeder Stufe ihres Weges einstellen und sich als gescheitert betrachten können, was sie keineswegs tat. Sie setzte sich vielmehr völlig unberührt jeder Form des Widerstandes und der Kritik aus, nur mit dem einen Ziel vor Augen, ihre Mission zu erfüllen. Ihr Leben ist bestmögliches praktisches Vorbild für jeden.

Der befreite Geist

In den Anfangsjahren opponierten viele Leute heftig gegen Amma, obwohl sie nie jemandem Unrecht getan hatte. Die

Dorfbewohner waren mit Spiritualität oder einem Leben im Ashram nicht vertraut. Außerdem fragten sie sich neidisch, wieso ein Dorfmädchen, das doch eine von ihnen zu sein schien, so berühmt werden könne. Es kamen Menschen aus ganz Indien und aus anderen Gegenden der Welt, um Amma zu sehen. In ihrem Neid und ihrer Beschränktheit schafften die Dorfbewohner Probleme. Aus Hass und Feindschaft wollten sie Amma irgendwie loswerden!

Damals besuchte Amma häufig verschiedene Häuser und zelebrierte dort *pujas* (eine zeremonielle Form der Verehrung). Viele Familien litten unter den Auswirkungen von Schwarzmagie. Wer sich solch übler Praktiken bediente, besetzte bestimmte Gegenstände, wie zum Beispiel ein Tritonshorn oder einen Talisman, durch bestimmte Mantren mit bösen Geistern. Anschließend vergrub derjenige den Gegenstand vorne oder hinten im Garten des vorgesehenen Hauses. Viele davon betroffene Familien wandten sich dann an Amma. Sie half, indem sie bei ihnen zu Hause eine *puja* zelebrierte oder sie ging zu einem bestimmten Punkt im Garten und forderte die Familienmitglieder auf, an dieser Stelle zu graben. Sobald man das verwünschte Objekt entdeckte, konnte es unschädlich gemacht werden; somit befreiten sie sich selbst auch von der Macht der Verwünschung.

Eigentlich hätte es für Amma dieser Maßnahmen gar nicht bedurft. Dort, wo Schwarzmagie wirkte, hätte sie diese durch reinen Entschluss aufheben können. Manchmal lud Amma sogar einen Fluch auf sich selbst, um die Familie davor zu bewahren. Da einige Devotees nicht wirklich daran glaubten, dass Amma so etwas durch ihren Willen erreichen könne, suchte Amma sie in ihren Häusern auf, zelebrierte *pujas* mit ihnen und beruhigte ihre Gemüter.

Oft genug stichelten Leute und verspotteten Amma bei ihren Hausbesuchen oder warfen sogar Steine nach ihr. Niemand sonst wäre diesem Widerstand mit so viel Stärke und Gleichmut begegnet. Amma ließ sich durch nichts aus der Fassung bringen, selbst wenn sehr viele Menschen gegen sie waren. Ruht der Geist in der Höchsten Wahrheit, kann nichts ihn berühren. Du wirst sogar lächeln, wenn jemand dich zu töten versucht. Das ist die Größe, im Selbst verankert zu sein. Amma ist vollendetes Beispiel dieser Wahrheit.

In jenen Tagen schimpften Ammas Eltern furchtbar mit ihr. Sie waren so streng mit ihr aus Furcht vor einem schlechten Leumund der Familie, da sie noch drei andere unverheiratete Töchter hatten. Damals galt es in Indien, vor allem auf dem Dorf, als unschicklich, wenn ein junges Mädchen und ein Junge öfters miteinander redeten. Wenn ein Teenager zu viel Zeit mit einem Jungen verbrachte, gerieten die Eltern in Rage. Und sofort wurden Gerüchte über das Mädchen verbreitet. Niemand wollte sie dann heiraten. Das war der Grund, warum Ammas Eltern unerbittlich darauf bestanden, dass wir jungen Männer sofort nach dem Ende des *Devi Bhava* den Ashram verließen. Niemand durfte nach dem *Devi Bhava* dableiben. Amma wurde immer traurig, wenn ihre Eltern uns hinausjagten. Sie konnte nichts dagegen unternehmen, denn sie lebte noch bei ihren Eltern.

Eines Tages blieb ich nach dem *Devi Bhava* zurück, da ich auf einen anderen Devotee wartete. Amma sah mich, kam herüber und fragte, ob es ein Problem gäbe und warum ich dort säße. Als Ammas Mutter sah, dass sie mit mir redete, kam sie herzu und ließ eine wüste Schimpfkanonade auf Amma niedergehen. Sie zerrte Amma am Arm ins Haus.

Ich fühlte mich elend, weil Amma meinetwegen so heftig beschimpft worden war. Ich war tief verletzt und betroffen von den gegen sie gerichteten groben Wörtern. Nach einer Weile kehrte Amma in den Tempel zurück. Ich versteckte mich hinter einer Mauer, um Amma keine neuerlichen Probleme zu bereiten. Später ging ich in den Tempel und sah Amma so wie immer meditieren, als sei nichts vorgefallen. Ich dagegen konnte tagelang nicht meditieren, weil ich so erregt war über die Art und Weise, wie Amma von ihrer Mutter behandelt worden war. Es war für mich qualvoll zu ertragen, wie Amma beschimpft wurde. Selbst heute noch treibt es mir Tränen in die Augen, wenn ich daran denke.

Ammas Eltern dürfen wegen ihres Verhaltens dennoch nicht getadelt werden. Sie wollten wie alle Eltern ihre Töchter verheiraten. Sie fürchteten um den guten Ruf der Familie, falls eine ihrer vier Töchter nicht verheiratet würde. Damals wussten sie noch nicht, wer Amma eigentlich war. Es fehlte ihnen der spirituelle Hintergrund, um Amma verstehen zu können. Im Lauf der Zeit änderte sich ihr Verhalten. Durch Lektüre und Gespräche mit Devotees und Ashrambewohnern wurde ihnen nach und nach Ammas Größe bewusst. Nur aus Unwissenheit hatten sie Amma in jungen Jahren so rauh behandelt.

Schaue ich zurück auf den Vorfall nach dem *Devi Bhava,* wird mir bewusst, wie wichtig es ist, bei negativen Begebenheiten Gemütsruhe zu bewahren. Wir können genau diese Haltung bei Amma beobachten. Lob oder Tadel berühren sie nicht, da ihr Geist befreit ist. Sie ruht immer in ihrem eigenen Selbst.

Amma sagt: „Begnüge dich nicht mit deinem normalen weltlichen Bewusstseinszustand. Es gibt einen Zustand von höchster Glückseligkeit, eine Form von Allwissen und Allmacht – etwas, das jeder von euch erlangen kann. Richte deinen Geist und dein Tun darauf aus und bemühe dich, das letzte Ziel zu erreichen."

Jeder hat ein mangelhaftes Gemüt: Manche Menschen tragen viel Wut in sich, andere Hass, Ungeduld, Gier oder Eifersucht. Doch wir alle haben auch positive Eigenschaften. Wir sollten sehr intensiv daran arbeiten, die negativen Eigenschaften zu beseitigen und stattdessen die positiven Wesenszüge zu verstärken. Das wird uns wahrhaftig beglücken, und wir werden der Welt zum Segen.

Wie der Betrachter, so die Wahrnehmung

Quält uns ein negatives Gefühl, können wir versuchen, es mit einem positiven zu vertauschen, und anstelle von Hass gegen jemanden ein Gefühl von Liebe zu entwickeln und zu nähren. Amma sagt, wir sollten bestrebt sein, uns an alle guten Worte, Taten oder Hilfsangebote dieses Menschen zu erinnern. Dann verschwindet der Hass nach und nach aus unserem Gemüt. Sind wir auf jemanden ärgerlich, sollten wir Mitgefühl und Freundlichkeit ihm gegenüber aufbauen. Wahrscheinlich ist es uns nicht möglich, zu dieser Person zu gehen und zu sagen: „Ich liebe dich so!" Trotzdem können wir wenigstens im Geiste versuchen, ihr zu vergeben und freundlich zu sein. Ob wir heute oder morgen damit beginnen, das Gefühl und der Ausdruck von Liebe und Anteilnahme ist unbedingt erforderlich, wenn wir uns wirklich von der durch negative Gefühle verursachten Belastung und Rastlosigkeit befreien wollen. Wenn wir über den oder jenen Fehlschlag im Leben traurig und ärgerlich sind, sollten wir uns auf unsere Erfolge besinnen und Gott dafür danken. Vertauschen wir auf diese Weise negative Empfindungen mit guten, schwächt sich die Kraft der negativen Gefühle langsam ab.

Angenommen, wir schauen auf einen blühenden Rosenbusch, was wir auf zweierlei Weise tun können: Entweder wir betrachten die wundervollen Blüten zwischen den vielen Dornen positiv gestimmt und vergessen die Dornen völlig aus Freude an den Blumen. Oder wir konzentrieren uns auf die zahlreichen Dornen, verärgert über Gott, dass er sie zwischen so wundervollen Blumen erschaffen hat. Wir können wählen – die Blumen zu betrachten oder uns auf die Dornen zu fokussieren. Beide existieren. Was wir wirklich sehen, hängt von unserer Einstellung oder unserer Perspektive ab. Schauen wir auf die glücklichen Erfahrungen unseres Lebens, gewinnen wir daraus Kraft; starren wir dagegen nur auf die schmerzlichen, werden wir kraftlos und deprimiert.

Jedermanns Leben ist eine Mischung aus Erfolg und Versagen. Haben wir Erfolg, können wir Gott danken; misslingt uns etwas, wollen wir weiterhin versuchen erfolgreich zu sein. Haben wir trotz größter Mühe Misserfolg, sollten wir das Gegebene positiv gestimmt akzeptieren. Auch wenn wir schwach, labil und begrenzt sind, was Wissen und Fähigkeiten anbetrifft, können wir inmitten von mächtigen Naturkräften überleben. Wir sind so klein und unbedeutend in dieser großartigen Schöpfung – jeden Moment können uns Unfall oder Tod treffen. Darum sollten wir jeden Morgen beim Aufwachen Gott gegenüber dankbar sein. Dies ist ein positiver Blick auf das Leben. Dieses Leben ist der Preis für das, was wir im letzten Leben getan haben. Wir können eine bessere Zukunft vorbereiten, wenn wir unser Leben in der Gegenwart ordnen und korrigieren. Darum sagt Amma, wir sollten versuchen, voll und ganz sowie positiv in der Gegenwart zu leben. Zermürben wir uns wegen früherer Fehlschläge und sorgen uns um die Zukunft, können wir die Gegenwart nicht ausschöpfen. Amma sagt: „Die Gegenwart ist ein Geschenk von Gott. Nutzt sie gut."

Swami Paramatmananda, ein anderer Senior-Schüler von Amma, musste sich eines Tages in den USA einer Rückenoperation unterziehen. Wenn Schüler oder Devotees eine größere medizinische Prozedur vor sich haben, versuchen sie mit Amma zu sprechen und ihren Segen zu erbitten. In solcher Lage spenden uns auch wenige Worte von Amma enorme Kraft und Trost. Swami Paramatmananda versuchte immer wieder erfolglos, Amma telefonisch zu erreichen. Als Amma davon hörte, versuchte sie ihrerseits ihn zu erreichen, wegen der schlechten Telefonverbindungen jedoch auch ohne Erfolg. Anschließend fuhr Amma zu einem Programm in eine andere Stadt, wo so viele Menschen zusammenströmten und sie so beschäftigt war, dass sie keine Zeit hatte, ihn anzurufen. Swami Paramatmananda unterzog sich der

Operation und alles verlief gut. Amma rief ihn ein paar Tage
später an, erkundigte sich nach seinem Befinden und fragte ihn
außerdem, ob er ärgerlich gewesen sei, dass sie ihn zuvor nicht
angerufen habe. Er antwortete: „Nein, Amma. Ich betete zu meiner inneren Amma und fühlte mich voller Frieden." Er war nicht
etwa niedergeschlagen, weil Amma ihn nicht angerufen hatte,
sondern holte sich Mut und Trost aus ihrer inneren Anwesenheit.

Wenn wir in ähnlichen Situationen von Amma keine persönliche Aufmerksamkeit oder Tröstung bekommen können, sollten
wir Kraft und Zuversicht aus ihrer inneren Anwesenheit schöpfen.
In einem solchen Fall können wir die Präsenz unserer Meisterin
innerlich wahrnehmen und unsere Stärke und Reife entwickeln.
Es hängt ganz von unserer Einstellung ab, ob wir ein Vorkommnis
als Stein des Anstoßes oder als Sprungbrett verstehen.

Die selbstlose Liebe eines Satguru

Es gibt viele Menschen, die von sich behaupten Selbst-verwirklichte Meister höchsten Grades zu sein. Wirkliche Meister behaupten
allgemein gar nichts. Wen wollen wir als unseren spirituellen
Meister anerkennen? Sich einem falschen Guru anzuvertrauen,
kann Chaos und Verwirrung in unser Leben bringen. Gibt es
zu unserer Sicherheit klare Richtlinien für eine so bedeutsame
Entscheidung? Untrügliches Merkmal eines *satguru* ist seine oder
ihre bedingungslose Liebe und ein überfließendes Mitgefühl für
jeden. Ein *satguru* begehrt niemals Geld, Macht oder Ruhm.

Beinahe jeder hat wohl die Erfahrung gemacht, einem anderen Menschen in Liebe zu verfallen (falling in love). In der Präsenz
eines wirklichen Meisters dagegen verspüren wir die Schönheit
dessen, was Amma „Erhoben in Liebe" (*rising* in love) nennt. Das
magische Angerührtsein von dieser göttlichen Liebe reinigt und
heiligt jedes Ereignis, jede Beziehung und Handlung im Leben.
Aus diesem Berührtwerden gewinnen wir ein neues Verständnis

von selbstloser Liebe. Es ist schwierig, sich von einem noch so vollkommenen und noblen Ideal von ganzem Herzen ergreifen zu lassen. Sobald wir Amma begegnen ist es einfacher, das Konzept von selbstloser Liebe umzusetzen.

Der menschliche Geist muss persönlich berührt werden, damit die Saat der Liebe sprießen kann. Wer Liebe, Aufmerksamkeit und Zuwendung sucht, dem schenkt Amma beglückt ihre Hilfe. Als Meisterin wünscht sie einzig unser Wohlergehen und inneres Wachstum, nichts sonst. Sie möchte nichts zurückerhalten.

Ist jemand wie Amma greifbar für uns, können sich ihr unsere Herzen leicht öffnen. Lasst uns zumindest versuchen Amma zu lieben, ohne etwas zu erwarten. Sie hält ihren Körper selbstlos hier (auf Erden), nur um uns eine fassbare Gestalt für unsere selbstlose Liebe zu sein.

Auch wenn der Meister inkarniert, d.h. im Körper ist, repräsentiert er oder sie die Höchste Wahrheit hinter der körperlichen Erscheinung. Durch Vermittlung des Meisters erblicken wir die Höchste Wahrheit, denn der Meister ist die vollendete Stellvertretung der Höchsten Wahrheit, selbstlosen Liebe und des Mitgefühls. Wenn wir durch die Begegnung mit einem Meister schmerzliche Erlebnisse haben, können wir diese Erfahrungen als eine Art Auflösung oder ein Sich-Erschöpfen unseres vergangenen Karmas betrachten. Auch wenn Amma unser Karma auf sich nehmen oder mildern kann, sagt sie: „Ein bestimmtes Prozent unseres negativen Karmas müssen wir selbst abtragen."

Karma ist die Folge dessen, was wir in der Vergangenheit getan haben. Jeder muss die durch sein Karma verursachten Konsequenzen durchstehen. Mit der Gnade des *satguru* kann unser Leiden erleichtert werden. Kann schlechtes Karma nicht gemildert werden, bekommen wir durch den Beistand des *satguru* die nötige Geistesstärke, um mit der Situation zurechtzukommen.

Wenn wir etwas Schmerzliches erfahren, geschieht das nicht wegen unterlassener Hilfe des *satguru,* sondern wegen der Struktur unseres schlechten Karmas. Wir dürfen nicht den Meister dafür beschuldigen. Leute hört man oft sagen: „Schau, so viele Jahre habe ich zu dem Meister gebetet, wie kann mir bloß so etwas passieren?" Es ist ratsam, stattdessen auf die Unterstützung zu schauen, die wir dem Meister verdanken. Das bestärkt unseren Glauben.

Bezichtigen wir den *satguru* oder verlassen ihn, ziehen wir wahrscheinlich noch mehr Leiden und Qualen auf uns. Das wäre so, als wenn wir aus Furcht vor einer Spritze vor einem Arzt wegliefen und ihm damit die Möglichkeit nähmen, uns vor größerem Schmerz und Leiden zu bewahren.

Ich möchte hier anknüpfen an ein viele Jahre zurückliegendes Erlebnis von Swami Purnamritananda, ebenfalls Senior-Schüler von Amma. Es war kurz nach seiner ersten Begegnung mit Amma. Swami Purnamritananda (ursprünglich Srikumar) lebte damals eigentlich noch bei seinen Eltern, blieb aber Tag und Nacht im Ashram, ohne nach Hause zu gehen. Er war einziger Sohn und seine Eltern, unglücklich über diese Situation, versuchten immer wieder, ihn davon abzuhalten, in den Ashram zurückzukehren. Da er felsenfest darauf bestand, seine Zeit vorwiegend im Ashram zu verbringen, ließen sich seine Eltern auf einen Kompromiss ein: Er dürfe tagsüber bei Amma sein, müsse jedoch abends zurückkommen. Von da an kam er täglich in den Ashram und verließ ihn nach den abendlichen *bhajans,* um seine Eltern zu beschwichtigen.

Eines Abends war er gerade im Aufbruch, als Amma ihm vorschlug, diese Nacht im Ashram zu bleiben. Swami Purnamritananda entgegnete, dass ihn seine Eltern am nächsten Tag sicher nicht in den Ashram gehen lassen würden, wenn er nachts dabliebe. Amma bestand jedoch darauf. Da er ihr nicht widersprechen wollte, willigte er ein.

Nach dem Abendessen ging Swami Purnamritananda nahe beim kleinen Tempel auf und ab und betete sein *mantra*. Er hörte zu seinen Füßen im Gras ein Rascheln, blieb stehen, um zu lauschen, woher das Geräusch kam, und verspürte plötzlich einen schmerzhaften Stich in seinem Fuß. Als er auf den Boden schaute, sah er den Umriss einer Schlange, die in der Dunkelheit verschwand. Er schrie vor Schreck und Schmerz. Amma sprang sofort von ihrem Platz im Tempel auf, wo sie mit einigen *brahmacharis* gesessen hatte, und eilte zu ihm hin. Er konnte überhaupt nicht sprechen, sondern zeigte Amma nur die Wunde an seinem Fuß. Ohne zu zögern beugte sich Amma nieder, legte ihren Mund auf seine Wunde, sog das Gift heraus und spuckte es auf den Boden. Das wiederholte sie mehrmals und band dann ein Stück Stoff um die Wunde. Da Swami Purnamritananda noch ziemlich aufgewühlt war, schickte sie ihn zu einem traditionellen Heiler in der Nähe, der bekannt war für seine Fähigkeit Schlangenbisse zu behandeln.

Als der Heiler Swami Purnamritananda untersuchte, stellte sich heraus, dass er von einer äußerst giftigen Schlange gebissen worden war, dass das Gift aber wohl nicht mehr im Körper sei und alles gut gehen werde. Der Heiler gab ihm ein paar Heilkräuter und ließ ihn wieder gehen.

In der Nacht sagte Amma zu Swami Purnamritananda, dass er gerade durch eine schlechte astrologische Phase gehe. Da sie aber wusste, dass seine Eltern nicht einfach glauben würden, was sie gesagt hatte, riet sie ihm, einen Astrologen aufzusuchen.

Als er am nächsten Morgen zu seinen Eltern kam, waren sie sehr verärgert, dass er nachts nicht nach Hause gekommen war. Er bat sie, ihm zuzuhören und zeigte ihnen seine Bisswunde Sie aber warfen ihm vor, er wäre nicht von einer Schlange gebissen worden, wenn er sein Versprechen nach Hause zu kommen gehalten hätte. Swami Purnamritananda berichtete seinen Eltern außerdem, was Amma über sein momentanes Horoskop geäußert hatte. Sie pflichteten bei, ein Schlangenbiss sei ein böses Omen, und suchten ein paar Tage später mit ihm einen Astrologen auf. Als der Astrologe in Swami Purnamritanandas Horoskop schaute, erstaunte es ihn, seinen Klienten noch lebend zu sehen! Aus seinem Horoskop ging hervor, dass ihm in dieser Nacht, wo auch immer er sich aufhalten würde, ein lebensgefährlicher Schlangenbiss vorbestimmt war. „Du stehst offensichtlich unter göttlichem Schutz", sagte der Astrologe.

"Seht ihr," sagte Swami Purnamritananda zu seinen Eltern: „Ihr glaubt, dass ich in dieser Nacht nur deshalb von einer Schlange gebissen worden bin, weil ich bei Amma blieb. Tatsächlich wäre ich in dieser Nacht überall von einer Schlange gebissen worden. Wer hätte mir wie Amma das Gift aus der Wunde gesogen, wenn ich zu Hause gewesen wäre? Da wir so weit abgelegen wohnen, hätte ich nicht rechtzeitig ins Krankenhaus kommen können. Hätte ich Amma nicht gehorcht und wäre nach Hause gekommen, wäre ich wohl gestorben."

Manches Karma muss im menschlichen Körper ausgestanden werden. Übernimmt Amma solches Karma von jemandem, muss sie selbst es durchleben. Amma sagt, dass sie, wenn sie von jemandem eine schwere Krankheit übernimmt, dieses Karma in wenigen Minuten auflösen kann, wohingegen derjenige darunter viele Jahre zu leiden hätte.

Ein sehr begabter *brahmachari* mit einem guten Job wurde durch die Begegnung mit Amma völlig verwandelt. Nach nur wenigen Tagen gab er seine Stelle auf und kam in den Ashram. Amma warnte ihn vor gewaltigen Problemen mit seiner Familie.

Seine Eltern und Verwandten versuchten mit allen Mitteln ihn dazu zu bewegen, den Ashram wieder zu verlassen. Sie versuchten sogar, ihn zu entführen, alles ohne Erfolg. Schließlich griffen sie als letztes Mittel zur Schwarzmagie. Die hatte eine solche Wirkung, dass der *brahmachari* schwer krank wurde und beinahe gestorben wäre. Niemand wusste davon, bis Amma es uns einige Monate später erzählte.

Amma bekam plötzlich eine Erkältung, die immer schlimmer wurde, bis sie ein paar Tage später unaufhörlich hustete. Während des *Devi Bhava darshan* hörte der Husten seltsamerweise auf, doch nach dem *Devi Bhava* hustete Amma erneut ganz heftig. Wir versuchten vergeblich sie zu einem Arztbesuch zu bewegen. Alle *brahmacharis* waren furchtbar aufgeregt. Viele begannen wegen Ammas Gesundheitszustand aus Buße zu fasten. Als Amma davon erfuhr, hieß sie uns, mit dem Fasten aufzuhören, was wir aber nicht taten. Wir erklärten ihr, so lange fasten zu wollen, bis sie wieder gesund sei. Amma erklärte uns, in einer Woche würde sie wieder gesund sein, unabhängig davon ob wir fasteten oder nicht oder ob sie zu einem Arzt gehe. Ihr Husten sei nicht von einer Infektion oder sonstigen Krankheit ausgelöst worden, sondern von den Auswirkungen schwarzmagischer Kräfte.

Der Husten hörte genau nach einer Woche auf, so wie Amma vorausgesagt hatte, und sie war wieder hergestellt. Sie erklärte uns, der für die Verwünschung vorgesehene Mensch wäre gestorben, hätte Amma die Folgen der Schwarzmagie nicht auf sich genommen. Aus Mitgefühl hatte sie die Tragweite dieser schrecklichen Tat auf sich genommen.

Das A und O spiritueller Praxis

Sind wir entschlossen, das Ziel der Spiritualität zu erreichen, muss uns bewusst sein, dass der spirituelle Weg nicht von Rosen gesäumt ist. Tatsächlich ist der Weg schwierig; doch dürfen die Hindernisse keine Entschuldigung dafür sein, unsere spirituellen Übungen wieder aufzugeben. Denkt an die Fülle und Vollendung, die im endgültigen Ziel, der Einheit mit dem Höchsten, dem Zustand des Yoga, erreicht werden kann.

Manchmal möchten wir unsere Meditation und die spirituellen Übungen hintanstellen, weil andere Dinge „wichtiger" sind. Meditation und andere spirituelle Praktiken stehen zwar auf unserer täglichen „to-do-Liste", oft jedoch an unterster Stelle. Wir rechtfertigen uns damit, dass Meditation und sonstige spirituelle Übungen auch morgen erledigt werden können. Inkonsequenz in unserer spirituellen Praxis ist eine der Ursachen dafür, wenn wir keinen stetigen Fortschritt auf dem spirituellen Weg machen.

Unsere spirituelle Suche muss aufrichtig sein, denn nur so werden wirkliche Ergebnisse erzielt. Wir sollten uns stets der Notwendigkeit und Dringlichkeit unserer spirituellen Praxis bewusst sein.

Etliche vielbeschäftigte Leute nehmen sich auf Anraten des Arztes täglich eine oder zwei Stunden Zeit, spazieren zu gehen oder sonstige Übungen zu machen. Sie wollen damit ernsthaften Gesundheitsproblemen vorbeugen und lassen deshalb ihre Übungen nicht aus, auch wenn sie noch so viel zu tun haben.

Die Meditation sollte ein ebenso wesentlicher Teil unseres Lebens werden. Amma sagt immer, Meditation, *japa* (Wiederholung des *mantras*) und andere spirituelle Übungen sind so wertvoll wie Gold. Sie schenken uns spirituelles Wachstum ebenso wie materiellen Gewinn und fördern unsere geistige und emotionale Gesundheit. Deshalb ist die in Meditation und mit anderen spirituellen Übungen verbrachte Zeit nie vertane Zeit.

Nur halb und halb

Angenommen, wir hören einen ganzen Tag lang Vorträge über Gott und denken einzig an ihn. Und am nächsten Tag meinen wir, es sei in Ordnung nicht zu meditieren und stattdessen fernzusehen, da wir ja gestern den ganzen Tag an Gott gedacht hätten.

Wenn wir unsere Tage abwechselnd so verbringen, kommen wir überhaupt nicht weiter. Amma sagt uns, wie wir echten Erfolg haben können: „Was auch immer du tust, sagst oder denkst, sollte dich auf die Meditation einstimmen." Andernfalls geht man zehn Schritte vorwärts und rutscht zehn Schritte zurück.

Wie es heißt, erwirken unsere Bemühungen die Hälfte von dem, was wir erreichen, der Rest kommt von Gottes Gnade. Manche Leute sagen: „Ich bin auch mit dem halben Erfolg zufrieden. Soll Gott mir zuerst Seinen Teil geben, dann kann ich mich zurücklehnen und entspannen." Amma sagt, solche Halbherzigkeit bringt uns keinen vollen Gewinn. Wasser kocht bei 100 Grad, das bedeutet nicht, dass man bei 50 Grad 50% des Wassers kochen kann!

Ein Mann blieb während einer Geschäftsreise auf halbem Weg in einer Kleinstadt hängen und übernachtete in einem Motel. Da er schon seit zwei oder drei Wochen unterwegs war, vermisste er seine Frau, die Kinder und vor allem das so köstliche „Chicken-Curry", das seine Frau oft kochte. Er dachte so bei sich: „Oh, wie toll, wenn ich jetzt so ein Chicken-Curry hätte, wie meine Frau es macht." Und während er so darüber nachsann, überwältigte ihn seine Lust auf Chicken-Curry. Er suchte im Telefonbuch und entdeckte zu seiner Freude ein Restaurant, das Chicken-Curry anbot, nur wenige Häuserblocks entfernt. Da es schon ziemlich spät war, wollte er nichts riskieren und nahm deshalb ein Taxi. Auf der Speisekarte stand genau das Gericht, von dem er geträumt hatte. Kaum bestellt, wurde es ihm auch schon serviert. Er staunte über die Größe der Portion. Der Teller war randvoll mit Hühnchenbrust-Stücken und das bei einem vernüftigen Preis. Er dachte: „Oh, ich will meinen Freunden sagen, dass sie hierher zum Essen kommen müssen!" Als er zu essen anfing, dachte er jedoch: „Ich habe so viel Hühnchenfleisch bekommen, aber keins schmeckt nach Hühnchen. Es schmeckt wie Steak." Er rief den Kellner und fragte ihn: „Was ist in diesem Gericht?"

"Nur Hühnchenbrust, sonst nichts", antwortete der Kellner. Der Mann gab sich mit dieser Antwort nicht zufrieden. Er eilte zum Geschäftsführer und sagte mit erhobener Stimme: „Ich habe Chicken-Curry bestellt, habe aber etwas anderes serviert bekommen. Nicht ein einziges Stück schmeckt nach Hühnchen!" „Nein, mein Herr. Das ist wirklich Hühnchen. In dem Gericht ist nichts anderes," entgegnete der Geschäftsführer. „Das glaube ich nicht", rief der Geschäftsmann aus. „Ich werde mich an oberster Stelle beschweren." Darauf sagte der Geschäftsführer mit gesenkter Stimme: „Mein Herr, wenn Sie irgendwelche Klagen haben, gebe ich Ihnen das Geld zurück. Um die Wahrheit zu sagen, das Hühnchen ging uns heute aus, deshalb haben wir dem Chicken-Curry ein bisschen Steak beigefügt."

"Von wegen nur ein bisschen! Alle Stücke schmecken nach Steak. Wieviel Steak haben Sie dem Hühnchen denn beigefügt?

"Nur halb und halb, mein Herr."

"Halb und halb? Das glaube ich nicht! Wollen Sie damit sagen, dass Sie vom Gewicht her genauso viel Steak wie Hühnchen genommen haben?"

"Nicht genau, mein Herr. Mit halb und halb meine ich ein Hühnchen auf ein Rind!"

Kein Wunder, dass der Geschäftsmann kein Stück Hühnchen auf seinem Teller fand!

Vergleichsweise könnten wir einen Tag im Ashram verbringen und den nächsten im Casino. Wegen unseres begrenzten Fassungsvermögens wäre die Wirkung auch nach einem ganzen Tag im Ashram minimal. Verbrächten wir dagegen einen Tag im Casino, würde sich das wegen unserer starken *vasanas* ziemlich heftig auswirken. Bei solchem Wechselspiel hätten wir mit unserer spirituellen Praxis keinen nachhaltigen Erfolg. Das wäre dann so wie der Geschmack eines Hühnchens, das von dem Geschmack eines ganzen Rindes überdeckt würde.

Um mit unserer spirituellen Praxis ein Höchstmaß an Wirkung zu erreichen, rät Amma uns allen, unbedingt eine bestimmte Disziplin in unserem Leben zu entwickeln: Fasten, Schweigegelübde zu bestimmten Stunden oder an bestimmten Tagen, mehr Meditation, mehr Zeit zum Sprechen eines *mantra* und zur Lektüre spiritueller Bücher usw. Die spirituelle Disziplin kann jede uns gemäße Form annehmen.

Kapitel 7

Vorbereitung auf die Meditation

Aum Shanti, Shanti, Shanti

Shanti heißt Frieden. Sehr oft schließen feierliche Ereignisse mit dem *mantra „Aum shanti, shanti, shanti."* Die Beinträchtigung unseres Friedens stammt aus drei Quellen, weshalb wir dreimal „Frieden" singen.

1) Es gibt Störungen bzw. Turbulenzen durch Naturgewalten (*adhi daivikam*). Dazu gehören Erdbeben, Wirbelstürme, Überflutungen, Dürre, Hitze und Kälte. Können wir friedlich meditieren während eines Erdbebens oder wenn Wasserfluten in unser Haus dringen? Wir haben über derlei Dinge keine Macht, können uns vor solchen Naturgewalten nur in Sicherheit bringen und um Frieden beten. Dem gilt das erste „shanti."

2) Es gibt Störungen bzw. Belästigungen durch unsere Umwelt (*adhi bhautikam*). Wir fühlen uns in der Meditation gehindert, wenn der Nachbarssohn laut Pop oder Discomusik spielt oder der Hund bellt. Lästig sind z.B. auch Moskitos, Fliegen oder Autos auf den Straßen. Auf manche Beeinträchtigungen können wir Einfluss nehmen. Wenn wir uns zu sehr belästigt fühlen, können wir zum Beispiel mit dem Nachbarssohn oder mit seinen Eltern reden, und wenn das nicht hilft, die Polizei rufen. Stören uns die Moskitos bei der Meditation, können wir uns unter ein Moskitonetz setzen oder ein Spirale gegen Moskitos anzünden, um sie los zu werden.

3) Es gibt unsere inneren Störungen (*adhyatmikam*) Das sind unsere Neigungen und Abneigungen, Ärger, Eifersucht, Ruhelosigkeit, Erregtheit usw.. Wir alle leiden unter solchen inneren Störfaktoren. Auch wenn sie jetzt noch Macht über uns haben, lassen sie sich bei sorgfältiger spiritueller Praxis ganz unter unsere Kontrolle bringen. Mit wachsamem Geist und richtiger Unterscheidungsgabe können wir unsere negativen Gemütskräfte kontrollieren. Die inneren Unruhen sind die mächtigsten, stärker als ein Erdbeben oder Wirbelsturm, weil sie unseren Frieden und unser Glück völlig zerstören können. Glücklicherweise kann dieser dritte Typus von Störungen vollständig ausgeschaltet werden.

Amma erzählte einmal die folgende Geschichte: Ein Mann wünschte sich eine vollendete Atmosphäre für seine Meditation. Er probierte verschiedene Plätze aus. Überall, wo er hinging, gab es irgendeine Störung – Vögel zwitscherten, Hunde bellten, Leute stritten und schrieen. Deshalb sein Gedanke: „Ich möchte in einen schalldichten Raum." Schließlich saß er in einem schalldichten Raum und begann mit seiner Meditation. Wir alle wissen, dass in absoluter Stille selbst der leiseste Ton als lautes Geräusch wahrgenommen wird. Als er in seinem schalldichten Raum meditierte, störte ihn sogar das Ticken seiner Armbanduhr. Das Geräusch erschien ihm so laut, dass er schließlich seine Uhr wegwarf, um anschließend seine Meditation wieder aufzunehmen. Nach einer Weile hörte er seine Herzschläge. Die zu laute Uhr konnte er ja wegwerfen, wie aber hätte er sein Herz wegwerfen können?

Amma sagt, wir können nicht völlig frei von äußeren Störfaktoren sein, denn die Welt ist nicht tot – sie lebt. In der Welt ist so viel Bewegung, dass es immer Geräusche und Störungen gibt. Gäbe es nichts davon, würden wir vielleicht in der Meditation einschlafen, zumal man leicht einschläft, wenn alles störungsfrei ist. Viele Menschen haben keine Schwierigkeiten, mitten im Lärm zu schlafen. Ich habe sogar miterlebt wie Leute im selben Raum schliefen, während laut *bhajans* gesungen wurden!

In den Anfangsjahren, als der Ashram noch sehr klein war, gab es nur einen kleinen Tempel und zwei oder drei Hütten, in denen wir lebten. Die Backwaters umgaben den Ashram. In der Nähe des Ashrams stellten die Dorfbewohner an verschiedenen Plätzen Kokosbastseile aus den Fasern der Kokosnuss her.

Die Kokosnussfasern (die äußeren grünen Fasern) werden ein paar Tage in die Backwaters getaucht, anschließend mit einem Stock geschlagen, um die Fasern voneinander zu trennen. Die Seile werden dann aus den ineinander gedrehten Fasern hergestellt.

Von sieben Uhr morgens an konnten wir den Lärm von 300 Frauen hören, die die Kokosfasern mit Stöcken schlugen und sich dabei laut unterhielten! Es war solch ein Trubel. Es war genau die Zeit unserer morgendlichen Meditationsrunde mit Amma. Für uns alle eine sehre gute Übung im Bestreben, äußere Störfaktoren zu überwinden.

Amma sagte oft: „Es ist einfach, in den Berghöhlen des Himalaya zu meditieren. Dort stört uns nichts. Gelingt uns dieselbe tiefe Meditation mitten auf dem Marktplatz, sind wir Meister in der Kunst der Meditation geworden."

Ein reiner Geist ist die wichtigste Voraussetzung für die Meditation. Sobald der Geist gereinigt ist und gereift, wird ihn nichts mehr stören können. Meditation wird dann völlig selbstverständlich.

Innere Störenfriede beruhigen

Wenn wir uns bemühen, tief in die Meditation einzutauchen, sind geistige Vorbereitungen notwendig, denn es werden zwangsläufig äußere oder innere Beeinträchtigungen auftauchen. Wie immer diese Störfaktoren sein mögen, bedarf es einer gewissen Anpassung, andernfalls können wir nicht meditieren oder andere spirituelle Übungen machen. Haben wir uns bis zu einem gewissen Grad auf die äußeren Störbereiche eingestellt, können wir unser Augenmerk auf unsere eigenen inneren Ruhestörer richten. Dazu gehören, wie früher schon erwähnt, unsere Neigungen und Abneigungen, Ärger, Ungeduld usw. Auch wenn es im Außen ruhig und friedlich ist, wird unsere Meditation durch ein unruhiges Gemüt gefährdet.

Eines Tages stand ich vor dem kleinen Tempel des Ashrams. Es brannten Räucherstäbchen und sie verbreiteten einen wundervollen Duft. Ein Devotee kam vorbei und fragte mich, woher wir dieses wundervolle Räucherwerk hätten. Ich erklärte ihm, dass sie im Ashram hergestellt würden. Der Devotee unterhielt sich noch etwas mit mir und ging dann in den Tempel, um zu meditieren. Die Menschen gehen gerne zur Meditation in diesen Tempel, da Amma dort in den Anfangsjahren den *Devi Bhava darshan* gab, und die spirituellen Schwingungen deshalb darin sehr stark sind. Wer für diese Schwingungen empfänglich ist, kann sich dort leichter konzentrieren.

Als ich etwas später auch in den Tempel ging, sah ich den Devotee in perfekter Meditationshaltung sitzen, mit aufrechtem Rücken und geschlossenen Augen. Als er kurz darauf den Tempel verließ, fragte ich ihn, ob er eine gute Meditation gehabt habe. „Nein, Swami!" antwortete er, „kaum hatte ich mich hingesetzt, gingen mir die Räucherstäbchen durch den Kopf. Letzte Woche habe ich in einem Laden einige gekauft, die überhaupt keine gute Qualität hatten und für die der Ladenbesitzer auch viel zu viel verlangte. Als ich zu meditieren versuchte, musste ich immerzu daran denken, und ich war wütend auf den Ladenbesitzer. In meinem Kopf habe ich die ganze Zeit mit ihm gestritten."

Dieser Mann konnte also keinen Moment meditieren, obwohl er in einem Tempel saß, der von Ammas göttlichen

Schwingungen angefüllt war. Er konnte in seinem Geist nur mit dem Ladenbesitzer kämpfen!

Wenn unser Geist zerstreut ist, können wir selbst in der wunderbarsten Atmosphäre nicht friedlich meditieren. Deshalb ist es viel wichtiger, an den inneren als an den äußeren Störungen zu arbeiten. Amma sagt, dass wir äußerlich in einer exzellenten Meditationshaltung sitzen können, während wir innerlich einen großen Krieg führen und vor Ärger, Enttäuschung oder Hass kochen.

Die innere und äußere Welt verbinden

Da es eine beschwerliche Prozedur ist, sich von seinen negativen Seiten zu befreien, machen wir Kompromisse und leben damit. Manchmal verbergen wir bestimmte Gefühle und geben uns nach außen hin aufgeräumt. Angenommen, wir treffen zufällig jemanden, den wir nicht leiden können, und sagen trotzdem: „Ich freue mich so, dich zu sehen!" Obwohl wir ihn nicht mögen, sagen wir es ihm nicht. Aus Höflichkeit verbergen wir es. Oder wir warten vielleicht etwa zehn oder fünfzehn Minuten in einer langen Schlange im Supermarkt. Wenn uns gerade die Geduld auszugehen droht, geht die Kassiererin ans Telefon und erklärt dann, sie müsse für ein paar Minuten etwas erledigen und sei gleich zurück. Wir werden immer ungeduldiger. Schließlich kommt sie zurück und sagt: „Es tut mir so leid! Das war ein ganz dringender Anruf."

Obwohl wir inzwischen fürchterlich ungeduldig geworden sind, sagen wir: „Es ist okay. Lassen Sie sich Zeit." Das ist unser übliches höfliches Verhalten. Vermutlich ist es gut, dass wir unsere unfreundlichen Gefühle verbergen oder kontrollieren können und nach außen ein positives Bild abgeben. Vielleicht haben wir einen hässlichen Freund oder Freundin, zu dem oder zu der wir nie sagen würden: „Hey, du bist aber wirklich ein hässliches

Entlein!" Falls er oder sie uns fragen würde: „Wie sehe ich aus?"
werden wir antworten: „Du siehst gut aus" oder sogar „Du siehst
hübsch aus."

Es ist angebracht, anderen gegenüber äußerlich höflich zu
sein, auch wenn wir innerlich anders fühlen. Wenn wir meditieren, müssen wir jedoch völlig ungeteilt sein. In der Meditation
sind wir mit unserem Wesen konfrontiert und können nichts
verbergen und uns nicht selbst belügen. Genauso viel Aufmerksamkeit wie für die Technik der Meditation brauchen wir deshalb
für die Korrektur unserer negativen Gemütsverfassung. Solange
unser Geist nicht relativ ruhig und friedlich ist, können wir
nicht meditieren. Das soll nun nicht heißen, dass wir mit der
Meditation warten sollen, bis wir einigermaßen ruhig sind; das
würde nämlich nur unsere Tendenz zum Aufschub der Meditation verstärken. Denken wir: „Jetzt gerade bin ich so aufgeregt
und ruhelos, deshalb warte ich lieber, bis ich ruhig bin und fange
dann mit der Meditation an," wird nie etwas daraus. Wir müssen meditieren und gleichzeitig an unserer Negativität arbeiten.
Amma gibt uns eine Metapher: „Zu denken, ich werde erst mit
der Meditation beginnen, wenn ich total ruhig und friedlich bin,
käme dem gleich, an der Küste zu stehen und darauf zu warten,
dass sich alle Wellen legen, damit man schwimmen kann. Das
ist unmöglich."

Auf ihrer jährlichen Nordindien-Tour besuchte Amma einmal
die heilige Stadt Haridwar, durch die der heilige Ganges fließt.
Während ihres dortigen Aufenthaltes ging Amma zum Ganges,
um zu baden. Das Wasser war so kalt, dass wir nicht einmal
unsere Füße ins Wasser tauchen konnten. Die Menschen um
uns herum machten gehörig Lärm – bliesen auf Tritonshörnern,
sangen *mantras*, Kinder pfiffen und schrieen, Verkäufer verhö-
kerten ihre Waren. Amma schaute ganz versunken auf den flie-
ßenden Fluss. Ganz unvermittelt ging sie in das eiskalte Wasser.

Innerhalb weniger Minuten war Amma in *samadhi*. Der Lärm, das eiskalte Wasser und andere äußere Ablenkungen berührten sie überhaupt nicht. Sie hielt sich wegen der starken Strömung an einem Pfahl fest und stand hüfttief, völlig abwesend von der Welt, einige Stunden im Wasser. Schließlich mussten wir sie hinaustragen, sonst hätte sie noch unzählige Stunden in dem eisigen Wasser gestanden. Ihr Körper war steif wie ein Brett, als sie aus dem Wasser getragen wurde. Die *brahmacharinis* rieben ihre Hände und Fußsohlen. Nach ungefähr einer halben Stunde gewann ihr Körper wieder etwas an Wärme und sie kehrte ins Normalbewußtsein zurück.

Wenn der Geist diesen höchst verfeinerten Zustand erreicht hat, bleibt er von äußeren Störfaktoren unberührt. Amma spiegelt uns diesen Zustand. Sie selbst entscheidet, ob sie von etwas berührt werden will.

Den Geist auf das Hier und Jetzt einstellen

Ich erinnere mich an etwas, das vor wenigen Jahren in Schweden passierte. Am letzten Abend der Europa-Tour gab es kein Programm und die mit Amma reisende Gruppe hatte die Gelegenheit, mit ihr allein zu sein. Amma teilte jedem das Abendessen aus, scherzte mit uns und erzählte uns Geschichten. Es war der denkwürdigste Anlass der dreimonatigen Tour. Rechts neben Amma saß eine Devotee, die sehr hart gearbeitet hatte. Amma strich ihr in einem Fluss von Zuwendung liebevoll übers Haar und über ihren Rücken. Es muss für diese Frau ein wunderbares Erlebnis gewesen sein. Die anderen in der Gruppe waren ein bisschen neidisch. Nach ein paar Minuten fing die Frau an zu schluchzen. Wir meinten alle, sie sei überwältigt von Ammas Liebe und Zuwendung. Amma fragte sie: „Darling Tochter, warum weinst du?" Sie antwortete, sie weine deshalb, weil Amma am Morgen alle zur Meditation gerufen habe, aber sie selbst sei nicht informiert worden. Amma fragte: „Warum denkst du jetzt daran, was heute morgen geschah? Das ist schon Vergangenheit. Gerade jetzt sitzt du ganz nahe bei Amma. Niemand sonst hat jetzt diese Chance. Versuche deshalb, diese Gelegenheit so gut wie möglich zu nutzen. Erfreue dich der gegenwärtigen Situation, anstatt der Vergangenheit nachzusinnen und dich selbst unglücklich zu machen."

So verpassen wir viele gute Gelegenheiten. Amma sagt immer, wir sollten versuchen im gegenwärtigen Augenblick zu leben. Leben wir in der Vergangenheit, können wir uns gar nicht über das freuen, was gerade jetzt geschieht. Das Leben ist immer in der Gegenwart. Den Geist dazu bringen, im gegenwärtigen Augenblick zu sein, ist wirkliche Meditation.

Haltung und Handlung

Die richtige Einstellung hilft uns auch in der Meditation, denn die Wucht unserer Handlungen und Gedanken wird spürbar, wenn wir uns zur Meditation hinsetzen. Jeder Gedanke, jede Handlung, jedes Gefühl bestimmt die Qualität unserer Meditation. Deshalb sollten wir uns vorsehen und uns nicht in Tätigkeiten verstricken, die unserer Meditation hinderlich sind. In unserem täglichen Leben machen wir wirklich viel Unnötiges. Solche Handlungen können nach und nach vermieden werden, auch wenn uns dies nicht schlagartig gelingt.

Angenommen, wir haben die Angewohnheit, uns Horror-Filme anzuschauen oder Kriminalromane zu lesen, wäre es gut, solche angstauslösenden Beschäftigungen zu vermeiden, da diese Gedanken und Bilder in unserem Unterbewußtsein hängen bleiben. In der Meditation steigen sie dann wieder auf. Mit dem richtigen Verständnis können wir allmählich solche Betätigungen aufgeben und durch sinnvolle Handlungen ersetzen. Das hilft unserem spirituellen Weiterkommen.

In der Anfangszeit gab es weniger Devotees. Amma hatte noch keine Institutionen ins Leben gerufen oder humanitäre Aktivitaten organisiert. Amma widmete den Devotees, die in den Ashram kamen, täglich viel Zeit. Sie sprach mit ihnen, beantwortete ihre Fragen, klärte ihre Zweifel und schenkte ihnen viel persönliche Aufmerksamkeit und Fürsorge. Das war eine kostbare Chance, sich ihr nahe fühlen zu können. Eines Tages kam jemand Neues zu Amma. Er wusste nicht viel über Amma, blieb jedoch eine Woche im Ashram.

In dieser Woche sah er, dass Amma die meiste Zeit mit den Devotees verbrachte, weder viel schlief noch viel Nahrung zu sich nahm. Schließlich wandte er sich an Amma: „Amma, du ermahnst die *brahmacharis* zu meditieren, aber ich sehe dich nie meditieren, warum?"

Amma erwiderte: „Alles, was ich mache, ist Meditation. Wenn ich *darshan* gebe oder meine Zeit mit den Devotees verbringe, sehe ich in ihnen Gott."

Manche von euch werden schon gehört haben, dass Amma, während sie ihre Devotees empfängt, „Amma, Amma" spricht. Wenn 1000 Menschen zum *darshan* kommen, rezitiert sie das *mantra* mindestens 1000 mal. In Indien kommen jeden Tag Tausende zu ihr zum *darshan*. Amma wandelt damit sogar ihren *darshan* um in einen Akt der Gottesverehrung. Da Amma schon in Gott verankert ist, braucht sie weder das Sprechen von *mantras* noch Meditation. Amma tut dies alles zu unserer Unterweisung und um uns ein Vorbild zu sein.

Amma sieht sogar normale Menschen als Gott an, wohingegen wir nicht in der Lage sind, die Göttin (Amma) als *die Göttin* zu sehen, selbst dann nicht, wenn wir viele wirkungskräftige Erfahrungen mit ihr hatten. Wir vergessen die Wahrheit, dass Amma die Göttin ist. Wie oft besinnen wir uns denn darauf, dass Amma die Göttliche Mutter ist, obwohl viele von uns es doch in der Tiefe ihres Herzens wissen? Oft betrachten wir sie einfach wie eine Freundin! Ich habe Leute Amma anreden hören: „Hallo, wie geht es dir?" Ich hörte mal, wie jemand Amma fragte: „Wann geht Ihr Leute denn schlafen?" So haben wir eine Tendenz, Amma trotz ihrer göttlich manifestierten Eigenschaften im Alltagsjargon zu begegnen.

Auch wenn wir Amma verehren, uns vor ihr niederwerfen oder eine *puja* für sie zelebrieren, schweift währenddessen unser Geist leider ab. Amma dagegen sieht trotz unserer Ungereimtheiten und Untugenden fortwährend Gott in uns. Ein solches Wesen braucht keine Meditation mehr.

Kapitel 8

Der Weg der Hingabe

Vier Arten von Gottesverehrern

Der Hinduismus, auch bekannt als *Sanatana Dharma* (das ewige Weltgesetz), kennt verschiedene Wege zur Selbst-Verwirklichung. Diese vielfältigen Wege sind für Suchende ganz unterschiedlicher intellektueller und geistiger Veranlagung bestimmt. Keiner wird höher oder tiefer bewertet. Lord Krishna bekräftigt dies im 12. Kapitel der *Bhagavad Gita*, mit dem Titel: *Bhakti Yoga* (Yoga der liebenden Hingabe). Darin fragt Arjuna Krishna: „Oh Herr, es gibt Gottesverehrer, die Dich lieben und verehren als Göttliches Wesen und wiederum gibt es solche, die über Dich als formlose Kraft meditieren. Welches ist der erhabenere Weg?" Mit seiner Antwort verdeutlicht Krishna, dass beide Wege gleichermaßen lobenswert sind. Welcher der passende ist, hängt von der Wesensart des Suchenden ab. Ein Baby braucht weiche und leicht verdauliche Nahrung, wohingegen ein Erwachsener kalorienreichere Nahrung benötigt. Vergleichsweise entsprechen die unterschiedlichen Wege den verschiedenartigen Suchenden.

Nur sehr wenige Menschen haben eine reine Liebe für Gott. Die meisten beten zu Gott, er möge sie von ihren Sorgen befreien oder ihre Bedürfnisse und Sehnsüchte erfüllen. In der *Bhagavad Gita* werden Gottesverehrer (Devotees) in vier Gruppen eingeteilt.

1) Menschen, die Leid erfahren (*artta*)
2) Menschen, die Reichtum und Wunscherfüllung suchen (*artharthi*)
3) Menschen auf der Suche nach Gott (*jijnasu*)
4) Menschen, die Gott gefunden haben und in Ihm verankert sind (*jnani*).

Menschen in Not werden zu Gottesverehrern, um Erlösung zu finden von ihrem Gram und ihrer Not. Sobald ihre Sorgen weg sind, hören sie mit ihren Gebeten und Verehrungen Gottes auf – bis zur nächsten Notlage. Gott ist für sie wie ein Agent, der für sie zu arbeiten hat und ihre Wünsche erfüllen soll. Normalerweise merken sie gar nicht, dass ihre Anhaftung an vergängliche weltliche Dinge die Ursache ihres Elends ist. Gott ist für sie wie eine Schmerztablette. Mit dieser Art der Gottesverehrung werden lediglich auftauchende Symptome behandelt, ohne dass die Ursache des Übels beseitigt wird.

Menschen der zweiten Kategorie haben viele weltliche Wünsche, sind oft habgierig und ehrgeizig und suchen Gottes Hilfe zu ihrer Wunscherfüllung. Solche Leute mögen zwar recht begütert sein, doch keineswegs zufrieden. Sie lieben Gott vor allem deshalb, weil er ihre heimlich gehegten Wünsche erfüllen kann. Sie verteilen Spenden an karitative Organisationen, Kirchen oder Tempel in einer Haltung, als zahlten sie in eine Versicherung oder in ein, Geschäftsunternehmen ein und versprechen sich davon einen ordentlichen Gewinn.

Ein *jijnasu* ist jemand, der einen Zustand von Desillusion der Welt und allen weltlichen Freuden gegenüber erreicht hat. Sie oder er ist sich der Nichtigkeit aller weltlichen Ziele bewußt und sucht nach der höheren Wahrheit des Lebens. Dieser Mensch bittet aus Hingabe an Gott um Gelassenheit, wahres Wissen und Weisheit, die allein wahrhaftiges Glück versprechen.

Ein *jnani* identifiziert sich vollends mit Gott, erkennt Gott
in Allem und befindet sich in ununterbrochener Meditation über
die Höchste Wahrheit. Obwohl er innerlich erfüllt und auf allen
Ebenen vollkommen ist, bleibt er seinem Wesen nach ein Devo-
tee, um sich an Gottes *lila* (göttliches Spiel) erfreuen zu können.
Liebe zu Gott ist einem *jnani* eingeboren. Er ist Gottes liebster
Devotee. Krishna sagt: „Ein *jnani* ist mein eigenes Selbst." In der
Srimad Bhagavatam räumt Gott ein: „Ich bin ein Sklave Meiner
Devotees. Mein Herz ist an Meine Devotees gefesselt aus Meiner
Liebe für sie oder ihn." Gott geht bis zum Äußersten, um die zu
beschützen, die sich Ihm hingeben.

Es gibt bedeutende Unterschiede zwischen diesen vier
Wesensarten der Gottesverehrer. Krishna erklärt in der *Bhagavad
Gita*, alle Gottesverehrer sind edel (*udarah*). Selbst der *artta* und
artharthi sucht nach wirklichem und dauerhaftem Glück, wenn-
gleich durch weltliches Bestreben. Mit der Zeit überwinden diese
Suchenden Schritt um Schritt ihre weltlichen Anhaftungen. Sie
beginnen zu verstehen, dass wirkliches und dauerhaftes Glück nur
erreicht werden kann in der Erkenntnis der Ewigen Wirklichkeit,
welche Gott oder *Atman* ist. Ihre Hingabe wird immer reiner, bis
sie allmählich zu *jijnasus* (Suchende nach der Höchsten Wahrheit
oder Gott) werden und dann zu *jnanis*. Krishna verkündete, jeder
Ihn Verehrende gelte als rechtschaffen aufgrund seiner richtigen
Entscheidung und werde bald immerwährenden Frieden finden.
Diese Verwandlung kann für den einen innerhalb eines Lebens
geschehen, für den anderen nach vielen Erdenleben. Früher oder
später erreicht jeder das Höchste Ziel.

Eigenschaften eines wahren Gottesverehrers

Im Epos *Srimad Bhagavatam* sagt Gott, er folge den Fußspuren
seiner Anhänger, um den Staub ihrer Füße auf seiner Stirn zu
tragen. Wenn Gott, ein solch liebend hingebungsvoller Diener

von jemandem wird, dann ist derjenige zweifellos ein wahrer Gottesverehrer. Wer ist ein wahrer Gottesverehrer? Krishna beschreibt dessen Eigenschaften in der *Bhagavad Gita* (12:3-16).

Lord Krishna zählt als erste Eigenschaft eines wahren Devotees auf, dass dieser kein Wesen in der gesamten Schöpfung hasst. Wir fühlen Hass, wenn uns etwas oder jemand bei der Erfüllung unserer Begierden, Vergnügungen und Erwartungen in die Quere kommt. Wir erwarten vieles von anderen und fangen an, sie nicht mehr zu mögen oder sogar zu hassen, wenn unsere Erwartungen enttäuscht werden. Nur eine Liebe ohne Erwartungen ist wahre Liebe. Ein wahrer Gottesverehrer hat niemandem gegenüber Erwartungen. Er betrachtet alles mit demselben Bewußtsein. Er oder sie nimmt alles, was kommt, Gutes oder Schlechtes, als Gottes süßen Willen.

Hass kann auch aus dem Gefühl heraus entstehen, der andere sei verschieden von einem selbst. *Jnanis* sehen sich selbst in der gesamten Schöpfung und sehen die gesamte Schöpfung in sich selbst. Sie sind erfüllt von Liebe für alle Wesen in der Welt. Diese Liebe für alle Wesen ist die zweite Eigenschaft eines wahren Gottesverehrers.

Ein leuchtendes Beispiel dafür ist Amma. Sie sagt: „Es fließt ein unaufhörlicher Strom von Liebe von mir zu allen Wesen im Kosmos." Amma fühlt weder Hass noch Groll gegen irgendein Wesen in diesem Universum „Für mich sind alle gleich, ob sie mich hassen oder lieben." Sie empfindet für alle dieselbe Liebe. Ihre Liebe umfasst die gesamte Schöpfung.

Amma erklärt die universelle Liebe mit einem wunderschönen Beispiel: „Wenn wir aus Versehen mit unserer Hand an unser Auge stoßen, bestrafen oder beschimpfen wir unsere Hand bzw. unser Auge nicht, gehören doch beide zu unserem eigenen Körper. Dasselbe Höchste Bewußtsein durchdringt das gesamte

Universum. Die gesamte Schöpfung ist die Erscheinung Gottes." Ein wahrer Gottesverehrer sieht seinen oder ihren geliebten Gott in allen Wesen. Deshalb ist in seinem oder ihrem Herzen kein Raum für irgendwelche abwertenden Gefühle anderen gegenüber.

Als vor vielen Jahren Ammas Cousin versucht hatte, sie zu töten, kam er mit einer tödlichen Krankheit ins Krankenhaus. Amma besuchte ihn dort bevor er starb. Sie streichelte und tröstete ihn und gab ihm mit eigener Hand zu essen. Der Cousin fühlte Reue für sein Attentat und brach in Tränen aus, als er Ammas Mitgefühl und Vergebung spürte.

Die universelle Liebe eines wahren Gottesverehrers wird mit einer ergreifenden Geschichte aus dem Leben des Heiligen Namadev illustriert. Namadev war ein glühender Verehrer von Gott Krishna und hatte die Höhen der Gottesverwirklichung erreicht. Eines Tages ließ er sich zum Mittagessen nieder, das aus wenigen *chapattis* (Fladenbrot) und etwas Butter bestand. Als er gerade essen wollte, lief ein streunender Hund vorbei und schnappte eines seiner *chapattis*. Namadev rannte hinter dem Hund her, den Rest seiner *chapattis* in der Hand. Nach einer langen Jagd bekam er den Hund endlich zu fassen. Er nahm ihm sein *chapatti* aus dem Maul, bestrich es mit Butter und behandelte den Hund mit Liebe und Hingabe: „Oh Gott, bitte iss nicht diese trockenen *chapattis*. Sie könnten dir im Hals stecken bleiben. Bitte iss sie mit etwas Butter." Namadev sah in dem Hund eine Manifestation Gottes und während er den Hund fütterte, fütterte er Gott Krishna selbst. Das ist ein wundervolles Idealbild eines wahren Gottesverehrers.

Wahre Gottesverehrer sehen Gott als das Alles in Allem. Sie erkennen in allem Gottes Willen und akzeptieren alles – Gutes oder Böses, Angenehmes oder Unangenehmes – als Gottes *prasad*. Die Hingabe eines wahren Gottesverehrers bleibt in allen Situationen unerschütterlich. Selbst in widrigen Umständen wird er oder sie weder unzufrieden murren noch nörgeln. Gott wohnt im Herzen eines wahren Gottesverehrers und eilt immer zu Hilfe, wenn es Schwierigkeiten gibt. Wenn der Ruf eines Gottesverehrers ernsthaft ist, wird Gott sofort antworten. Je intensiver das Gebet eines Gottesverehrers, desto schneller die Antwort Gottes.

Nilambaran ist ein glühender Verehrer von Amma. Er lebt in einem Dorf in der Nähe des Ashrams. Er war Feldarbeiter und kam nach seiner Tagesarbeit auf den Feldern regelmäßig zu Ammas *Bhava darshan*. Vor ein paar Jahren hatte er finanzielle Probleme. Eines Tages während seiner Feldarbeit sagte er so nebenbei: „Ich glaube, meine Familie muss in den nächsten Tagen verhungern, da ich kein Geld habe."

Seine Arbeitskollegen kritisierten Amma häufig. Als sie hörten, was er sagte, machten sie sich über Nilambaran lustig: „Warum machst du dir Sorgen? Das junge Mädchen, das du als Devi verehrst, wird dir sicherlich Geld bringen!" Als Nilambaran ihren Spott hörte wurde er sehr traurig und betete hingebungsvoll zu Amma, sie möge ihm aus dieser bedrückenden Lage heraushelfen. Die Mittagspause kam, die Arbeiter setzten sich in den Schatten eines Baumes, als sich plötzlich ein Mädchen Nilambaran näherte, mit einem Zwanzig-Rupien-Schein in der Hand. Ohne irgendein Wort zu sagen drückte es den Schein in Nilambarans Hand und verschwand sofort wieder. Nilambaran war völlig verblüfft, da er dieses Mädchen überhaupt nicht kannte. Er hatte keine Ahnung, warum es ihm die zwanzig Rupien in die Hand gedrückt hatte. Die anderen Arbeiter glaubten, das Mädchen zahle eine Schuld zurück, Nilambaran hatte jedoch niemandem etwas geliehen. Die Arbeiter fragten ihn, wer das Mädchen sei. Nilambaran sagte, er wisse es nicht. Die Arbeiter waren ebenfalls erstaunt.

Als Nilambaran am nächsten Tag während des *Devi Bhava* zu Ammas *darshan* ging, flüsterte sie ihm ins Ohr: „Sohn, gab Devi dir gestern Geld? Mein Kind, es war Amma, die gestern zu dir kam." Nilambaran wurde von Ehrfurcht ergriffen und Tränen der Hingabe strömten über seine Wangen.

Ein wahrer Gottesverehrer übergibt sich Gott durch und durch – mit Körper, Gemüt und Intellekt und verlässt sich völlig auf Gott. Eine solche Ergebenheit ist schwierig zu erlangen. Wenn Versuchungen auftauchen, geben wir womöglich unsere hingebungsvolle Haltung wieder auf. Viele Menschen behaupten, ihre Zuflucht in Gott genommen zu haben, neigen jedoch dazu, es immer wieder zu vergessen. Sie vertrauen nur ihren eigenen Kräften und sind stolz darauf, ihre Probleme selbst lösen zu können. Sobald das Ego ins Spiel kommt, schwindet der Entschluss zur Hingabe. Dazu gibt es eine Geschichte von Gott Shiva, die diese Wahrheit verdeutlicht.

Eines Tages saß Lord Shiva mit seiner heiligen Gemahlin Parvati auf dem Mount Kailas. Plötzlich stand er wortlos auf und ging weg. Parvati war erstaunt. Nach einigen Sekunden kam Lord Shiva jedoch zurück und nahm seinen Sitz wieder ein. Parvati fragte ihn: „Mein Lord, wohin gingst du so eilig und warum bist du so schnell zurückgekommen?"

Lord Shiva antwortete: „Einer Meiner Devotees wurde von einigen Störenfrieden belästigt und er betete zu Mir um Hilfe."

"Hast du ihn gerettet?" wollte Parvati wissen.

Lord Shiva lächelte und sprach: „Meine Intervention war nicht nötig. Als ich dort ankam, sah ich ihn mit einem Stein in der Hand, auf der Suche nach Mitkämpfern unter den Einheimischen. Deshalb bin ich zurückgekommen. Wenn der Devotee glaubt, er könne sich selber schützen, besteht dann noch eine Notwendigkeit für Mich, ihm zu Hilfe zu kommen?

Der Sinn der Geschichte bedeutet nun nicht, wir sollten uns nicht selbst verteidigen, wenn wir angegriffen oder bedroht werden. Wir sollen uns jedoch stets darauf besinnen, dass wir allein mit Gottes Kraft und nicht dank unserer eigenen Kraft oder der unserer Verbündeten den Sieg erringen.

Alles ist Gottes Wille

Ein Suchender auf dem Weg der Hingabe bedenkt: „Alles ist mein Geliebter. Ich bin überhaupt nichts. Alles geschieht aus Gottes Willen."

Der Gottesverehrer betrachtet sich als Instrument Gottes oder als Diener Gottes. Die Gefahr des Egoismus ist auf diesem Weg geringer als für den Suchenden auf einem anderen Weg. Für einen wahren Gottesverehrer ist alles Gott. Das steht in krassem Gegensatz zu dem, was ein Suchender auf dem Weg der Erkenntnis denkt, nämlich: „Ich bin alles (das Selbst)."

Ein Gottesverehrer zu sein, bringt viele Vorteile. Das Leben eines wahren Gottesverehrers ist vollständig Gott gewidmet, ungeachtet der Verhältnisse. Sorgen berühren ihn oder sie nicht. Der Gottesverehrer führt ein sorgenfreies Leben unter dem beschützenden Flügel Gottes und erquickt sich im Gedanken an den geliebten Gott. Solcherart Gottesverehrer gibt es jedoch kaum, denn eine derart reine Hingabe zu erlangen ist wie ein Gewinn im Lotto. Es gibt eine große Anzahl Spieler, doch nur sehr wenige Gewinner! Um reine Hingabe zu erreichen, bedarf es wirklich der höchsten Gnade Gottes Allerdings ist es für uns viel leichter, da wir Amma als reine Verkörperung göttlicher Liebe und Gnade unter uns haben.

Bereits von Anfang an können wir uns an den Früchten der Hingabe erfreuen. Amma drückt es so aus: *„Bhakti* (Hingabe) ist wie ein Jackfrucht-Baum, dessen Früchte tief unten wachsen, so dass sie einfach gepflückt werden können. Bei anderen Bäumen (als Vergleich mit den anderen spirituellen Wegen) musst du vielleicht hoch hinaufklettern, um die Früchte pflücken zu können. Auf dem Weg der Hingabe kannst du die Frucht der

Glückseligkeit von Anfang an genießen, während sie auf den anderen Wegen erst am Ende erreicht werden kann."

Kapitel 9

Der Weg des Handelns

Verstehen und Annehmen aus innerer Loslösung

W arum beten wir zu Gott? Die meisten von uns beten um Glück und Zufriedenheit. Schlicht gesagt beten wir zu Gott, um etwas zu bekommen oder etwas loszuwerden. Angenommen, wir haben unentwegt an unseren Meister oder Gott gedacht, und doch werden wir fortwährend mit Schwierigkeiten überhäuft – wie lange werden wir wohl mit unserem Glauben und unserer Hingabe durchhalten? Wer vermag einen unsichtbaren Gott noch zu lieben, der keine Gelegenheit auslässt, uns Kummer und Sorgen zu schicken? Unter solchen Bedingungen könnte man sogar Atheist werden. Es wäre dann noch viel schwieriger, diejenigen zu lieben, die uns Schmerz und Leid zufügen.

Schaut doch auf Amma. Sie bekam in ihrer Kindheit von niemandem Liebe. Ihre gesamte Familie und die Dorfbewohner schimpften und spotteten des öfteren über sie. Es gab niemanden, der ihre Seele immer wieder durch spirituellen Rat gestärkt hätte – keinen spirituellen Meister. Trotz all dieser widrigen Umstände beklagte sie sich nie und verlor keinen Moment ihren Glauben. Auch wenn sie noch so schlecht behandelt wurde, reagierte sie darauf nur mit Liebe und Mitgefühl.

Amma ist immer wie ein Rosenstrauch, der nur Kuhmist und Unrat bekommt, die Welt jedoch mit Schönheit und Duft beschenkt.

Ich fragte sie einmal: „Amma, warst du nicht manchmal in deinem Leben enttäuscht, vor allem während dieser langen mühseligen Phase?" Amma antwortete: „Ich war nie enttäuscht, weil ich das Wesen der Menschen und der Welt kenne und nie von jemandem etwas erwarte. Ich gehe einfach meiner Arbeit und meinen Verpflichtungen nach ohne irgendeine Erwartung. Folglich gibt es auch keine Enttäuschung." Amma fügte noch hinzu, sie warte nicht darauf, sich der Früchte ihres Tuns zu erfreuen, sondern sie erfreue sich des Tuns an sich. Das ist eine sehr wichtige Botschaft an uns alle.

Wir denken vielleicht, Ammas Dimension, Mut und Mitgefühl liegen jenseits unserer Möglichkeiten. Wenn wir uns jedoch bemühen, Ammas Lehren in uns zu verankern, wird sich unser Leben zweifellos positiv verändern.

Jede Begebenheit, die wir durchleben, hat verschieden mögliche Auswirkungen. Leider erwarten wir wegen unserer begrenzten Sichtweise nur ein bestimmtes Ergebnis und sind enttäuscht, wenn etwas ganz anderes herauskommt. Das heißt nicht, dass wir einfach alles so hinnehmen sollen, wie es geschieht. Wir brauchen nicht Marionette der Ereignisse zu sein. Wir wollen unser Bestes geben, um das gewünschte Ergebnis zu erlangen. Ist dies jedoch unmöglich, sollten wir lernen, jedes beliebige Resultat zu akzeptieren.

Es gibt Situationen, denen wir nicht entfliehen können – genauso wenig wie wir von unseren eigenen Füßen weglaufen können! Was aber, wenn wir nicht genügend Stärke besitzen, uns dem Problem zu stellen?

Es ist notwendig, die Situation klar zu erkennen und zu akzeptieren. Ein Mann sagte zu seinem Freund: „An einem kalten

Tag weiß ich, was zu tun ist – versuchen mich zu wärmen. Wenn das unmöglich ist, weiß ich, was ich dann tun muss – frieren!"

In den Hindu-Schriften heißt es, der Schlüssel zum Erfolg liegt darin, mit ganzem Herzen zu handeln, ohne sich mit den Früchten seines Tuns bzw. mit dem Ergebnis zu sehr zu beschäftigen. Vielleicht denken wir, handeln ohne Erwartung geht nicht. Nun gut, wenn ihr unbedingt etwas erwarten müsst, rechnet mit jedem möglichen Ausgang. Bereitet euch ansonsten auf Enttäuschungen vor.

Angenommen, ich brauche 1000 $. und bitte einen Freund, mir diese Summe zu leihen. Es sind fünf verschiedene Reaktionen möglich.

1) Er leiht mir 1000 $.

2) Er meint, ich sei ein netter Mensch und erinnert sich daran, dass ich ihm bei vielen Gelegenheiten geholfen habe und leiht mir mehr als 1000 $.

3) Er hat selbst finanzielle Probleme und leiht mir deshalb nur 500 $.

4) Er ist in finanziellen Nöten und kann mir deshalb nichts leihen.

5) Seine finanziellen Nöte sind erheblich größer als meine. Deshalb möchte er sich von mir etwas borgen, anstatt mir zu helfen. Möglicherweise leihe ich ihm dann Geld.

Ich kann also mehr bekommen als ich erbeten habe oder weniger; ich kann genau das bekommen, was ich mir vorgestellt habe oder überhaupt nichts. Oder ich kann dem anderen Geld leihen, weil seine Not größer ist als meine. Alles ist möglich. Wir können nicht bestimmen, was geschieht. Wie die *Bhagavad Gita* sagt: „Wir sind frei zu handeln, ohne Einfluss auf das Ergebnis, da dies von anderen Faktoren abhängt. Führe deine Handlungen ohne Anhaftung an das Ergebnis aus."

Diese Wahrheit anzuerkennen, ist nicht Pessimismus, sondern einfach Realismus. Vielleicht kennst du Murphys Gesetz, in dem es heißt: „Alles, was schief gehen kann, geht schief." Wenn beispielsweise ein Auto kaputt gehen kann, wird es das auch. Aus Pessimismus wird Realismus, wenn wir dazufügen: „Falls es nicht kaputt ging, seid Gott dankbar." Nur ein starkes und empfängliches Gemüt vermag diese Wahrheit in sich aufzunehmen.

Training des Geistes

Entwicklung von Stärke und der Einsicht, die Folgen unserer Handlungsweisen zu akzeptieren, wie auch immer sie sein mögen, ist wirkliche Reife. Darum betont Amma, wie wichtig geistige und emotionale Reife für ein glückliches und friedvolles Leben ist. Amma gibt dazu ein Beispiel: Trainieren wir nur unseren Oberkörper, Arme und Brustkorb, bekommen wir dort zweifellos kräftige Muskeln, wohingegen der Unterkörper weniger entwickelt bleibt. Wie komisch sähe ein Mensch mit muskulösem Oberkörper, kräftigem Bizeps und Trizeps aus, dessen Oberschenkel- und Wadenmuskeln völlig dünn und schlaff wären. Das sähe ziemlich unproportioniert aus.

Die meisten von uns sind körperlich kräftig entwickelt. Viele Leute machen Fitness-Training. Leider trainiert kaum jemand seinen Geist zur Stärkung und Reifung. Wer ein guter Gewichtsheber werden will, muss üben, schwere Gewichte zu heben. Es reicht nicht aus, nur ein Blatt Papier oder einen Bleistift zu heben. Wollen wir uns voll entwickeln, müssen wir unseren Geist als Grundlage all unserer Handlungen, Worte und Gedanken trainieren. Wir können schwierige und herausfordernde Situationen im Leben als Geistestraining nutzen.

Handeln wir aus zu großem Anhaften an oder zu großer Besorgnis um das Ergebnis unseres Tuns, wird sich dies auf unsere Leistung auswirken. Nehmen wir an einem Wettbewerb teil, möchten wir natürlich den ersten Preis gewinnen. Oft lassen wir uns aus Besessenheit nach dem ersten Preis aus dem Konzept bringen. Wenn wir nämlich mehr an Gewinn als an Leistung denken, zieht der Druck gewinnen zu wollen unsere Kraft ab. Der Geist kann nicht gut funktionieren, wenn er nur ergebnisorientiert ist.

Nehmen wir als Beispiel ein Wettschießen. Im Übungskurs sind viele Teilnehmer exzellent. Sie schießen einfach, ohne an einen Preis zu denken. Fängt dann das richtige Wettschießen an, denken sie nur noch daran, einen Preis zu gewinnen, und werden nervös. Vielleicht sehen sie plötzlich zwei Zielscheiben und können nicht mehr ins Schwarze treffen! Nicht, dass der Schießende seine Kompetenz verloren hätte. Er wird vielmehr in seiner Aufmerksamkeit durch seine Gedanken ans Gewinnen geteilt und damit in seiner Konzentration gestört. Dazu würde ich gerne ein eigenes Erlebnis erzählen.

Nach meinem College-Abschluss bewarb ich mich um eine Stelle und wurde zu einem Vorstellungsgespräch eingeladen. Das war mein erstes Interview. Der Druck, den ich mir wegen meiner Entscheidung für diese bestimmte Stelle machte, löste in mir enormen Stress und Spannung aus. Ich konzentrierte mich nur noch darauf, diesen Job zu bekommen, und was wäre, wenn ich ihn nicht bekäme. Wie vereinbart erschien ich zu dem Interview. Die Gesprächspartner stellten mir einfache Fragen, auf die ich in meinem Stress einen Wust von Antworten gab. Sie waren somit alles andere als beeindruckend. Am Ende des Interviews sagte der Vorsitzende: „Dankeschön. Wir werden Ihnen Bescheid geben." Das liegt Jahre zurück, und ich habe bis heute keinen Bescheid bekommen!

Ein ängstliches Fixiertsein auf das Ergebnis unseres Handelns fordert seinen Tribut. Amma sagt immer, wenn ihr etwas tut, solltet ihr euch voll darauf konzentrieren, ohne an das Ergebnis zu denken. Bevor ihr etwas beginnt, müsst ihr euch über das Ziel im Klaren sein. Während der Ausführung sollte euer Gemüt dann von nichts gestört oder abgelenkt werden.

Amma lernte aus jeder misslichen Lage, die sie zu bestehen hatte, und erreichte dabei in ganz jungen Jahren schon eine erstaunliche psychologische Reife. Jede schwierige Erfahrung war für sie ein Abschnitt aus dem Buch des Lebens, den sie völlig frei von Groll oder Hass aufnahm. Ihre Aufgewecktheit, Wachsamkeit und ihre Unterscheidungsgabe erlaubten ihr, alle nur möglichen Erfahrungen zu verarbeiten und dabei stets bereit für neue zu sein. Jeder widrige Umstand wurde Nahrung für ihren Geist, um an Glanz und Stärke zu wachsen. Sie lernte unermüdlich aus jeder Lebenssituation. Deshalb leuchtet ihr Leben heute wie der Polarstern, der unzählige verirrte Seelen führt.

Amma verfügt nicht nur selbst über diese Weite, sondern hilft uns, sie ebenfalls zu entwickeln. Während Ammas Programm in ihrem Ashram in San Ramon, Kalifornien, brach in der Küche des Ashrams Feuer aus, bei dem mehrere Devotees Brandverletzungen erlitten. Amma, die Swamis und viele Devotees besuchten diese zu ihrer moralischen Unterstützung in der Klinik und beteten für sie. Amma sprach außerdem mehrmals mit ihnen am Telefon. Wegen Ammas Liebe und Fürsorge wurde ihr Geist, trotz der körperlichen Leiden, nicht negativ beeinflusst. Als Amma das nächste Mal nach San Ramon kam, arbeiteten sie alle wieder in der Küche – mit noch mehr Begeisterung und Hingabe als je zuvor.

Im Gespräch mit ihnen erfuhr ich, dass ihr Glauben an Amma sich seit dem Brand noch vertieft hat, weil sie Ammas Gegenwart, Gnade, Stärke und Unterstützung durch all ihre Schwierigkeiten hindurch so gespürt hatten. Es war ihnen auch bewusst, dass sie sich nicht so schnell von ihrem Schock und ihren Verletzungen erholt hätten, wenn ihnen dieser Unfall andernorts und zu einer anderen Zeit zugestoßen wäre. Bei jedem Anruf von Amma und durch das *prasad*, das ihnen Devotees brachten, hatten viele einen Schub neuer Energie und Kraft bekommen. Sie wussten, dass sie mit diesem Ereignis *prarabdha*-karma durchzustehen hatten, das ihnen überall sonst auch widerfahren wäre. Da es dort passierte, wo Amma ihnen nahe war, konnten sie persönliche Zuwendung und Trost von ihr bekommen, was zur Linderung ihres Leidens außerordentlich hilfreich war.

Einer der betroffenen Devotees sagte: „Das Feuer hat unseren Körper verletzt, doch nicht unseren Glauben und unseren Geist. Es hat unseren Glauben sogar verstärkt." Weder bewerteten sie diesen Vorfall negativ noch blieben sie an ihrem Schicksal haften, sondern betrachteten den Unfall als Wachstumschance. Sie legten ihr Leben neu zu Ammas Füßen. Sie ließen dieses Ereignis nicht zu einem Stolperstein in ihrem Leben werden, sondern benutzten es als Sprungbrett zu spirituellem Wachstum.

Scheinbar aussichtslos

Als spirituell Suchende wünschen wir uns spirituelles Wachstum. Wir möchten in unseren spirituellen Übungen, wie Meditation oder dem Sprechen von *mantras*, weiterkommen und wir wissen, wie wichtig es ist, diese Übungen mit einem ruhigen und friedlichen Geist zu praktizieren. Viele Anfänger werden von diesen Übungen enttäuscht, weil sie ihren Geist nicht zur Ruhe bringen können. Es hilft einem Suchenden sehr, wenn er erkennt, welche Faktoren während der Meditation auf sein Gemüt einwirken.

Viele widmen täglich eine bestimmte Zeit für ihre spirituelle Praxis, während sie dann den Rest des Tages mit einer Fülle anderer Dinge beschäftigt sind – mit ihrem Haushalt und beruflichen Verpflichtungen, mit ihrem Studium, Fernsehen, Kinobesuchen usw. Viele dieser weltlichen Beschäftigungen sind der Meditation nicht förderlich. Ihre Inhalte stören unser Gemüt und gefährden das, was wir in der Meditation erreichen.

Das ist ähnlich wie eine Mischung aus Salz und Zucker. Der Zucker ist die durch Meditation und andere spirituelle Übungen gewonnene Süße. Das Salz ist die Essenz äußerlicher Tätigkeiten. In einer Mischung aus Salz und Zucker schmeckt man die Süße nicht mehr. Wird unsere Meditation von Tagesaktivitäten beeinträchtigt, können wir die Frucht der Meditation nicht mehr spüren.

So sind wir in einer scheinbar auswegslosen Situation. Wenn wir mit vielen äußerlichen Aktivitäten fortfahren, hindern sie uns an der Ernte der Meditation. Geben wir diese Betätigungen jedoch auf, können wir unseren Lebensunterhalt nicht mehr verdienen. Wie aber können wir ohne Lebensunterhalt friedlich meditieren? Wo also liegt die Lösung?

Alles, was wir tun, wirkt sich direkt oder indirekt auf unsere Meditation aus, sei es positiv oder negativ. Die Lösung liegt darin, all unsere Handlungen als Gottesdienst zu verstehen. Versucht, bei jeder Betätigung an Gott zu denken. Die Haltung der Achtsamkeit in allem, was wir tun, fördert unsere Meditation.

Arbeit als Gottesdienst

Wenn wir Ammas Kindheit und Jugendzeit betrachten, wird offensichtlich, wie sie jegliche Hausarbeit in eine Form von Gottesverehrung umwandelte. Sie war in unendlich viele Tätigkeiten eingespannt, die allgemein als nicht spirituell gelten: Kochen für die Familie, putzen, die Wäsche der Familie waschen, Wasser vom Dorfbrunnen schleppen und die Kühe versorgen. Dank ihrer Einstellung verwandelte sie diese Routine-Arbeiten in Gottesdienst. Wenn sie für ihre Familie das Essen vorbereitete, kochte sie im Geiste für Lord Krishna. Wenn sie das Haus putzte, stellte sie sich vor, Krishna darin willkommen zu heißen, und wenn sie die

Wäsche der Familie wusch, Krishnas Wäsche zu waschen. In ihrer reinen Liebe und Hingabe an Krishna gab sie Herz und Seele in ihre Arbeit, ohne einen Hauch von Langeweile oder Widerwillen zu empfinden. Sie betete immer um noch mehr Arbeit, damit sie Krishna zur Zufriedenheit ihres Herzens dienen konnte. Die ihr von den Eltern und anderen Menschen zuteil gewordenen Widrigkeiten beeinträchtigten niemals ihre innere Freude, ihrem geliebten Krishna mit allen Kräften dienen zu dürfen.

Wenn wir solche Liebe und Hingabe an Gott oder unseren Meister hegen, werden wir dieselbe innere Freude erfahren. Wir können die Qualität unser Arbeit und Meditation verbessern, und unser Leben wird angefüllt mit Liebe und Glück. Stimmen wir unseren Geist darauf ein, alle Dinge als Gott oder dem Meister zugehörig anzusehen, und verstehen wir jegliches Tun als Chance, ihm oder ihr zu dienen, wird die Synergie aus Arbeit und Meditation gelingen.

Wenn wir unseren Aufgaben und Verpflichtungen so hingebungsvoll nachkommen, können wir viele unserer negativen Eigenschaften überwinden.

Als ich in der Bank arbeitete, war ich oft verärgert über die Kunden, vor allem über solche, die wie ungebildete Dorfbewohner aussahen. Es irritierte mich, wenn jemand ein Formular zum Abheben oder Einzahlen von Geld falsch ausfüllte. Als ich bereits einige Jahre bei Amma lebte, verhielt ich mich immer noch so. Als ich hörte, wie liebevoll Amma Anweisungen gab, wurde mir bewusst: Ich musste dieses üble Verhalten ablegen. Ich versuchte es immer wieder, jedoch ohne Erfolg.

Eines Tages ging ich zu Amma und fragte sie, wie ich denn meine Ungeduld überwinden könne. Amma wusste eine einfache Methode. Sie fragte mich, wen ich besonders liebte und respektierte. Mir kam einer meiner hervorragenden Professoren in den Sinn und einer meiner früheren Bankvorgesetzten, den ich schätzte und verehrte und auch häufig besuchte. Ich erzählte Amma von diesen beiden. Amma fragte mich: „Was würdest du tun, wenn sie jemanden zu dir schickten mit der Bitte, für sie etwas in deiner Bank zu erledigen?" Ich antwortete, ich würde denjenigen herzlich begrüßen und alles Erforderliche für ihre Unterstützung tun. Daraufhin fragte Amma: „Und was wäre, wenn Amma jemanden zu dir schickte?" Ich antwortete, wenn ich wüsste, dass Amma jemanden zu mir geschickt hätte, würde ich denjenigen liebevoll bedienen und ihm außerdem noch Tee und Kekse anbieten! Amma sagte: „Das ist genau der Punkt. Von morgen an stellst du dir bei allen Kunden in der Bank vor, Amma habe sie dir geschickt. Wenn du mich wirklich liebst, wirst du sie liebevoll behandeln und dich über niemanden mehr ärgern, wenn er Fehler macht. Ab morgen versuchst du diese Methode."

Ich war sehr glücklich über solch einfache Lösung, ohne zu ahnen, wie schwierig ihre Umsetzung sein würde. Ich scheiterte sehr oft daran, Ammas Rat in die Praxis umzusetzen. Wenn ich mein Fehlverhalten bemerkte, entschuldigte ich mich bei demjenigen für mein ungeduldiges Verhalten. Jeden Tag vor meiner Arbeit betete ich zu Amma um Stärke und Geduld. Nach ein paar Monaten konnte ich mein ungeduldiges Naturell einigermaßen zügeln. Es machte mich glücklich, Ammas Lehre in die Praxis umsetzen zu können. Nach ein paar Jahren war es für mich leicht geworden, mit den Kunden liebevoll lächelnd umzugehen.

Vorher hatte ich das Gefühl gehabt, in der Bank meine Zeit zu vergeuden, während die andern *brahmacharis* im Ashram ihren spirituellen Übungen nachgingen. Dieses Gefühl von Unzufriedenheit war eine der Ursachen für meine Ungeduld mit den Kunden. Es wurde mir bewusst, dass ich durch diese so wirkungsvolle Methode jeden liebevoll zu behandeln, meine spirituelle Praxis nun in der Bank ausüben konnte. Mit jedem Kunden, der dank meiner Freundlichkeit lächelnd fortging, merkte ich beglückt, dass ich Ammas Anweisung befolgte und eine hingebungsvolle Haltung in meiner Arbeit entwickelte.

Richtiges Verständnis und richtige Einstellung

Ein Bauer mit einem großen Hof ging in eine Eisenwarenhandlung und kaufte eine Säge, um einige seiner Obstbäume zu fällen. Der Verkäufer zeigte ihm das neueste Modell, mit dem er fünfzig Bäume in einer Stunde fällen könne. Obwohl diese Säge viel kostete, entschied der Bauer sie zu kaufen. Nach einer Woche kehrte er in den Laden zurück, um sich zu beschweren, und sagte: „Diese Säge taugt nicht viel. Sie haben behauptet, ich könne damit fünfzig Bäume pro Stunde fällen, aber ich konnte noch nicht einmal zehn pro Stunde fällen." Der Verkäufer nahm dem Bauern die Säge ab und steckte zum Test das Kabel in die Steckdose. Als er die Säge anstellte, ertönte ein lautes brummendes Geräusch. Der Bauer war erstaunt: „Warten Sie eine Sekunde! Was ist das für ein Geräusch? Das habe ich nie gehört, wenn ich sie benutzte."

Der Bauer hatte die elektrische Säge wie eine normale Handsäge benutzt und das Stromkabel nicht angeschlossen. Ihm fehlte einfach das richtige Verständnis dafür.

Wir müssen genau verstehen, warum wir spirituelle Übungen machen und wie sie beeinflusst werden durch das, was wir tun. Mit dem richtigen Verständnis und der richtigen Einstellung begünstigen unsere Handlungsweisen unsere spirituelle Praxis. Amma sagt, dass wir mit der richtigen Einstellung unser Tun in Gottesdienst umwandeln können.

In der Rolle einer Hausfrau oder eines Hausherrn haben wir unserer Familie gegenüber viele Verpflichtungen. Es wird daraus Dienst an Gott oder an Amma, wenn wir unseren Aufgaben mit Liebe und Verlässlichkeit nachgehen, ohne etwas zurückerhalten zu wollen. Wenn wir unsere Arbeit erledigen, dass es Gott oder Amma gefällt, wirkt sich dies auf unsere spirituelle Praxis aus.

Manchmal bekommen wir von unseren Angehörigen kein positives Echo, obwohl wir unsere Pflichten treu erfüllen. Sie wissen unseren Einsatz nicht zu schätzen, missverstehen uns möglicherweise und behandeln uns ruppig. Wenn wir mit treuem Herzen unsere Plichten erledigen und sie Gott oder Amma widmen, wird uns in unserem spirituellen Weiterkommen enorm geholfen.

Jede Tat löst zwei Effekte aus, einen sichtbaren und einen unsichtbaren. Geben wir zum Beispiel einem Hungernden zu essen, sehen wir sein glückliches und zufriedenes Gesicht, wenn sein Hunger gestillt ist. Als unsichtbare Folge aus dieser guten Tat erwächst uns Verdienst oder ein gutes Karma zu unseren Gunsten. Und dieses Verdienst wird zu gegebener Zeit Früchte tragen.

Analog dazu gibt es auch zwei Folgen für den Mörder eines Menschen. Die sichtbare ist der Tod des Opfers. Die unsichtbare Wirkung ist die Sünde oder das schlechte Karma, das der Mörder auf sich zieht. Das wird ihn unweigerlich verfolgen und plagen, selbst wenn er der Justiz entgehen kann.

Egal ob irgendjemand unsere guten Worte und Taten anerkennt oder nicht, der Gewinn des unsichtbaren Effekts wird uns künftig stets zukommen. Dies ist der Lohn, wenn wir unsere Pflichten und Obliegenheiten zuverlässig erfüllen.

Manche Aufgaben übernehmen wir gerne und andere nicht. Ein Elternteil hilft möglicherweise den Kindern nicht so gerne bei den Hausaufgaben, während der andere den Müll nicht gerne nach draußen trägt. Wir mögen es mit unseren Kindern zu spielen, wenn sie fröhlich sind und vielleicht weniger gerne, wenn sie weinen.

Ein Ehepaar hatte einen Sohn, der sehr oft weinte. Jedes Mal kam die Mutter gerannt, der Vater dagegen ignorierte das Weinen seines Sohnes. Schließlich wurde es der Mutter zu bunt und sie rief aus: „Warum gehst du denn nie, ihn zu trösten? Er ist doch schließlich zur Hälfte auch dein Sohn."

Darauf der Vater des Sohnes: „Ja, aber meine Hälfte ist die ruhige!"

Wenn wir Neigungen und Abneigungen verspüren, wird unser Gemüt unruhig. Als Folge davon ist unsere Meditation gestört. Es ist wichtig, unsere Neigungen und Abneigungen so gut es geht zu eliminieren. Sofern wir unsere Aufgaben mit der richtigen Einstellung und dem richtigen Verständnis erledigen, können wir mit Hilfe dieser Pflichten unsere Neigungen und Abneigungen überwinden.

Ein junger Mann, der gerade erst in Ammas Ashram gekommen war, wollte gerne *brahmachari* werden, hatte aber gar keine Lust ein *mantra* zu rezitieren. Es war ihm langweilig, immer und immer wieder dieselben Worte zu sprechen. Amma empfiehlt uns, so oft es geht unser *mantra* zu sprechen. Da Amma seine Abneigung gegen das *mantra*-Sprechen kannte, gab sie ihm einen Job am Telefon der Informations- und Empfangstheke. Da wir noch nicht den Luxus eines Anrufbeantworters hatten, mussten alle Anrufe persönlich beantwortet werden.

Im Ashram sagen wir beim Abnehmen des Hörers: „Om Namah Shivaya," statt „Hallo" oder „Hi" und ebenso beim Auflegen und nicht „Tschüs"o.ä. Die Kraft des *mantra* „Om Namah Shivaya" ist bekannt. Es bedeutet: „Ich verneige mich vor dem Ewigen Verheißungsvollen Bewusstsein." Unser spiritueller Anwärter musste nun jedes Mal beim Abnehmen und Auflegen des Hörers „Om Namah Shivaya" sagen, jeden Tag mindestens 100 mal. Da die Telefonleitungen damals recht unzulänglich waren und die Verbindungen entsprechend schlecht, musste der *brahmachari* oft extra laut zusätzlich „Om Namah Shivaya!" rufen und rezitierte auf diese Weise täglich über hundertmal dieses *mantra*. Obwohl er Tag für Tag „Om Namah Shivaya" sagte, war er sich nicht bewusst, ein *mantra* zu sprechen. Da er seine Aufgabe ordentlich erfüllte, überwand der *brahmachari* schließlich seine Aversion gegen das *mantra*-Sprechen. Und eines Tages dann ging er zu Amma und bat sie, ihn mit dem *mantra* „Om Namah Shivaya" einzuweihen.

Sofern wir, sei es als Geschäftsmann, Arbeiter, Familienvater, Politiker oder Arzt, unsere Arbeiten wie eine Opfergabe an das Göttliche verrichten, können wir unsere Neigungen und Abneigungen größtenteils überwinden. Das wirkt sich günstig auf unsere Meditation aus, denn je weniger Neigungen und Abneigungen wir haben, desto ruhiger und friedlicher wird unser Geist. Das erleichtert unsere Meditation.

Wenn wir unsere Neigungen und Abneigungen besiegt haben, fällt es uns leichter, Gott in Allem zu sehen. Wir bewerten dann niemanden mehr danach, ob wir ihn mögen oder nicht mögen. Gewöhnlich schätzen oder lieben wir jemanden infolge unserer Illusion und Anhaftung, und wir lehnen jemanden ab aufgrund von Egoismus, Eifersucht und anderen negativen Seiten, die uns hindern, das Göttliche in ihm zu erkennen.

Bereits mit zehn Jahren hatte Amma die nötige innere Reife für das richtige Verständnis und die richtige Haltung. In ihrem Dorf gab es viele ältere Menschen, die von ihren Familien vernachlässigt wurden. Manche waren krank, hatten u.a. ansteckende Haut-krankheiten und wurden von ihren eigenen Familien gemieden. Doch Amma besuchte sie. Sie unterhielt sich liebevoll mit ihnen, badete sie, wusch ihre Kleider und gab ihnen zu essen. Warfen ihre Eltern ihr dann vor, sie vergeude ihre Zeit auf diese Weise, entgegnete sie ihnen: „Ich verstehe den Dienst an diesen Menschen nicht als Zeitvergeudung, denn ich sehe in ihnen nichts anderes als Gott. Indem ich ihnen diene, diene ich Gott."

Amma sagt oft: „Die Sonne braucht das Kerzenlicht nicht, genauso wenig wie Gott irgendetwas von uns braucht. Gott sitzt nicht irgendwo über den Wolken, Gott lebt in allen Kreaturen. Wenn wir anderen dienen, vor allem Armen und Leidenden, dienen wir eigentlich Gott."

Gott in Allem verehren

Eines Tages wurde ein missratener Junge aus der Nachbarschaft dabei ertappt, Goldschmuck und Geld aus dem Büro des Ashrams zu stehlen. Um die finanzielle Situation des Ashrams war es damals nicht rosig bestellt, und dieser Junge war schon mehrmals von den Ashrambewohnern gewarnt worden. Deshalb waren einige ziemlich wütend, als er schon wieder erwischt wurde. Wir banden seine Hände auf den Rücken und brachten ihn so zu Amma in Erwartung einer Strafpredigt. Als Amma den Jungen sah, ging ein Lächeln über ihr Gesicht und es schien, als sei sie in einer anderen Welt.

Wir warteten ungefähr eine Viertelstunde, ohne Reaktion von Amma. Also ließen wir den Jungen mit strengen Ermahnungen wieder laufen. Amma erklärte uns später, sie hätte sich, als der Junge mit den auf den Rücken gebundenen Händen vor ihr stand, an den Kleinen Krishna erinnert. Lord Krishna stahl als Kind oft Butter und Milch aus den Häusern der Milchmädchen. Die Nachbarn beschwerten sich bei Krishnas Ziehmutter Yashoda. Jeden Tag erzählte man ihr neue Possen von Krishna, von Tag zu Tag mehr, bis sie es nicht mehr hören konnte. Sie band Krishnas Hände auf dem Rücken zusammen und ließ ein Donnerwetter über ihn niedergehen.

Westliche Leser werden verwundert fragen, warum Lord Krishna zum „Butter-Dieb" wurde. In Vrindavan, wo Krishna als Kind lebte, waren die *gopis* (Hirtenmädchen) arme Milchmädchen, die sich ihren Lebensunterhalt mit dem Verkauf von Milch und Butter verdienten. Krishna sah, dass sich ihre Gedanken einzig um diese Milchprodukte drehten. Obwohl er zu Hause so viel bekam, wie er wollte, ging er oft in die Häuser der *gopis* und stahl ihnen Milch, Joghurt und Butter. Die *gopis* liebten ihn so sehr, dass sie sich reihum wünschten, Krishna möge heute bei ihnen stehlen. Es machte den *gopis* Spaß, sich gegenseitig und auch seiner Ziehmutter, von Krishnas Scherzen zu erzählen. Krishna wurde bald zum Inhalt ihrer Gedanken und Gespräche, so dass die *gopis* mühelos den ganzen Tag über Krishna meditieren konnten. Indem Krishna den *gopis* Butter stahl, stahl er in Wahrheit ihre Herzen.

Als Amma den Jungen, der im Ashram gestohlen hatte, vor sich sah, sah sie im Geiste den Kleinen Krishna. Wie hätte sie da schimpfen können? Amma konnte Gott auch in dem Dieb erkennen. Der Junge wurde durch ihr Verhalten verwandelt. Er stahl nie wieder. Da Amma auf das Göttliche in ihm schaute, muss sie auch an seine verborgenen guten Eigenschaften appelliert haben.

Das heißt nun aber nicht, Kriminelle könnten tun und lassen, was sie wollen, weil wir Gott in ihnen sehen. Will uns jemand berauben oder sonst ein Unrecht zufügen, müssen wir uns selbstverständlich schützen und die Polizei rufen. Aus angemessener Unterscheidungsgabe sollten wir handeln. Selbst wenn wir Gott in einem Kriminellem erkennen, können wir nicht ohne weiteres das Göttliche in ihm erwecken!

Wenige Tage später beging ich einen Fehler und wusste, Amma würde mich deswegen ausschimpfen. Da ich Zeuge davon gewesen war, wie Amma in dem kleinen Dieb Krishna sah, bat ich einen *brahmachari,* mir auch meine Hände auf den Rücken zu binden und so zu Amma zu führen. Ich war sicher, Amma würde in mir auch Krishna sehen. Sie jagte mich aber weg. Sie erwartete von mir, als spirituell Suchendem, ein bisschen mehr Unterscheidungs- vermögen und Reife.

In jungen Jahren konnte Amma bei jedem Naturereignis in *samadhi* gehen. Sie verlor sich in tiefer Meditation, wenn sie Fische in den Backwaters springen sah, wenn sie beobachtete, wie sich die Wellen auf der Wasseroberfläche kräuselten oder wenn der Wind über ihren Körper strich.

Ich erinnere mich an ein Ereignis in Ammas Ashram in San Ramon, Kalifornien. Es war eine Vollmondnacht. Amma beendete ihren abendlichen *darshan* gegen zwei Uhr nachts. Wir waren unterwegs vom Tempel zu dem Haus, wo sie übernachten sollte. Sie schaute auf den Vollmond und sagte: „Wie wunderbar er ist!" Das Auto fuhr an dem Haus vor und Amma ging in ihr Zimmer. Alle gingen leise zu Bett. Amma wartete, bis alle schliefen und ging dann leise aus dem Haus zu einem nahegelegenen Hügel. Lakshmi, die *brahmacharini,* die Amma begleitete, erzählte uns später, dass Amma fast vier Stunden entrückt im Vollmondlicht getanzt hätte.

Allein der Anblick des Vollmondes hatte Amma in Ekstase versetzen können – was uns meistens nicht passiert. Wir haben alle schon so oft den Vollmond gesehen, ohne davon derart berührt zu werden. Mich erinnert der Vollmond oft an *chapatti* (Fladenbrot) oder *pappadam* (flaches knuspriges Brot)! Warum reagieren wir so anders als Amma? Was müssen wir tun, um ihr ähnlicher zu werden?

Es hängt alles vom Training des Geistes ab, um einen Wandel zu vollziehen, sowohl in unserem Verhalten als auch in der Art, wie wir unsere täglichen Aktivitäten angehen.

Eine Gruppe von Novizen wurde in einem Kloster ausgebildet. Nach jeder Unterrichtseinheit gab es eine Unterbrechung, in der sie sich ausruhen, die Natur genießen und im Gebet verharren konnten. Diese Pause wurde „Gebetspause" genannt. Einer der Novizen hatte sich das Rauchen noch nicht abgewöhnt und bat deshalb den Priester um Erlaubnis, in der Pause zu rauchen. Der

Priester antwortete ärgerlich, es sei eine Sünde, während der Zeit des Gebetes zu rauchen.

Am nächsten Tag traf dieser Novize während der Gebetspause zufällig einen anderen jungen Mönch, der im Garten auf einem Stein unter einem Rosenstrauch saß und glücklich rauchte. Der erste, von dem Priester zurechtgewiesene Novize sah schockiert seinen Mitbruder rauchen und fragte ihn: „Wie hast du denn die Erlaubnis zu rauchen erhalten? Als ich den Priester fragte, ob ich rauchen könne, wurde er wütend über mich."

Der rauchende Novize antwortete: „Was genau hast du den Priester gefragt?"

Daraufhin der andere: „Ich fragte, ob ich während der Zeit des Gebetes rauchen dürfe."

"Das war genau der Fehler," meinte der rauchende Novize. „Ich fragte, ob ich beten könne, während ich rauche, und der Priester antwortete: 'Selbstverständlich! Du solltest immer beten.'"

Nur weil er seine Frage andersrum gestellt hatte, wurde dem Novizen erlaubt zu tun, was er wollte. Das Rauchen während des Betens gilt als Sünde, nicht aber das Beten während des Rauchens.

Ebenso wird eine kleine Veränderung unserer Einstellung die Intensität unserer spirituellen Praxis erheblich verbessern. Weltliche Gedanken während der Meditation sind hinderlich; bei unseren täglichen Aufgaben an Gott zu denken, ist dagegen hilfreich für unsere Meditation. Lasst uns deshalb versuchen an Amma zu denken, wo immer auch wir sind und was immer auch wir tun, damit unser ganzes Leben zur Meditation wird. Jetzt ist die Stunde. Jetzt ist der Moment. Es ist noch nicht zu spät, unsere spirituelle Reise zu beginnen und vorwärtszukommen. Ich erinnere mich an ein berühmtes Gedicht:

Es war im Licht des Tages
Und der Markt war geöffnet
Ich kaufte nichts.

Doch dann kam die Nacht,
Alle Läden waren geschlossen.
Ich entsann mich der Dinge, die ich brauchte.

Also, wacht auf. Nutzt Ammas Gnade, ihre Liebe und ihr Mitgefühl. Ihre Arme sind immer offen – bereit uns zu umarmen.

Kapitel 10

Der Weg der Erkenntnis

Die Natur des Geistes

Der Suchende, der dem Weg der Erkenntnis folgt, kontempliert über *Brahman*[7]. Er oder sie meditiert über den Sinnspruch: „Ich bin Brahman. Ich bin unvergänglicher und ewiger Atman. Das Selbst in mir ist das Selbst in allen Wesen." Wie Lord Krishna sagt, erfordert der Weg der Erkenntnis enorme Sinnesbeherrschung und einen ruhigen Geist.

Die Hindernisse, denen ein Suchender auf dem Weg der Erkenntnis begegnet, sind gewaltig. Einem Suchenden bieten sich viele Gelegenheiten, egoistisch zu werden, außer er hat in diesem oder früheren Leben ein beträchtliches Maß an geistiger Reinheit errungen und die Haltung der totalen Hingabe an einen lebendigen Meister. Allgemein wird für jene, welche durchdrungen sind von der Idee: „Ich bin der Körper", nichtdualistische Denkweise zu einer Art Selbsttäuschung. Diese Leute werden sagen: „Warum soll ich jemandem gehorchen oder mich vor jemandem verbeugen? Ich bin *Brahman*." Sie vergessen, dass andere auch *Brahman* sind und können den Sinn dieser gewichtigen Aussage nicht erfassen. Dies zeigt, dass viele Fallen lauern und dass der Suchende dieses formlosen Gottesaspektes äußerst vorsichtig sein muss.

---

[7] *Brahman* ist formlose, eigenschaftslose, unpersönliche Höchste Wahrheit. Brahman wird als die absolute Realität gesehen.

In der *Bhagavad Gita* unterhalten sich Arjuna und Lord Krishna über die Natur des Geistes.

Arjuna sagt:

cañcalaṁ hi manaḥ Kṛṣṇa
pramāthi balavad dṛḍham
tasyā'haṁ nigrahaṁ manye
vāyor iva suduṣkaram

"Denn das Denken ist unstet, aufgewühlt, stark und starr. Seine Zähmung ist so schwer wie die des Windes, glaube ich (6:34)

Krishna antwortet:

asaṁśayaṁmahābāhomano durnigrahaṁ calam
abhyāsena tukaunteya vairāgyeṇa ca gṛhyate

"Ohne Zweifel, Starkkarmiger, das ruhelose Denken ist schwer zu zügeln. Aber durch Übung und Entsagung wird es gebändigt, Kunti-Sohn." (6:35)

Der Geist wird oft mit einem Affen, manchmal sogar mit einem betrunkenen Affen, verglichen, weil er genauso ungezogen und ruhelos ist. Babyaffen sind besonders ungezogen. Man stelle sich vor, der größte Schlingel unter den Affen werde von einem Skorpion gestochen. Nicht auszudenken, wie rastlos er sein wird. Unser Geist ist sogar noch schlimmer. Wir können dies feststellen, wenn wir meditieren. Der beste Zeitpunkt, den Geist zu beobachten, ist während der Meditation. Sonst sind wir uns kaum bewusst, was unser Geist wirklich treibt. Versuche einmal, dich zehn Minuten mit einem Notizbuch in abgeschiedene Stille zu setzen und alle deine Gedanken aufzuschreiben. Du wirst Erstaunliches entdecken. Unsere Gedanken springen oft unverbunden von einem

Gegenstand zum andern und beziehungslos von einem Menschen zum anderen, ohne Sinn und Verstand.

Während des Schlafes fühlen wir uns so selig, weil der Geist nicht tätig ist. Diese Geistesruhe können wir sogar im Wachzustand erreichen, wenn wir lernen unseren Geist zu beherrschen und nur denken, was wir denken wollen. Wir können dem Geist die Richtung weisen, müssen ihn jedoch trainieren. So schwierig es ist den Geist zu trainieren, durch ständiges Üben wird es möglich.

Training und Objektivität

Die Ruhelosigkeit des Geistes rührt vor allem aus seinen Neigungen und Abneigungen bzw. Vorlieben. Diese Vorlieben äußern sich als Anhaftung oder Abscheu vor Dingen, Menschen oder Gegebenheiten. Abscheu ist einfach die negative Form von Anhaftung. Gegenwärtig ist unser Geist wie eine Feder, die von jedem Windhauch in eine andere Richtung geweht wird. Um ihn zu beruhigen, müssen wir ihn vom Hin- und Hergerissensein durch unsere Vorlieben und Abneigungen befreien.

Selbst bei äußeren Turbulenzen können wir unendlichen Frieden verspüren, wenn unser Geist frei von inneren Störungen ist. Diese inneren Störungen kommen vor allem aus dem Negativen unseres Gemütes. Wir müssen uns bewusst werden, wie belastend negative Tendenzen oder Gefühle sind. Nur dann werden wir sie loswerden wollen. Es kommt der Zeitpunkt, wo wir unsere Mängel überwinden müssen. Da die inneren Störungen den inneren Frieden am meisten beeinträchtigen, sollten wir – je eher desto besser – diese Defekte bezwingen.

Unser Geist braucht Disziplin, damit wir von unseren inneren Turbulenzen befreit werden. Da wir unserem Geist gern die Zügel überlassen, erscheint es zunächst als sehr herausfordernd, ihn an die Kandare zu nehmen und zu steuern. Doch mit der Zeit bereitet es uns Genugtuung, ihn unter Kontrolle zu halten.

Ich erinnere mich an eine berühmte Geschichte: In Indien ist es üblich, dass Familienväter *sannyasis* zum Essen zu sich nach Hause einladen. Man erwirbt sich damit Verdienste. Nach indischer Tradition gehören zu einem Menu verschiedene Gerichte mit sechs unterschiedlichen Geschmacksrichtungen – süß, sauer, scharf, salzig, pikant und bitter. In manchen Häusern serviert man außerdem bitteren Kürbis zu den einzelnen Gerichten. Von *sannyasis* erwartet man, Süßes und Bitteres mit demselben Gleichmut zu essen.

Eines Tages wurde ein *sannyasi* zu einem großen Menu in ein Haus eingeladen. Es war ein üppiges Mahl, zu dem auch bitterer Kürbis gereicht wurde. Es gab nur ein Ding im Leben, das dieser *sannyasi* hasste, nämlich bitteren Kürbis. Er konnte ihn nicht ertragen, musste jedoch diesen Brauch respektieren, da er die Einladung in dieses Haus angenommen hatte. Es hätte sich nicht gehört zu sagen: „Ich mag bitteren Kürbis nicht." Man erwartete von ihm, alle Speisen gleichermaßen zu goutieren. So dachte er sich: „Da es hier so viele köstliche Gerichte gibt, nehme ich den bitteren Kürbis zuerst. Wenn ich das hinter mir habe, kann ich unbesorgt die anderen Gerichte genießen. Ich mag den bitteren Kürbis nicht zusammen mit den anderen Speisen essen, um mir den Geschmack nicht zu verderben." Also aß er als Erstes den bitteren Kürbis.

Die Dame des Hauses beobachtete den *sannyasi* beim Essen und sobald er mit dem bitteren Kürbis fertig war, servierte sie ihm einen weiteren Schöpflöffel davon. Der *sannyasi* dachte bei sich: „Oh nein! Ich glaube, heute habe ich Pech." Mit großer Mühe aß er seinen zweiten Teller auf und verfluchte sich, diese Einladung angenommen zu haben. Wenn er gewusst hätte, dass es hier bitteren Kürbis gab, hätte er ihnen gesagt, er faste an diesem

Tag – doch jetzt war es zu spät. Und damit nicht genug des Leidens. Da die Dame des Hauses inzwischen überzeugt war, dieser *sannyasi* liebe bitteren Kürbis über alles, legte sie ihm noch einen Löffel davon auf seinen Teller. Ihr könnt euch die Stimmung des *sannyasi* vorstellen! Er verwünschte seinen Unglücksstern, schaffte es irgendwie das Essen zu beenden und schwor sich, dieses Haus nie mehr zu betreten.

Die Gastgeberin rief unverzüglich das nächste Haus an, in dem der *sannyasi* zum *bhiksha* (Almosen, Gabe) angemeldet war und berichtete, wie gerne dieser *sannyasi* bitteren Kürbis esse. Sie schlug vor, wenn er zum *bhiksha* zu ihnen käme, ein spezielles Curryreisgericht mit bitterem Kürbis für ihn vorzubereiten. Diese Nachricht verbreitete sich, so dass jeder, der diesen *sannyasi* einlud, ihm bitteren Kürbis anbot. Schließlich hatte er sich so daran gewöhnt, dass er dieses ihm ursprünglich so widerwärtige Gemüse anfing zu mögen.

Als Vergleich: Falls wir dabei bleiben, „den bitteren Kürbis" der Geistesschulung zu uns zu nehmen, werden wir dieses Training allmählich zu schätzen wissen.

Spirituelle Kraft

In unserem Wesen haben wir grundsätzlich drei Ebenen, wie wir mit der Welt, mit unseren Mitmenschen und den verschiedenen Lebenserfahrungen umgehen: Unsere physische, emotionale (mentale) und intellektuelle Ebene. Zusätzlich gibt es unsere spirituelle Ebene, die sich jedoch meistens in einem Schlummerzustand befindet, da wir uns in aller Regel auf die ersten drei Ebenen konzentrieren.

Fokussieren wir uns nur auf diese drei Ebenen, werden wir auf der Achterbahn unserer Gefühle und Begierden hin- und hergeschleudert. Wir begehren so viele Dinge in der Welt und sind voller Bedürfnisse, die oft jenseits unserer Mittel und

Möglichkeiten liegen und deshalb nie erfüllt werden. Das hat zur Folge, dass wir enttäuscht, unzufrieden und niedergeschlagen sind. Unsere Unzufriedenheit kann so zunehmen, dass wir darüber unsere geistige Kraft verlieren. Wer im Geist schwach ist, bewältigt kaum noch die kleinsten Herausforderungen des Lebens und wird schon von einem harmlosen Vorfall erschüttert. Amma sagt: „Selbst eine kleine Ameise regt so jemanden auf.”

Einer meiner Freunde kaufte sich ein neues Haus. Wenige Tage nach seinem Einzug sah er in seiner Küche einige Ameisen, worüber er sich ziemlich aufregte, da es ein Neubau war. Er wunderte sich, woher die Ameisen wohl kämen. Zu allem Unglück sah er bald Hunderte von Ameisen in seiner Küche krabbeln. Er wurde nun richtig wütend, kratzte sich den Kopf und suchte eine Lösung. Schließlich rannte er in ein nahegelegenes Geschäft, wo er eine Dose Insektizid kaufte. Da es dort lediglich noch eine etwas beschädigte Dose gab, fragte er, ob er sie etwas billiger bekommen könne, was der Verkäufer jedoch ablehnte. Daraufhin fing der Mann an mit dem Verkäufer zu rechten und forderte einen Preisnachlass. Zu seinem Ärger über die Küchenameisen gesellte sich die Wut über den Verkäufer. Sie stritten sich, bis es fast zur Schlägerei kam. Schließlich mussten sie ihren Streit vor Gericht austragen. Und das alles nur wegen ein paar Ameisen!

Amma sagt, dass noch vor wenigen Jahrhunderten die Menschen von sehr starkem Gemüt gewesen seien und sich geistig nicht hätten aus der Ruhe bringen lassen. Im Lauf der Zeit hielten sich die Menschen nicht mehr an ihr *dharma* und ihre Wertvorstellungen entarteten nach und nach. Sie wurden habgieriger und selbstsüchtiger. Infolge ihrer mangelnden Disziplin und ihres nur geringen Unterscheidungsvermögens schwächte sich ihr Gemüt immer mehr. Viele Anforderungen des Lebens konnten sie nicht mehr richtig bewältigen. Durch zunehmenden Stress wurde ihr Gemüt angespannt und erregt. Heutzutage sind unzählige

Menschen gemütsmäßig schwach oder neurotisch. Spirituelles Erwachen ist ein Heilmittel dagegen. Das bringt unsere physische, emotionale und intellektuelle Ebene ins Gleichgewicht, so dass wir in Harmonie leben können. In der Gegenwart einer großen Seele wie Amma kann unser spirituelles Potenzial erweckt werden. Wenn das gelingt, wird unser Gemüt gestärkt und verfeinert und wir schauen viel klarer auf unser Leben.

Ich möchte gerne aus Ammas Leben eine Begebenheit erzählen, die illustriert, welche spirituelle Kraft sie schon als junges Mädchen hatte.

Ammas Kleidung war meistens feucht, da sie ständig Wasche wusch, putzte, die Kühe reinigte, Wasser schleppte usw. Einmal war ihr Kleid so durchnässt, dass sie sich eines von ihrer Schwester ausleihen wollte. Als Ammas Mutter Damayanti das sah, wurde sie ärgerlich, schimpfte Amma aus und sagte: „Du verdienst es nicht, so gute Kleidung zu tragen! Wie kannst du es wagen, solch ein Kleid anzuziehen?" Damayanti sprach es, riss das Kleid aus Ammas Händen, ging weg und ließ Amma weiterhin ihre alten Kleider tragen.

Wir können bloß ahnen, in welcher Gemütsverfassung wir in einer solchen Situation gewesen wären. Amma wurde keineswegs traurig. Sie dachte: „Gott will vermutlich nicht, dass ich dieses Kleid trage, deshalb werde ich so lange kein neues oder gutes Kleid anziehen, bis Gott mir eines bringt. Bis dahin trage ich nur alte, von andern weggeworfene Kleider."

Seit jenem Tag trug Amma nur alte, von ihrer Familie abgelegte Kleidung. Eines Tages trug Amma eine alte, ausrangierte Bluse, die zufällig bunt gemustert war. Ammas älterem Bruder missfiel das. Er schimpfte sie aus und warf ihr vor, sie trage diese bunte Bluse nur, um die Aufmerksamkeit der jungen Männer auf sich zu ziehen. Er befahl ihr sie auszuziehen und zündete die Bluse vor ihren Augen an. Amma wurde weder ärgerlich noch erregt, da sie dachte, das sei Gottes Wille. Sie trug nur noch von anderen weggeworfene Kleidung, die diese nicht mehr wollten. Und heute trägt Amma, außer beim *Devi Bhava*, einen schlichten weißen Sari.

Ammas Lebensumstände ihrer Kindheit waren erbärmlich, anders als bei Buddha, Krishna und Rama, die von königlicher bzw aristokratischer Herkunft waren. Amma in ihrer Hingabe an Gott unterlag ihren Lebensumständen nicht. Und genauso wenig berührt sie ihr gegenwärtiger Status einer international berühmten spirituellen Führerin. Amma bleibt immer ein vollendetes Beispiel von Schlichtheit und Bescheidenheit. Sie ist einfach für alle da und erreichbar. Auch jetzt, wo sie weltweit bekannt wird, ist sie weit entfernt von jeglichem Luxus. Sie nimmt für sich selbst ein Minimum, gibt dafür aber denjenigen, die ihre Hilfe und Führung, ihren Segen und ihre Gnade benötigen, das Maximum.

Drei Wege des spirituellen Erwachens

Amma ist vollkommen im göttlichen Bewusstsein verankert. Da ihr inneres spirituelles Potenzial voll entfaltet ist, können wir in ihrer Gegenwart viel leichter spirituell erwachen. Ammas Berührung, ein Blick oder Gedanke vermag uns spirituell zu erwecken. Amma kann unser spirituelles Potenzial aus der reinen Kraft ihres Willens beleben. Die Schriften beziehen sich genau auf dieses Phänomen – dass ein wahrer Meister jeden durch seine Berührung, seinen Blick oder Gedanken spirituell erwecken kann.

Interessanterweise wird in einer Fabel erzählt, wie eine Henne, ein Fisch und eine Schildkröte ihre Eier ausbrüten. Eine Henne brütet, indem sie auf ihren Eiern sitzt, und die Jungen schlüpfen aus aufgrund der Erwärmung der Eier durch die permanente Berührung des Körpers der Mutterhenne. So ähnlich kann Amma unser spirituelles Potenzial allein durch ihre Berührung in uns erwecken. Leben wir in ständiger Begleitung eines Meisters, wird die Wärme der Disziplin unser Gemüt langsam entwickeln und reinigen, so dass die Schale unseres Egos zerbricht und unser Höheres Selbst zum Vorschein kommt.

Nach traditionellem indischen Glauben laicht der Fisch und starrt dann intensiv auf die Eier. Sie werden durch den intensiven Blick des Fisches ausgebrütet. Genau so kann jeder einzige Blick von Amma unser inneres Potenzial erwecken. So wie die Lotusknospe durch den Strahl der Sonne erblüht, öffnen sich unsere verschlossenen Herzen, wenn Ammas Blick auf uns fällt.

Die Schildkröte legt ihre Eier an die Küste, geht zurück ins Wasser und denkt an die Eier. Nach der Fabel werden die Eier durch die Intensität der Gedanken der Schildkröte ausgebrütet. Genauso kann Amma durch ihren Entschluss unser spirituelles Potenzial erwecken. So wie man mit einer Fernsteuerung viele Maschinen aus der Ferne steuern und beobachten kann, können Ammas Gedankenwellen Ereignisse unseres Lebens beeinflussen, wenn unser Herz im Einklang mit dem Ihren ist.

Amma löst vieles von unserem *prarabdha karma* und von unseren angeborenen Eigenschaften auf, ohne dass wir uns dessen bewusst sind. So wie ein Drachen hochsteigt bei frischer Brise und der geübten Hand, die ihn am Seil steuert, können wir uns in die Himmel der Spiritualität aufschwingen, wenn unsere spirituellen Übungen durch den Segen und die Gnade einer großen Meisterin wie Amma verstärkt werden.

Gewinn aus dem Status des Yoga

Die Fähigkeit schädigende Auswirkungen einer Handlungsweise oder Gewohnheit zu erkennen, kann uns motivieren sie zu überwinden. Das Erkennen günstiger Resultate einer Aktivität wird uns ebenso anspornen, positive Handlungsweisen zu entwickeln. Höchstes Ziel ist es, den Status des Yoga zu erreichen. Der Zustand des Yoga ist die endgültige Einheit mit Gott oder der

Höchsten Wahrheit. Diesen Status zu erreichen, bringt großen Gewinn.

Stille des Geistes

Wer den Zustand des Yoga erreicht hat, ist ruhig auf das Eine Ziel gerichtet und frei von Wankelmut. Diese Gelassenheit resultiert nicht aus irgendeiner Wunscherfüllung. Wäre dem so, wäre es mit der Ruhe bald vorbei, denn sobald ein Wunsch erfüllt ist, taucht schon der nächste auf. Bliebe ein Wunsch unerfüllt, wäre die Gelassenheit bald gestört. Wirkliche Gelassenheit entspringt ausdauernder Meditationspraxis. Im Zustand des Yoga erreicht man eine Stille des Geistes trotz aller Aktivitäten und Verantwortlichkeiten. Schaut auf Amma. Sie steht zahlreichen Einrichtungen vor und gibt Millionen Menschen persönlichen Rat, ohne je einen Tag zu pausieren. Wenn nötig, geht sie in unterschiedliche Gemütszustände, doch in der Tiefe ihres Geistes herrscht fortwährende Ruhe, vergleichbar mit den Wellen an der Wasseroberfläche des Ozeans; in seiner Tiefe ist nur Stille. Diese Stille des Geistes ist wesentlich für den Zustand des Yoga.

Das Höchste Selbst im eigenen Selbst erkennen

Wer im Yoga ruht, erkennt das Höchste Selbst in sich selbst. Er wird den Anblick des Höchsten Selbst nicht mehr verlieren. Er erkennt das Höchste Selbst genauso in anderen Lebewesen. In unserem gegenwärtigen Bewusstseinszustand meinen wir, von der Welt und den Menschen um uns herum getrennt zu sein. Die einen mögen wir, die anderen nicht und die übrigen sind uns gleichgültig. Ein *yogi* (jemand im endgültigen Zustand des Yoga) betrachtet niemanden als wesentlich verschieden von sich selbst, hegt nichts und niemandem gegenüber eine besondere Anhaftung oder Aversion und liebt jeden und alle gleichermaßen. Und das genauso, ob es sich um einen schlechten oder wütenden, ungeduldigen oder verruchten Menschen handelt. Derartige Unterschiede existieren auf der Ebene des Geistes. Die Seele bleibt immer rein und unterscheidet sich in nichts von der eines Weisen oder Heiligen. Das Bewusstsein wird von unseren Eigenschaften oder Handlungsweisen nicht befleckt.

Wenn ich sage, mein Geist ist klar oder verworren, heißt das, es gibt außerhalb meines Geistes einen Zeugen meiner Geistesverfassung. Wer ist dieser Zeuge? Es ist der *Atman* oder das Höchste Selbst jenseits des Geistes. Dieses Gewahrsein hat Bewusstsein von allem, ohne von irgendetwas berührt zu werden. Wenn mein Geist verwirrt ist, heißt das nicht, dass mein Bewusstsein verwirrt ist. Es ist so wie eine Filmleinwand, die unberührt davon bleibt, ob man einen guten oder einen vulgären Film auf sie wirft. Man kann den Film allerdings ohne Leinwand nicht anschauen. So kann der Geist nicht ohne Bewusstsein funktionieren. Seine Natur berührt das Bewusstsein genauso wenig wie der Film die Leinwand.

Dieses reine, unbegrenzte Bewusstsein wird Höchstes Selbst oder *Atman* genannt. Wenn wir einmal in diesem Höchsten Selbst, das alldurchdringend, allwissend und allmächtig ist, verankert sein werden, können wir das Höchste Selbst überall und in jedem erkennen. Dann brauchen wir nichts mehr zu unserer Zufriedenheit, da wir befriedigt in unserem Höchsten Selbst ruhen.

Glückseligkeit erfahren

Wer im Yoga verankert ist, erfährt unendliche Glückseligkeit. Wir alle kennen Glück und Unglück. Glück ist ein Geisteszustand, der von Dingen, Umständen und anderen Menschen abhängt. Wo Glück ist, ist immer auch die Möglichkeit von Unglück gegeben. So wie wir glücklich sind, etwas zu bekommen, werden wir unglücklich, wenn wir es wieder verlieren. Hängt unser Glück an der Liebe eines Menschen, werden wir mit Sicherheit unglücklich, wenn uns derjenige nicht mehr liebt. Glückseligkeit ist jenseits aller Gegensätze. Es gibt kein Gegenteil von Glückseligkeit. Sie ist das Wesen des Höchsten Selbst. Sie hängt nicht von äußeren Dingen oder Gegebenheiten ab.

Glück und Unglück gehören zum Geist, Glückseligkeit jedoch ist jenseits des Geistes und rührt aus dem Wissen: „Ich bin vom Wesen her Glückseligkeit."

Amma konnte manchmal stundenlang unentwegt lachen. Manchmal weinte sie. Als ich Amma einmal weinen sah, fragte ich sie: „Amma, warum weinst du? Beunruhigt dich etwas? Warum bist du traurig?"

Amma antwortete: „Wer sagt denn, dass ich traurig bin?" Sie fühlte reine Glückseligkeit – eine Glückseligkeit, die sich in ihren Tränen ausdrückte. Wer im Höchsten Selbst verankert ist, erfreut sich der Glückseligkeit jederzeit und überall.

ogarato vā bhogarato vā
saṅgarato vā saṅgavihīnah
yasya brahmani ramate cittaṁ
nandati nandati nandatyeva

Ob eingetaucht in die Höchste Einheit (yoga)
Oder in Vergnügungen der Welt (bhoga),
Gemeinsam oder einsam,
Wessen Geist in Brahman ruht,
erfreut sich der Glückseligkeit.

Bhaja Govindam - Vers 19

In der absoluten Wirklichkeit

Wer im Yoga verankert ist, verweilt in der absoluten Wirklichkeit. In der Philosophie des Vedanta gibt es drei Realitätsebenen. Man nennt sie scheinbare Wirklichkeit (*pratibhasika satyam*), relative Wirklichkeit (*vyavaharika satyam*) und absolute Wirklichkeit (*paramartika satyam*).

Im Halbdunkel deute ich ein Seil fälschlicherweise als Schlange. Das ist meine scheinbare Wirklichkeit. Jemand anderes meint in demselben Seil eine Blumengirlande zu sehen, das ist seine scheinbare Wirklichkeit. Solche persönlichen Standpunkte über die Erscheinung der Dinge, die wenig oder gar nichts mit den Dingen an sich zu tun haben, werden scheinbare Wirklichkeit genannt. Träume gehören auch in diese Kategorie.

Wenn man ein Seil als Seil ansieht, gehört das zur relativen Wirklichkeit. Wer über einen ungestörten Blick verfügt, wird dem zustimmen, dass es ein Seil und keine Schlange ist. Er wird sich weder vor dem Seil fürchten und weglaufen, noch wird er versuchen, jemanden damit zu schmücken. Er wird das Seil dazu benutzen, etwas festzubinden. Die Welt, so wie wir sie sehen und wie Naturwissenschaften und Technik sie beschreiben, ist bekannt als relative Wirklichkeit. Sie wird relative Wirklichkeit genannt, weil sie in ihrer gegenwärtigen Form nicht bestehen bleibt – sie ist der Veränderung unterworfen. Alle relativen Objekte sind den sechs Formen der Veränderung unterworfen: Geburt, Wachstum, Dasein, Verwandlung, Verfall und Tod. Alle unsere weltlichen Beziehungen, unsere Positionen und unser Besitz gehören zum Bereich der relativen Wirklichkeit.

Die dritte Wirklichkeit ist die Absolute Wahrheit, die keinem Wandel in Vergangenheit, Gegenwart oder Zukunft unterliegt. Nur das Höchste Selbst oder der *Atman* durchdringt die gesamte Schöpfung und ist absolute Wirklichkeit. In dieser absoluten

Wirklichkeit verankert zu sein, heißt zu erkennen: „Ich bin Eins mit dem Höchsten Selbst."

Unendlicher Gewinn

Nichts ist vergleichbar mit Selbst-Verwirklichung. Darauf beziehen sich die Schriften, wenn sie sagen: „Wenn das Selbst erreicht ist, gibt es nichts mehr zu erreichen." Deshalb nennt man es „unendlicher Gewinn." Selbst-verwirklichte Meister wünschen nichts; sie haben alles erreicht, was zu erreichen ist. Solche Wesen können nichts Höheres mehr hinzugewinnen.

Vom größten Kummer unberührt

Wenn wir einmal diesen Zustand des Yoga erreicht haben, werden wir von keinen Sorgen mehr berührt. Kummer und alles Leid gehören zur Welt der Dualität, mit anderen Worten zu Körper und Geist. Wer im Höchsten Selbst verankert ist, weiß eindeutig, reines Selbst zu sein und nicht Körper, Geist oder Intellekt. Er oder sie bewegt sich jenseits aller Gegensätze wie Schmerz und Freude, Sorgen und Glück, Lust und Unlust.

In der *Bhagavad Gita* gibt Lord Krishna eine einzigartige Definition von Yoga. Er sagt: „Yoga ist Losgebundensein von der Anbindung an Not." Das Wort Yoga wird abgeleitet aus der Wurzel *„yuj."* Diese hat zwei Bedeutungen, erstens, „zwei Dinge verbinden oder vereinen." Yoga heißt also zwei Dinge miteinander zu vereinen. Die zweite Bedeutung ist „steuern, abhalten, meistern." In der ersten Bedeutung ist Yoga die Vereinigung von Geist und Höherem Selbst. In der zweiten Bedeutung heißt Yoga, den Geist zu steuern und davon abzuhalten, sich an Schmerz und Kummer zu binden.

Es liegt in der Natur eines ungeübten Geistes, sich ständig mit Schmerz und Kummer zu verbünden. Wir denken kaum daran, wie glücklich oder erfolgreich wir sind. Selbst

Millionäre haben ihr eigenes Maß an Kummer und Sorgen. Wenn ihr Geist auf Negatives fixiert ist, vergessen sie, dass sie Millionäre sind. Es gibt im Leben so viele wunderbare Dinge. Wir müssen unseren Geist bewusst und bedacht dahingehend trainieren, immer auf die positiven Seiten des Lebens zu schauen. Wer im Yoga verankert ist, identifiziert sich nicht mit Schmerz oder Sorgen.

Wer im Yoga verankert ist, kann auch körperlichen Schmerz überschreiten. Wir sehen wie Amma unentwegt zahllosen Menschen *darshan* gibt, ohne ihren schmerzenden Körper oder andere Gesundheitsprobleme zu berücksichtigen. Ammas süßes Lächeln und ihre mitfühlenden Worte enden nie, auch wenn bei einem ihrer *darshan*-Programme zum hundertsten Mal jemand auf ihren rechten oder linken Fuß niederkniet, sein ganzes Körpergewicht auf ihren Schoß legt, seinen Kopf an ihre Wange stößt, wenn der oder diejenige sich zum Erzählen eines persönlichen Kummers herunterbeugt. Amma löst ihren Geist bewusst vom Schmerz und der Pein ihres Körpers.

Viele Dinge des Lebens sind uns wichtig, unser Schlaf, die Ernährung, unsere Familie usw. Unsere spirituelle Praxis sollte uns genauso, wenn nicht sogar noch wichtiger sein. Amma sagt immer, Meditation ist wie Gold. Selbst wenn du nur zehn Minuten meditieren kannst, ist das wertvoll, kein einziger Moment in Meditation ist vergeudete Zeit. Wer bereits spirituelle Übungen macht, kann dies noch länger, intensiver und entschiedener tun. Nur so können wir Geistesstärke gewinnen und unserem Ziel näherkommen. Wir sind im Leben in so viele Dinge involviert, die unseren Geist niederdrücken. Wir brauchen eine gewisse Art spiritueller Praxis, um unseren Geist zu erheben, so etwa *japa*, Meditation, *bhajans* hören oder singen, Teilnahme an *satsangs* (spirituelle Vorträge oder Gespräche) oder die Lektüre von spirituellen Büchern. Diese

Übungen sind Quelle der Inspiration und des fortwährenden Sich-Erinnerns an Gott. Es wird uns allen mit einem *satguru* wie Amma möglich, den Zustand des Yoga zu erreichen. Möge Amma uns alle damit segnen, diesen höchsten Zustand zu erreichen.

Kapitel 11

Pflichterfüllung

Pflicht-Tun bewahrt Harmonie

Die moderne Physik sagt, durch das Gesetz der Entropie bewege sich das Universum auf ein Chaos zu, wohingegen die Hindu-Schriften von einer prästabilisierten Harmonie im Universum sprechen, demzufolge die Entwicklung weiterführt zu universeller Ordnung und Harmonie. Allen Lebewesen ist eine bestimmte Rolle zugedacht, um diese Harmonie aufrecht zu erhalten. Diese Harmonie trägt verschiedene Namen, *logos*, *dharma* oder das *Tao*. Tiere und Pflanzen stören diese Harmonie nicht, da sie gemäß ihrer Instinkte oder ihrer angeborenen Natur leben. Menschen dagegen haben die Freiheit, zu dieser Harmonie beizutragen oder sie zu stören.

Ein *satguru* wie Amma wirkt an der Wiederherstellung des verlorenen *dharma* und der Harmonie im Universum. Ein *satguru* wird mit seinem Wirken einzig zur Harmonie der Schöpfung beitragen. All sein Tun ist wohlbegründet, auch wenn uns das vielleicht nicht immer einleuchtet.

Amma sagt, jeder von uns hat entsprechend seiner sozialen Rolle eine bestimmte Verpflichtung. Wenn wir sie nicht ordnungsgemäß erfüllen, entstehen daraus Chaos und Verworrenheit. Wenn ein Arzt seine Pflicht nicht erfüllt, muss der Patient darunter leiden. Wenn ein Polizist seine Pflichterfüllung nicht ernst nimmt, steigt die Quote der Kriminalität. Ebenso wenig dürfen die Menschen ihre familiären Rollen vernachlässigen, andernfalls entsteht Disharmonie in den Familien.

Amma gibt folgende Beispiele: Wir sind verheiratet, haben Kinder und führen als Mann oder Frau einen Haushalt. Wenn wir die uns auferlegten Aufgaben in unserer Familie liebevoll und sorgfältig ausführen und uns jedem gegenüber verantwortungs-voll und gewissenhaft verhalten, sind wir im Einklang mit der Symphonie der Schöpfung. Daraus entfaltet sich in der Familie Harmonie. Die Familie ist eine kleine Einheit im Universum. Im Universum gibt es vergleichsweise Millionen Familien. Wenn alle Familienmitglieder ihre Pflichten angemessen erfüllen, entsteht Harmonie. Für Politiker, Geschäftsleute, Arbeiter, Offiziere oder Mönche gilt dasselbe – jeder Mensch hat seinen besonderen Part im Orchester zu spielen. Wenn jeder seinen ihm zugedachten Part Ernst nimmt, wird die Harmonie der Schöpfung nicht gestört.

Um seinem *dharma* gemäß zu leben, sollte sich jeder Mensch sozial verhalten. Ein Politiker trägt zur Harmonie bei, wenn er den Menschen aufrichtig beisteht und dient. Ein Geschäftsmann, der seine Geschäfte ohne Betrügereien abwickelt und nur einen vertretbaren Gewinn abschöpft, oder ein Arzt, der seine Patienten voll Liebe und Empathie behandelt – dienen tatsächlich beide Gott, obwohl das, was sie tun, vielleicht allgemein nicht als spi-rituell oder religiös bezeichnet wird. Wenn ein Politiker jedoch Menschen ausbeutet oder ein Arzt Unsummen als Honorar ver-langt, ist das gegen das *dharma* gerichtet und stiftet Disharmonie.

Wie Amma sagt, trägt derjenige auf ganz natürliche Weise zur Harmonie des Universums bei, der seine Rolle in Überein-stimmung mit der Pflicht seines *dharma* spielt. Jedes Individuum ist wie eine Speiche oder ein Zahn im Rad der Schöpfung. Eine gebrochene Speiche oder ein beschädigter Zahn beeinträchtigen die Bewegung des Rades. Da das Universum so weit ist, spüren wir das natürlich nicht und werden uns dessen nicht bewusst. In einer kleinen Einheit wird die Disharmonie spürbar. Wenn wir zum Beispiel einen Löffel Salz in ein kleines Glas Wasser geben, schmeckt es salzig. Bei derselben Menge Salz in einem großen Wasserbottich ist das Salz nicht mehr zu schmecken, was nicht heißt, es sei kein Salz mehr im Wasser – wir können es nur nicht mehr wahrnehmen.

Tue ich meine Pflicht, trage ich zur Harmonie und zum Wohlbefinden der Welt bei, und wenn nicht, rufe ich Disharmonie hervor, was Schmerz und Leid in dieser Welt verursacht. Störe ich die Harmonie, wende ich mich gegen Gott. Trage ich jedoch zur Harmonie bei, ist das eine Form von Gottesdienst.

Wir sollten unseren Pflichten und Verantwortlichkeiten, ob wir sie mögen oder nicht, ohne Anhaftung oder Aversion nachkommen. Dies ist ein schwieriges Unterfangen, zu dessen Erfolg wir die Unterstützung eines Meisters benötigen.

Ich möchte an dieser Stelle etwas von einem westlichen Devotee erzählen, der in den Ashram kam, ein ruhiger, höflicher Mann mit einer tiefen Liebe zu Amma. Wann immer sich Amma damals an *Seva*-Projekten des Ashrams beteiligte, ertönte eine Glocke zum Zeichen, dass Amma „auf dem Posten" war und jeder mitmachen konnte. Für diesen besonderen *Seva* gab es keinen Zeitplan. Wo immer Bedarf war oder besondere Not, kam Amma hinzu und leitete die Abschlussarbeiten und die anderen gesellten sich beglückt dazu, Tag und Nacht, bei Sonnenschein oder Regen. Viele Ashrambewohner halfen Amma beim Seva besonders gerne nachts, da Amma nach getaner Arbeit Kaffee und geröstete Erdnüsse zubereitete und an die Ashrambewohner austeilte. Anschließend scharte Amma alle um sich, erzählte Geschichten, machte Späße und hielt *satsang*.

In der ersten Ashramnacht unseres westlichen Devotees läutete die Glocke um 1 Uhr nachts bzw. morgens. Er kam nicht

zum *seva* und fühlte sich davon belästigt, dass sein Schlaf durch
die Glocke und das geschäftige Treiben zu dieser sonderbaren
Stunde unterbrochen wurde. Am nächsten Morgen saß er mit
langem Gesicht bei Ammas *darshan*. Er beklagte sich bei Amma,
wie schwierig es doch sei, nachts ordentlich zu schlafen, wenn die
Glocke ertöne und von den Leuten erwartet werde, mitten in der
Nacht aufzustehen. Seit dieser Nacht schlief er mit Ohrstöpseln.

Nach wenigen Tagen merkte er, dass jeder *seva* machte und so
wollte er sich auch irgendwie daran beteiligen. Er entschied sich
deshalb für ein regelmäßiges *seva*. Der ihm zugeteilte Aufgaben-
bereich waren Arbeiten in der Küche, dem lautesten Bereich des
Ashrams. Die Vorstellung, an einem solch lärmigen Ort zu arbeiten, überrrumpelte ihn, denn er wollte Tag und Nacht alles ruhig
haben. Er war jedoch entschlossen Amma mit seinem Dienst zu
erfreuen. So nahm er also seine Pflicht auf. In den ersten Tagen
konnte er den Lärm und das Gewühle kaum ertragen. Mit der
Zeit ließ sein Bedürfnis nach äußerer Stille nach, so dass Lärm
ihm schließlich nichts mehr ausmachte. Es kam der Tag, an dem
er sogar scherzhaft meinte, er könne des Nachts ohne Geräusche
nicht schlafen! Hatte er vorher beim geringsten Geräusch nicht
schlafen können, kann er inzwischen mitten im Lärm so friedlich
schlafen wie in einer stillen Himalaya-Höhle. Jetzt kostet er die
von keinem Lärm oder Geschrei berührte *innere* Stille. Seine
Liebe zu Amma und sein Pflichtbewusstsein halfen ihm bei der
Überwindung seiner Abneigungen.

Pflichterfüllung ist sehr wichtig, weshalb uns der Meister
bestimmte Pflichten zuteilt. Vielleicht wird ein Arzt, der gewöhnlich in steriler Umgebung und bei äußerster Hygiene arbeitet,
wenn er in den Ashram kommt, gebeten im Kuhstall zu arbeiten. Wenn ihm das anfangs missfällt, löst sich mit der Zeit seine
Aversion auf und er beginnt diese Arbeit zu lieben. Amma wird
ihn dann vielleicht wieder zu seiner Arbeit ins Krankenhaus

zurückschicken. Vor dem Hintergrund dieser Erfahrung wird dieser Arzt oder Ärztin auf arme, schmutzige und in Lumpen gekleidete Patienten mit Empathie schauen. Ein derartiges Übungsfeld gibt es an keiner medizinischen Hochschule.

Ein *brahmachari* sollte die Kühe hüten, als er in den Ashram kam. Er war akademisch gut ausgebildet. Unter Protest wies er Amma darauf hin, er sei in den Ashram zu spirituellen Übungen und zum Studium der Schriften gekommen und nicht, um seine Zeit mit dem Hüten der Kühe zu vergeuden.

Nach ungefähr einem Monat kam ein berühmter Gelehrter in den Ashram. Wir baten ihn uns in der *Srimad Bhagavatam* zu unterrichten. Eines Tages sprach er bei einer bestimmten Textstelle über den Dienst an Kühen, den Lieblingstieren von Lord Krishna. Es heißt darin, Kühe zu hüten sei als *seva* genauso heilig wie Gott selbst zu dienen. In der Hindu-Tradition gilt die Kuh als heiliges Tier. Wer sich der Möglichkeit entzieht, Kühe zu hüten, verschenkt die wunderbare Chance, sich die Gnade Gottes zu erwirken. Der *brahmachari,* der sich dem Kühe-*Seva* verweigert hatte, lauschte dieser Textstelle aufmerksam, wurde sich seines Fehlverhaltens bewusst und sagte Amma, er würde liebend gerne *seva* bei den Kühen machen.

Amma hatte da aber schon andere Pläne mit diesem *brahmachari* und schickte ihn zum *seva* in die Küche, einen Dienst, den er genauso wenig mochte. Aus Schuldgefühlen übernahm er zum Ausgleich für sein aufsässiges Verhalten das Reinigen der Toiletten und Badezimmer.

Wir sollten jede uns aufgetragene Pflicht, unabhängig davon wie sie uns behagt, tadellos ausführen und keine Entschuldigung suchen, um uns der Verantwortung zu entziehen. Unsere Neigungen diktieren uns, was wir mögen oder nicht. Wenn wir etwas aus Pflichtbewusstsein tun, werden wir Vorlieben und Abneigungen nach und nach überwinden. Amma überträgt uns bisweilen

Arbeiten, die wir nicht mögen. Heute oder morgen müssen wir unsere Vorlieben und Abneigungen irgendwie überwinden. Bleiben wir an ihnen hängen, sind sie ständige Störfaktoren unseres Geistes. Solche Unruhen sind für einen spirituell Suchenden deshalb schädlich, weil innere Turbulenzen unsere Meditation und unsere Konzentration auf spirituelle Übungen beeinträchtigen. Der Durchschnittsmensch ohne spirituelle Praxis empfindet solche Störungen des Geistes als unproblematisch und wird sich dessen erst bewusst, wenn psychologische Probleme auftauchen.

Die Welt wird nie so sein, wie wir sie gerne hätten. Deshalb sollten wir versuchen, sie so zu nehmen wie sie ist. Nur so können wir unseren Gemütsfrieden finden. Auch wenn wir noch so reich und mächtig sind, gibt es immer etwas, das uns traurig, angespannt und erregt werden lässt. Der eigentliche Zweck von Meditation und anderen spirituellen Übungen liegt darin, die Negativität und Erregtheit unseres Geistes in inneren Frieden umzuwandeln. Alles Tun, das Amma uns aufträgt, dient der Überwindung unserer Negativität, um endlich inneren Frieden erfahren und genießen zu können.

Die Macht der Gewohnheit

Ammas Gegenwart inspiriert viele von uns, selbst schon kleine Kinder, nach ihrem Vorbild gute Gewohnheiten zu entwickeln. Traurigerweise gelingt es uns meistens nicht diese Inspiration wachzuhalten. Sobald wir nicht mehr in Ammas physischer Nähe sind, neigen wir zum Rückfall in unsere alten Gewohnheiten, weil wir es schwierig finden gute Eigenschaften zu entwickeln und es uns leicht fällt schlechte aufzunehmen. Wir sollten deshalb unbedingt üben, unsere Gewohnheiten zu ändern, bis unser Training ganz unmittelbar und natürlich wird, so dass die guten Eigenschaften zur Gewohnheit werden. Wenn wir einmal eine gute Gewohnheit angenommen und sie durch willentliches

Üben zur Charaktereigenschaft geformt haben, können wir sie schwerlich wieder aufgeben.

Wie wichtig es ist, gute Gewohnheiten zu entwickeln, zeigt sich in der Art, wie sie unseren Geist beeinflussen. All unsere spirituellen Übungen werden zur Beruhigung unseres Geistes ausgeführt, damit Selbst-Erkenntnis erreicht werden kann. So wie der Mond sich im ruhigen See spiegelt, offenbart sich das Höhere Selbst in einem ruhigen und stillen Geist. Deshalb ist die Reinheit des Geistes so wichtig. Wenn wir gute Gewohnheiten entwickeln und sie nicht ausüben können, werden wir uns wie gelähmt fühlen.

Amma betont, wie wichtig es ist gute, positive Gewohnheiten zu pflegen, da negative Eigenschaften wie Ungeduld, Eifersucht, Bewerten und Reden über die Fehler anderer Menschen uns hindern, Gemütsfrieden zu erfahren.

Der Geist greift mit Vorliebe negative und unnötige Gewohnheiten auf und verkrallt sich in sie. Man kann all diese Gewohnheiten unmöglich innerhalb von ein oder zwei Jahren verändern. Da die Macht unserer Gewohnheiten so stark ist, bedarf es großer Mühe, den Geist in die richtige Spur zu lenken.

Amma erzählt eine Geschichte, um zu zeigen, wie mächtig unsere Gewohnheiten sind. Ein armer Mann ging zu einem *sannyasi* und sagte: „Ich bin sehr arm. Bitte, hilf du mir reich zu werden." Der *sannyasi* segnete ihn und verriet ihm eine Küste, wo er kostbare Edelsteine finden könne. „Du kannst sie verkaufen und damit viel Geld machen," sagte der *sannyasi*. „Das Problem ist nur, dass der Unterschied zwischen einem Edelstein und einem gewöhnlichen Stein schwer zu erkennen ist, da alle gleich aussehen und über die Küste verstreut liegen. Du musst deshalb sehr sorgfältig vorgehen. Wenn du einen Edelstein in der Hand hältst, fühlt er sich warm an. Nur dann kannst du sicher sein, dass es ein Edelstein ist." Der arme Mann machte sich sofort zu der Küste auf und ging an die Arbeit. Er hob Stein um Stein auf, prüfte ihn und legte ihn zurück auf den Boden, bis er bald nicht mehr wusste, welche Steine er schon geprüft hatte und welche nicht. Deshalb warf er jeden aufgehobenen Stein, bei dem keine Wärme zu spüren war, ins Meer.

Tag für Tag suchte er die Küste ab. Endlich nach vielen Tagen fand er einen Stein, der sich warm anfühlte. So wurde er schließlich doch auserwählt, einen Edelstein zu finden. Und er warf diesen Edelstein, nachdem er seine Wärme gefühlt hatte, aus Gewohnheit ins Meer!

Diese Geschichte illustriert, wie unsere Gewohnheiten uns beherrschen.

Amma empfiehlt uns, positive Gewohnheiten zu pflegen, um die Macht unserer negativen Gewohnheiten zu reduzieren. Eine machtlos gewordene Gewohnheit ist leicht zu bezwingen und zu eliminieren. Vielleicht gefällt uns eine neu erworbene positive Gewohnheit anfangs gar nicht und sie erfordert eine zusätzliche Anstrengung. Wir dürfen jedoch in unserem Bemühen nicht nachlassen. Und wenn wir einmal angefangen haben Ausdauer zu üben, ob wir mögen oder nicht ist unwichtig, wird uns das Üben an sich schon Kraft geben. Deshalb sagt Amma stets: „Versuche dein *mantra* zu sprechen, lies spirituelle Bücher, meditiere, höre *bhajans* und nimm an *satsangs* teil." Wir können unter all diesen Möglichkeiten wählen, denn unter spiritueller Praxis versteht man nicht nur Meditation. Solche spirituellen Aktivitäten helfen uns, gute Eigenschaften zu entwickeln und beständig auf Gott ausgerichtet zu sein .

Demzufolge ist die ernsthafte Bemühung um gute Eigenschaften eine Möglichkeit, unsere schlechten zu reduzieren. Ein anderes hilfreiches Mittel, schlechte Gewohnheiten abzubauen, ist Erkenntnis.

Vielleicht mache ich etwas ohne Sinn und Zweck, aus reiner Gewohnheit. Als man noch nicht wusste, dass Rauchen Krebs verursacht, war das Zigarettenrauchen gebräuchlicher als heute, wo auf allen Zigarettenpackungen die Warnung des Gesundheitsministeriums prangt: „Rauchen schadet Ihrer Gesundheit." Viele Leute haben deshalb das Rauchen aufgegeben. Das gelang selbst denjenigen, die früher mehrere Packungen am Tag rauchten, da sie sich der Gefahr des Rauchens bewusst wurden.

Werden wir uns also bewusst, dass eine Handlung gefährlich oder sinnlos ist, werden wir auch die Kraft finden, sie aufzugeben und unser Verhalten zu ändern.

Sieben Vorsätze für die Woche

Ein Versprechen bzw. Gelübde abzulegen ist eine große Herausforderung in unserem Leben an unsere Trägheit, Faulheit und Verzögerungstaktik. Ein Gelöbnis ist wie der Zügel für das ungezähmte, wilde Pferd unseres Geistes. Können wir das Pferd unter Kontrolle bringen, wird Reiten nicht nur zum Vergnügen, sondern bringt uns sehr viel schneller ans Ziel als eine Fußwanderung. Besteigen wir dagegen ein ungezügeltes Wildpferd, wird der Ritt entsetzlich und endet sicherlich in einer Katastrophe oder sogar mit dem Tod.

Ich entsinne mich einer berühmten Redewendung: „Aus einem Gedanken reift die Tat; aus einer Tat reift die Gewohnheit; aus Gewohnheit reift ein Charakter." Jede über einen bestimmten Zeitraum wiederholte Routine wird zur Gewohnheit. Unser Charakter setzt sich aus Gewohnheiten zusammen. Der Charakter eines Menschen ist der Grundstein zu seinem oder ihrem Erfolg im Leben. Wir alle wissen auch, wie unmöglich es ist, alle guten Eigenschaften über Nacht zu entwickeln. Die einzige praktische Möglichkeit besteht darin, einige wenige gute Eigenschaften über eine längere Zeit hin zu entwickeln, bis sie zu unserer zweiten

Natur geworden sind. So wie ein tägliches Bad unseren Körper sauber und gesund erhält, helfen Gelübde unseren Geist rein zu halten vom Schmutz der Eifersucht, des Hasses, der Wut, Ungeduld usw.

Im Folgenden werden als ABC des spirituellen Lebens sieben Versprechen bzw. Vorsätze für die Woche angeboten, die auf Ammas Lehren basieren und die einzeln angewendet werden können, je eines pro Wochentag. Die Reihenfolge ihrer praktischen Anwendung spielt keine Rolle, man wählt für jeden Wochentag einen bestimmten Vorsatz. So wie reine Milch in einem verschmutzten Gefäß sauer wird, kann Gottes Gnade in einem unreinen Geist nicht wirken und wird dadurch missbraucht. Diese Vorsätze bzw. Versprechen helfen uns, unseren Geist zu reinigen und auch unter Kontrolle zu bringen. Wenn man sie einhält, lässt der Gewinn nicht lange auf sich warten. Fasse den festen Entschluss, jeden Tag ein Versprechen einzuhalten. Falls du eins an einem bestimmten Wochentag nicht einhalten kannst, versuche es am entsprechenden Tag der Folgewoche. Amma sagt: „Das Training guter Eigenschaften ist auch Gottesverehrung. Spiritualität ohne praktische Anwendung ist so, als wolle man in der Blaupause eines Hauses wohnen."

Versprechen des ersten Tages:
Vermindere Ärger. Jeder weiß wie schädlich Ärger ist. Trotzdem könnten die wenigsten von uns das Verprechen einhalten: „Ich will mein Leben lang nicht mehr ärgerlich sein." Das wäre sehr schwierig. Wenn wir den festen Entschluss fassen, zunächst einen Tag in der Woche Ärger und die Neigung andere Leute zu tadeln oder schlecht über sie zu reden, zu kontrollieren, kann es gelingen. Zumindest an diesem einen Tag werden wir zu Hause und an unserem Arbeitsplatz eine wundervolle Atmosphäre verbreiten.

Versprechen des zweiten Tages:

Füge ein Lächeln hinzu. Wenn wir uns entscheiden, alles was zu sagen ist, mit einem Lächeln zu sagen, zunächst auch wieder an einem bestimmten Tag in der Woche, werden wir schon bald wohlwollende Reaktionen von unseren Mitmenschen bekommen. Wenn wir in einer Situation, in der wir eigentlich laut schreien, schimpfen und herumnörgeln möchten, an diesem Tag stattdessen lächeln, sehen wir sehr schnell, welch andere Sphäre dadurch entsteht. Für ein Lächeln braucht es weniger Gesichtsmuskeln als für einen finsteren Blick. Ein Lächeln verleiht unserem Gesicht außerdem mehr Geltung!

Versprechen des dritten Tages:

Mache einige feierliche spirituelle Übungen. Amma verspricht, dass die Göttliche Mutter in jedem Haushalt, in dem täglich die 1000 Namen für Devi (die Göttin) mit Hingabe gesprochen werden, immer für eine Mindestversorgung an Nahrung und Kleidung sorgt. Wenn einem Anfänger das tägliche Sprechen der 1000 Sanskritnamen zu schwer fällt, kann er versuchen, sich wenigstens eine Stunde am Wochenende auf Gott zu besinnen: mit *mantra japa, puja,* Meditation, *bhajans* usw.

Versprechen des vierten Tages:

Lass ab von einer schlechten Gewohnheit. Es wird wohl einem regelmäßigen Raucher oder jemandem, der an Drogen oder ans Trinken gewöhnt ist, trotz bester Vorsätze schwerfallen, solch schlechte Gewohnheiten vollständig abzulegen. Versuche zum Beispiel donnerstags aus Ehrerbietung vor Gott von solch einer Gewohnheit abzulassen, da der Donnerstag als Tag Gottes gilt. Wenn du allmählich immer mehr Kontrolle über den Geist bekommst, wird es leichter, tief verwurzelte schlechte Gewohnheiten willentlich loszuwerden. Wer keine Sucht hat wie Rauchen, Trinken oder die Einnahme von Drogen, kann seinen Geist trainieren, mindestens an einem Tag in der Woche eine andere Anhaftung loszulassen, was beispielsweise auch ein Lieblingsgericht oder ein Fernsehprogramm sein kann. Amma sagt, Spiritualität ist die Fähigkeit, den Fluss des Geistes jeden Moment willentlich zu stoppen, ähnlich wie das Betätigen der zuverlässigen Bremsen eines neuen Autos.

Versprechen des fünften Tages:
Reduziere Nahrung. Bei physischer Ruhe kann sich zwar der Körper ausruhen, der Magen jedoch leistet weiterhin schwere Arbeit mit der Verdauung der Nahrung. Wenn man einmal pro Woche nur eine Mahlzeit einnimmt, erlaubt das dem Verdauungssystem eine Pause von seiner unaufhörlichen Arbeit und ist deshalb gut für die Gesundheit. An diesem Tag sollte man genügend Wasser trinken. Kranke, denen der Arzt abrät zu fasten, sollten sich anstelle des Fastens für diesen Tag eine andere Entsagung vornehmen.

Versprechen des sechsten Tages:
Sei hilfsbereit. Es gibt viele Möglichkeiten selbstlos zu dienen. Wer aufmerksam hinschaut, findet immer eine Gelegenheit anderen zu helfen. Wenn du keinen direkten Weg findest, anderen zu helfen, kannst du einen Teil des Einkommens an eine oder mehrere soziale Einrichtungen spenden. Die beste Form selbstlosen Dienens ist es, niemanden (einschließlich des Almosenempfängers) wissen zu lassen, von wem diese Hilfe kommt.

Versprechen des siebten Tages:
Bewahre Schweigen. Wenn es zu schwierig ist, ein absolutes Schweigeversprechen einen ganzen Tag lang zu halten, beginne mit einer Stunde morgens nach dem Aufwachen. In der folgenden Woche kannst du versuchen, es auf zwei oder mehr Stunden

auszudehnen, bis du nach und nach einen ganzen Tag schaffst. Wenn deine Verpflichtungen es nicht erlauben, einen ganzen Tag zu schweigen, sprich nur das Nötigste. Tratsche nicht und bringe dich nicht in sinnlose Diskussionen ein. Amma sagt, übertriebenes Schwatzen steigert die geistige Turbulenz, zehrt an der Energie und erstickt die leise Stimme Gottes. Im Schweigen bewahren wir, auch wenn Gedanken aufsteigen, die Energie, mit der wir unseren Geist auf Gott ausrichten können. Amma sagt, Gedanken können verglichen werden mit dem Gekräusel an der Oberfläche eines Wasserglases, wo auch bei bewegter Oberfläche kein Wasser verloren geht. Reden ist wie überfließendes oder verschüttetes Wasser.

Reflektiere einmal im Monat über deinen schon erzielten Fortschritt und was du noch erreichen möchtest. Überlege dir, ob eines deiner Versprechen bzw. Gelübde jetzt eine andere Ausrichtung braucht. Amma sagt, jeder spirituelle Schüler sollte Geduld, Begeisterung und optimistischen Glauben pflegen. Ermuntere dich selbst unermüdlich zu üben.

Amma möchte nur, dass wir unsere negativen Gewohnheiten und Fehler zu ihren Lotusfüßen niederlegen und dafür eine oder zwei der unzähligen göttlichen Eigenschaften von Amma als ihr *prasad* annehmen. Diese Versprechen sind die Lampe, die uns leuchtet auf unserer Reise durch den finsteren Wald des Nichtwissens und die auch andere davor bewahrt, in die Irre zu gehen. Zumindest einige Vorsätze lassen sich ohne große Mühe einhalten.

Wenn wir wenigstens eine gute Gewohnheit entwickeln können, folgen viele andere gute Gewohnheiten in ihrem Kielwasser. So wie eine Ameise der anderen folgt, bewirkt eine gute Gewohnheit, dass andere nachkommen.

Lord Krishna sagt in einem Vers der *Bhagavad Gita,* dass keine Bemühung auf dem spirituellen Weg vergeblich oder in irgendeiner Weise schädlich sei. Auch wer nur bedingt daran festhält, hohe Werte und gute Eigenschaften im Leben als *dharma* zu entwickeln, wird daraus eine vorteilhafte Wirkung erzielen.

Unser Tun dem Satguru oder Gott hingeben

Wenn wir zu der tiefen Überzeugung gelangen, dass unser Meister Eins ist mit Gott und dass alles, was er oder sie uns empfiehlt, nur zu unserem Besten ist, entwickelt sich Liebe und Hingabe an unseren Meister. Allmählich werden wir ihm oder ihr all unser Tun hingeben wollen. Das ist die beste Weise, Amma zu verehren. Es versteht sich von selbst, dass wir ihr keine negative Handlung hingeben möchten. Lieben wir Amma so sehr, ihr alle Handlungen zu widmen, wird es schwierig sein für uns, in schädlicher Weise zu handeln, ebenso, wenn wir alles Tun Gott hingeben. Übergeben wir unsere sämtlichen Handlungen dem Meister oder Gott, können wir anfangen, unsere negativen Mechanismen zu reduzieren, um sie schließlich gänzlich auszuschalten. Wenn wir unsere alltäglichen Handlungen Amma oder Gott liebevoll widmen, verfeinern wir all unser Tun.

Die Schriften verkünden wie verdienstvoll es ist, unseren Pflichten ernsthaft nachzugehen. Selbst wenn wir Gott nicht all unsere Beschäftigungen hingeben können, erwerben wir uns schon durch pflichtbewusstes Handeln Verdienst.

Wie der Mahatma die Harmonie wiederherstellt

Alle Lebewesen haben ein Immunsystem, das Fremdkörper hindert, in den Körper einzudringen oder darin zu bleiben. Dringt ein Insekt oder Schmutz ins Auge, fängt es an zu tränen und spült den Fremdkörper wieder raus. Wenn Pollen oder Chilli-Puder unsere Nase irritieren, fangen wir an zu niesen. Befallen den Körper Keime, bekämpft sie das Immunsystem. *Mahatmas* wie

Amma sind das „Immunsystem" der Menschheit und beschützen den Planeten vor Infektionen wie Ungerechtigkeit, Verbrechen, Gewalt, Wut und Hass. Amma vergleicht *mahatmas* mit den Säulen eines Gebäudes. Sie sind die eigentliche Stütze des Gebäudes. Gleichermaßen unterstützen *mahatmas* die Schöpfung auf vielen Ebenen durch ihre Liebe, ihr Mitgefühl und ihre reinen Schwingungen.

Es fällt auf, dass in der Hindu-Mythologie viele Götter und Göttinnen mit verschiedenen Waffen ausgestattet sind. Im Westen ist deshalb die Meinung verbreitet, diese Gottheiten repräsentierten despotische oder dämonische Kräfte und man verehre sie aus Furcht und Unwissenheit. Das ist keineswegs der Fall. Die Waffen sind zutiefst symbolisch. So symbolisiert Kalis Schwert die Unterscheidungskraft und ihr Dreispitz repräsentiert die drei Tugenden Gelassenheit, Tätigkeit und Ruhe. Mit diesen Waffen wird Ungerechtigkeit vernichtet. *Avatars* wie Rama und Krishna bemühten sich immer, das Böse durch Vernunft, Diplomatie und Barmherzigkeit zu verändern. Wenn ihnen über diese drei Modalitäten kein friedlicher Ausgleich gelang, griffen sie zum letzten Mittel – den Übeltäter zu bestrafen oder zu töten. Sie waren verpflichtet so zu handeln, weil sie verantwortlich dafür waren, das *dharma* in der Nation aufrecht zu erhalten.

Rama und Krishna töteten böse Menschen, welche sich nicht bessern wollten, Amma dagegen tötet die bösen Eigenschaften in uns ab. Sie reinigt unser Gemüt und verändert dadurch unser Verhalten.

Das Ziel aller *Avatars* ist die Wiederherstellung der Harmonie in der Welt. Wie sie ihr Ziel erreichen, hängt von den jeweils vorherrschenden Bräuchen, Systemen und Verhältnissen ihrer Zeit ab. Wenn etwas in unser Auge fällt, hilft Niesen nicht und wenn eine Fliege in unsere Nase kommt, nützen Tränen nicht. *Avatars* und *mahatmas* wählen nach Maßgabe der jeweiligen

Situation entsprechende Mittel und Wege zur Wiederherstellung des *dharma.*

Ammas Waffe

Rama hatte Pfeil und Bogen als Waffe. Krishnas Waffe war eine Wurfscheibe. Amma gebraucht als Waffe die Liebe. Obwohl Rama und Krishna ebenso die Höchste Liebe verkörperten – Rama in seiner Eigenschaft als König und Krishna als Ratgeber und Freund von Königen – gehörte es zu ihrem *dharma,* Waffen gegen *adharmische* Mächte zu erheben. Amma jedoch ist als Mutter des Universums in die Welt gekommen, ihre Hauptwaffe ist die Liebe. Mit endloser Liebe und Geduld sitzt Amma Stunde um Stunde bei uns, hört sich unsere Sorgen an, tröstet uns und schenkt uns die nötige Kraft, unseren Herausforderungen zu begegnen. Die Kraft ihrer Liebe erweckt in vielen Menschen den Wunsch, in Ammas Armee des selbstlosen Dienens aufgenommen zu werden. Die Kraft der Liebe überschreitet Nationalität, Religion, Sprache, Kultur – einfach alles. Ammas Liebe hilft uns, unsere negativen Seiten umzuwandeln und zu entfernen.

Wir alle besitzen Liebe zur Kraft aber keine Kraft der Liebe. Unsere Liebe ist selbstbezogen. Ammas Liebe ist jenseits aller irdischen Liebe. Die Kraft von Ammas Liebe lässt uns all unsere Nöte vergessen. Amma steigt auf unsere Ebene herab, singt und tanzt mit uns, scherzt und vergießt Tränen mit uns, um uns behilflich zu sein, uns auf sie einzustimmen und uns auf ihre Ebene zu erheben.

Während einiger Jahre lebte ein ziemlich verrückter Mensch im Ashram. Niemand wollte sich mit ihm unterhalten, weil er sinnloses Zeug redete. Immer, wenn er zu Ammas *darshan* kam, nahm sich Amma Zeit für ihn und fragte ihn etwas, beispielsweise: „Bist du glücklich, mein Sohn? Bekommst du genug zu essen?" Eines Tages fragte ihn Amma: „Warum siehst du so

traurig aus?" Er antwortete: „Ich bin nicht nur traurig – ich bin
wütend auf dich, Amma, weil du mir beim letzten *darshan* nicht
viel Aufmerksamkeit geschenkt hast." Wären wir an Ammas
Stelle gewesen, hätten wir ihn einfach beiseite geschoben. Amma
dagegen erklärte ihm mindestens zehn Minuten, wie sehr sie sich
um ihn kümmere und dass sie ihm wegen der Menschenmenge
an jenem Tag nicht genügend Aufmerksamkeit habe schenken
können. Als er Ammas Worte hörte, wurde er überglücklich.

In den Anfangsjahren des Ashrams gab es etliche Atheisten
und Unruhestifter, die Amma immer wieder beschimpften und
kritisierten. Amma als Verkörperung reiner Geduld und Liebe
ertrug diese üblen Attacken, ohne sich im geringsten davon stören zu lassen oder darauf zu reagieren. Doch sobald einer dieser
Bösewichte einen ihrer Devotees angriff, wurde sie davon zutiefst
betroffen. Amma erklärt ihr Wesen durch einen Vergleich: „Wenn
man in die Wurzeln eines Baumes sticht, macht ihm das nichts
aus – doch wenn ein zarter Zweig dieses Baumes durchstochen
wird, verletzt das den Baum."

Ich erinnere mich an einen besonderen Vorfall, als Amma *darshan* in *Krishna Bhava* gab. Wie immer, erhellte ein freundliches
und verzauberndes Lächeln ihr Gesicht, und die Devotees waren
eingetaucht in die Glückseligkeit ihrer göttlichen Anwesenheit.
In diesem Moment kam ein Devotee völlig verstört in den Tempel. Er war von einem der Atheisten des Dorfes schwer verletzt
worden, fiel völlig aufgeregt zu Ammas Füßen, schluchzte hem-
mungslos und flehte Amma an, eine Lösung für diese Situation
zu finden. Plötzlich verwandelte sich Ammas Gesichtsausdruck
und sie sah höchst grimmig aus. Ihre Augen sahen aus wie zwei
glühende Eisenkugeln, aus denen nach allen Seiten Flammen des
Zorns schossen.

Sie hielt ihre Finger in der *Devi-mudra*-Stellung. Amma
nahm hier den zornigen Aspekt der Göttin an. Sie wurde erst

nach vielen Gebeten und dem Rezitieren verschiedener *mantras* wieder ruhig. Amma erklärte uns später: „Als ich das Elend dieses Devotees sah, hätte ich am liebsten alle ungerechten Menschen, die ständig die Devotees angreifen, vernichtet. Ganz spontan manifestierte sich der zornige Aspekt der Göttlichen Mutter, um dem Verfolgten Zuflucht zu gewähren."

Kapitel 12

Die Macht der Liebe

Liebe schenkt nur

Es gibt verschiedene Formen von Macht und Kraft, deren Reichweite meistens jedoch begrenzt ist. Für manche Tätigkeiten, wie beispielsweise das Heben schwerer Gegenstände oder zum Marathonlauf braucht man Muskelkraft, die dennoch nur von bedingtem Wert ist. Die physische Kraft eines Menschen kann nichts ausrichten, wenn ein schreiendes Baby zu beruhigen ist. Auch die Macht des Geldes ist nur begrenzt. Wer den Tod eines geliebten Menschen zu beklagen hat, dem wird kein Geld der Welt seinen Schmerz nehmen können. Politische Macht stößt ebenfalls an ihre Grenzen.

Ganz anders die Macht der Liebe, deren Grenzen bisher noch niemand entdecken konnte. Liebe ist die Brücke, auf der die Menschheit sich mit der Gottheit verbindet. Wir alle wissen, dass Gott grenzenlos und allmächtig ist. Und wir wissen, dass Gott Liebe ist. Deshalb muss auch die Macht der Liebe grenzenlos sein. Liebe drückt sich im Geben aus. Liebe nimmt nie etwas. Liebe hält immer Ausschau nach den Möglichkeiten, geben zu können.

Liebe verwandelt

Amma sagt immer, Liebe ist die Grundlage des Lebens. Wo wirkliche Liebe ist, gibt es weniger Probleme und je geringer die

Liebe, desto größer wird die Not. Alle Probleme können durch Liebe gelöst werden.

Vielleicht meinen wir, solches Denken entspringe dem Wunschdenken einer liebenden Mutter und habe nichts mit dem Alltagsleben zu tun. Wenn die Liebe alle Probleme lösen kann, warum gibt es dann so viel Blutvergießen und Gewalt auf dieser herrlichen Erde?

Gewöhnlich greifen wir aus Mangel an Geduld, Verständnis und Ausdauer zurück auf Gewalt als Mittel, unser Ziel zu erreichen. Bewaffnen wir uns jedoch mit reiner Liebe und drücken diese Liebe in jedem Gedanken, Wort und Tun aus, können wir den Makel des Krieges und der Gewalt aus dem Gesicht der Erde wegwischen.

Amma sagte in ihrer Rede des UNO-Welt-Friedensgipfel 2000: „Was nicht mit Kraft, Gewalt und Krieg erreicht werden kann, das vermag die Liebe zu erreichen."

Den besten Beweis für die Wahrheit dieses Satzes gibt Amma mit dem, was ihre Liebe bewirkt. Obwohl Amma in ihrer Kindheit und Jugend von vielen Dorfleuten übel behandelt wurde, reagierte sie niemals mit Hass oder Groll auf deren Grausamkeiten. So wie ein Obstbaum auch dann süße Früchte schenkt, wenn er mit Steinen beworfen wird, beantwortete Amma die Feindschaft und den Hass der Dorfbevölkerung bis auf den heutigen Tag mit ihren großmütigen Wohltätigkeitsprojekten.

Als Amma vom UNO-Gipfel nach Hause zurückkehrte, wurde sie genau von den Dorfleuten warmherzig empfangen, die ihr so viele Jahre feindlich und hasserfüllt begegnet waren. Die Hände derjenigen, die einst Amma mit Steinen beworfen und Übles gegen den Ashram verübt hatten, streuten nun Blumenblätter auf ihren Weg. Die Zungen derjenigen, die früher geflucht und versucht hatten, Ammas Ruf zu schädigen, sangen nun das *mantra:*

"Om Amriteshwaryai Namah," das bedeutet: „Sei gegrüßt, Göttliche Mutter Amritanandamayi."

Amma brauchte zu ihrer etwa 10 km langen Route von der Hauptstraße bis zum Ashram etwa fünf Stunden, bis sie die Menschenmenge passiert hatte. Alle Familien hatten zum Zeichen des Respektes und der Verehrung vor ihren Häusern Öllampen angezündet und warteten stundenlang vor der Schwelle ihres Hauses darauf, einen flüchtigen Blick von Amma zu empfangen. In dem Moment als Amma den Ashram erreichte, begann ein sanfter Regen, so als ob Mutter Natur selbst Freudentränen vergoss angesichts dieser enormen Veränderung im Verhalten der Dorfbevölkerung. Das ist das Wunder der Liebe. Ammas Leben ist eine endlose Kette solcher Wunder.

Amma ignoriert eine Ashram-Regel

Um ein *sannyasi* werden zu können, musste ich zwei Hürden nehmen, meine starke Verbundenheit mit meinen Eltern und meine Vorliebe für Joghurt und Buttermilch. Ich hing sehr an meinen Eltern und hätte nie gedacht sie zu verlassen, um in einen Ashram einzutreten. Außerdem war ich so daran gewöhnt, täglich mit dem Essen Joghurt oder Buttermilch zu nehmen, dass ich mir nicht vorstellen konnte, im Ashram Tag für Tag nun darauf verzichten zu müssen. Joghurt und Buttermilch wurden nämlich damals im Ashram nicht serviert – und vor allem nicht für *brahmacharis*. Täglich fetten Joghurt zu essen, gilt als nicht förderlich für das Zölibat. Außerdem gehörte Joghurt in der Umgebung des Ashrams nicht zur üblichen Nahrung.

Als Amma mich fragte, ob ich gerne als *brahmachari* im Ashram bleiben wolle, antwortete ich: „Gerne, wenn ich weiterhin wie zu Hause Joghurt und Buttermilch bekommen kann."

Amma sagte: „Das ist kein Problem" und traf tatsächlich eine besondere Vorkehrung, um mich mit Joghurt zu versorgen.

In ihrer Liebe macht es Amma nichts aus, sich über eine Regel oder einen Brauch hinwegzusetzen, wenn es eine Seele zu retten gilt. Sie wusste sehr genau, dass ich außerhalb der schützenden Atmosphäre des Ashrams erhebliche Chancen gehabt hätte, illusorischen Sinnesvergnügungen zu verfallen.

Eines Tages schrieb mir meine Mutter einen verletzenden Brief über Amma, die sie ein Fischerweib nannte. Ich wurde wütend. Da ich Ammas selbstlose Liebe und ihre spirituelle Herrlichkeit erfahren hatte, konnte ich es nicht ertragen, dass Amma kritisiert oder beschimpft wurde. Als Vergeltung entschloss ich mich, meine Eltern solange nicht zu besuchen, bis sie sich entschuldigen oder etwas Gutes über Amma schreiben würden.

Beides taten sie nicht. Stattdessen heuerten sie einen Priester an, der mittels *tantrischer*[8] Rituale meinen Geist dahingehend beeinflussen sollte, dass ich den Ashram verlassen und wieder nach Hause zurückkommen würde. Außerdem schickten sie mir einen Talisman, den ich als Anhänger um den Hals tragen sollte. Der Talisman war durch das Rezitieren einiger sehr starker *mantras* energetisiert worden.

Sie schickten ihn mir durch einen Verwandten, der den Ashram solange nicht verlassen wollte, bis ich mir diesen Talisman um den Hals gebunden hätte. Ich ging in dieser Angelegenheit schließlich zu Amma. Amma sagte: „Mach dir keine Sorgen, auch wenn er stark genug ist, dich aus dem Gleichgewicht bringen zu können. Trage ihn einfach. Amma beschützt dich, dass er dir nicht schaden kann." Sie wollte, dass ich ihn trage, um meine Eltern zu beruhigen. Also legte ich ihn mir um den Hals. Obwohl meine Eltern vollständig gegen Amma eingenommen waren, ging sie außerordentlich liebevoll mit ihnen um und versäumte keine Gelegenheit, ihnen eine Freude zu machen.

---

[8] *Tantra* ist ein System der Verehrung mit dem Ziel, den Segen einer höheren Macht zu gewinnen. *Mudras* spielen eine größere Rolle als *Mantras*

Meine Eltern hatten gehofft, ich werde meinen Entschluss ändern und bald nach Hause kommen. Der Priester, der diese *tantrischen* Rituale durchgeführt hatte, war berühmt als Experte derartiger Verfahren und hätte einen Sinneswandel in mir herbeiführen sollen. Mit Erstaunen sahen sie, dass sich mein Verhalten keineswegs änderte und als die Rituale und Beschwörungsformeln des Priesters wirkungslos blieben, erkannten sie, dass Amma ein sehr viel mächtigeres Wesen ist, als sie gedacht hatten. Im Laufe der Zeit wurden sie durch viele Ereignisse davon überzeugt, dass Amma Eins ist mit der Göttlichen Mutter, die sie jeden Tag verehrt hatten. Das brachte eine großartige Veränderung in ihr Leben, und sie wurden schließlich Devotees von Amma.

Qualität vor Quantität

Vor vielen Jahren kam eine Devotee aus Tamil Nadu zum ersten Mal zu Amma. Da ich Tamil spreche, fungierte ich als ihr Übersetzer. Sie war von Ammas Liebe und spiritueller Energie tief ergriffen und gab dem Ashram vor ihrer Heimreise eine großzügige Spende. Unsere finanzielle Situation war damals erbärmlich, so dass diese Gabe für den Ashram wirklich ein Glück war.

Einen Monat später besuchte die Spenderin erneut den Ashram. Sie kam an, als Amma ihren *darshan* gerade beendet hatte und im Begriff war, in ihr Zimmer zu gehen. Als ich die Frau sah, lief ich in Ammas Zimmer mit dem Gedanken: „Amma wird sehr beeindruckt sein und sofort herunterkommen, um mit der Dame zu sprechen, die bei ihrem letzten Besuch eine so große Spende gegeben hat." Ich klopfte an Ammas Zimmertüre, die sich öffnete. Amma las Briefe ihrer Devotees und fragte mich: „Was gibt's?" Ihr Gesichtsausdruck verriet mir, dass ich sie gestört hatte. Ich zögerte zu reden, nahm aber meinen Mut zusammen und sagte: „Diese Dame aus Tamil Nadu ist da, die uns im letzten Monat eine so große Spende gegeben hat."

Amma fragte: „Ja und? Was soll ich jetzt tun?"

Ich wusste nicht, was ich sagen sollte, stotterte ein paar Worte und ging in mein Zimmer. Ich traf mich auch nicht mit der Dame. Nach einer Weile kam Amma heraus und stand auf dem Balkon vor ihrem Zimmer. Zufällig kam ich aus einem anderen Grund dort vorbei. Sie rief mir zu: „Warten Devotees darauf mich zu sehen?" Ich ergriff sofort die Gelegenheit: „Ja, ja, Amma. Diese Dame aus Tamil Nadu wartet auf dich."

"Hör auf," sagte sie. „Ich habe nicht nach dieser Dame gefragt. Gibt es noch jemanden, der auf mich wartet?"

Ich sagte Amma, ich werde nachsehen und es herausfinden. Ich sah einen Ehemann mit seiner Frau und ihren Kindern. Schon ihr Anblick verriet mir eine sehr arme Familie. Die Nasen der Kinder liefen, sie hatten schmutzige Wangen und ungekämmtes Haar. Jeder hätte in ihnen Bettler vermutet. Als sie im Ashram angekommen waren, so stellte sich heraus, hatten sie feststellen müssen, dass der *darshan* schon vorbei war und sie Amma nicht sehen konnten. Sie waren darüber so verzweifelt, dass sie zu weinen begannen. Genau in dem Moment hatte Amma mich gebeten zu schauen, ob jemand auf sie warte.

Ich ging unverzüglich zu Amma und sagte: „Es wartet eine Familie. Sie wollten dich sehen, da du aber schon fort warst, konnten sie deinen *darshan* nicht bekommen und müssen nun zurück nach Hause. Sie sagen, dass sie einen kleinen Teeladen haben." Sie hatten ihr Geschäft geschlossen, um Amma im Ashram zu besuchen. Wenn sie nicht abends wieder nach Hause kämen, könnten sie ihren Laden am nächsten Tag nicht rechtzeitig öffnen – ihr einziger Lebensunterhalt. Amma trug mir auf, sie sofort in ihr Zimmer zu bringen. Ich war erstaunt. Da war einerseits diese wohlhabende und großzügige Dame, die darauf wartete, Amma zu sehen, und Amma ging nicht zu ihr. Und dann diese arme Familie, die Amma in ihr Zimmer rufen ließ! Amma sprach mit ihnen und tröstete sie, verbrachte fast eine halbe Stunde mit ihnen und gab ihnen *prasad*.

Ich konnte meine Neugierde nicht beherrschen und fragte: „Amma, ich würde gerne verstehen, warum du heute so gehandelt hast. Diese arme Familie, die du gerade getroffen hast, ist dem Ashram doch keine Hilfe, wohingegen die reiche Dame, die auf dich wartet, dem Ashram in vielerlei Hinsicht eine große Hilfe sein kann."

Amma antwortete sofort mit ernstem Ton, dass sie ihre Arbeit nicht macht, weil sie von irgendjemandem Hilfe erwartet, obgleich sie jederzeit dazu bereit ist, einem Bedürftigen zu helfen. Sie sagte: „Dieses arme Paar kommt jede Woche in den Ashram. Sie haben einen kleinen Teeladen und haben kaum das Nötigste zum Leben. Was ihnen auch widerfährt, nehmen sie glücklich an. Ihr einziges Einkommen ist der Verkauf von Tee und Snacks in ihrem kleinen Laden. Sie sind so arm, dass sie aus ihrem jeweiligen Tageseinkommen lediglich den Reis und die Lebensmittel für den nächsten Tag kaufen können. Einmal in der Woche fasten Mann und Frau und besuchen Amma mit dem Geld, das sie sonst für Lebensmittel ausgeben würden. Letzte Woche hatten sie ein paar Rupien übrig und schenkten sie als Opfergabe."

Die wohlhabende Dame hatte eine große Spende gemacht, die Amma nicht speziell beachtete. Im Vergleich zu der enormen Spende war das, was die arme Familie gegeben hatte, nichts. Doch eingedenk der großen Armut dieser Familie, sagte Amma, war ihre Spende von unschätzbarem Wert.

Es ist noch zu erwähnen, dass Amma später die wohlhabende Dame in ihr Zimmer rufen ließ und einige Zeit mit ihr verbrachte.

Kapitel 13

Entsagung

Ein Geschenk, das Amma ehrt

Vor ein paar Jahren kam eine Gruppe Studenten mit einer großen, sehr hübsch verpackten Schachtel zu Ammas Geburtstagsfest. Das sei ihr Geburtstagsgeschenk, sagten sie zu Amma während sie es ihr überreichten. Amma nahm es lächelnd in Empfang und sagte: „Namah Shivaya."

Sie sprach anschließend zu ihnen: „Das ist ein hübsches Geschenk, doch es gibt noch ein besseres." Es waren junge Leute und Amma kannte ihre Angewohnheit Zigaretten zu rauchen. Deshalb fuhr sie fort: „Kinder, in dieser Welt leiden unzählige Menschen. Viele können sich nicht eine einzige Schmerztablette leisten, geschweige denn wirkliche Medizin. Wenn ihr das Rauchen aufgebt und das Geld spart, könnt ihr damit jedes Jahr wenigstens einigen leidenden Menschen helfen."

"Was habt ihr denn vom Rauchen? Es schadet nur eurer Gesundheit und macht euch zum Sklaven einer schlechten Gewohnheit. Ihr ladet damit nur Krankheiten und eine angegriffene Gesundheit auf euch und bezahlt das mit frühem Tod. Heutzutage steht doch auf jeder Zigarettenpackung: 'Rauchen schadet Ihrer Gesundheit. Rauchen kann Krebs verursachen.' Trotzdem sind viele nicht fähig, das Rauchen aufzugeben. Manche sehen darin sogar ein Statussymbol. Der wirkliche und beständige Status leitet sich aus einem weiten Geist ab und nicht aus solch schädlichen Gewohnheiten."

"Wenn ihr das Rauchen aufgeben oder mindestens reduzieren könnt, und das so gesparte Geld für die Armen verwendet, wäre dies für Amma das schönste Geschenk von euch." Die jungen Leute wurden für eine Weile nachdenklich. Sie waren sich bewusst, welche Macht diese Rauchsucht hat und wie schwierig es ist, diese Gewohnheit aufzugeben. Schließlich antworteten sie: „Wir wollen es versuchen, doch wir brauchen deinen Segen und deine Gnade."

Amma antwortete: „Falls ihr damit nicht aufhören könnt, bringt alle Stummel der gerauchten Zigaretten zu mir. Der Gedanke daran, jeden Zigarettenstummel Amma zu bringen, wird euch enorm darin unterstützen, nicht zu rauchen." Mit diesen Worten entließ Amma die Jugendlichen.

Am Abend des folgenden Geburtstages kamen sie mit zwei bunt eingepackten und versiegelten Geschenkpaketen. Sie bestanden darauf, dass Amma die Pakete öffnete und sich ihren Inhalt anschaute. Als Amma die erste Schachtel öffnete, strahlten sie siegesfroh. „Das ist das kostbarste Geschenk, das ihr Amma geben konntet", verkündete Amma laut lachend. Alle beugten sich vor, um zu sehen, welches Geschenk Amma derart erfreute. Die Schachtel war leer! Kein Zigarettenstummel darin, was bedeutete, dass nicht einer auch nur eine Zigarette geraucht hatte, seit sie Amma im vorigen Jahr versprochen hatten, es zu versuchen. In der zweiten Schachtel waren Kleider, Hefte, Kugelschreiber und Bleistifte für die Schüler des Waisenhauses. Die Jugendlichen hatten ihr Versprechen gegenüber Amma mit Erfolg eingehalten.

Auch wir können versuchen, Amma solch ein Geschenk zu machen – das Geschenk der Entsagung und des Opfers. Sie möchte überhaupt nichts Materielles von uns bekommen. Sie wünscht sich, dass ihre Kinder den Armen und Leidenden wenigstens so weit beistehen, indem sie das eine oder andere Suchtverhalten und Luxusbedürfnis aufgeben. Auf dem Emblem von Ammas Ashram steht das Motto *tyagenaike amritatwamanasuh*. Das heißt: „Ohne Entsagung kann die Höchste Wahrheit nicht verwirklicht werden." Das ist aus einer Hymne der *Upanishaden*, in der es heißt: „Allein durch Entsagung gewinnst du die Unsterblichkeit, weder durch Taten, noch durch Nachkommenschaft oder Geld und Gut."

Der wahre Geist der Entsagung

Spricht man von Entsagung, denkt man sofort, man müsse seine Familie, sein Vermögen oder Haus und allen sonstigen Besitz aufgeben, um fortan nur noch zu meditieren. Dem ist nicht so. Unter Entsagung versteht man, die Anhaftung an seinen Besitz aufzugeben. Anhaftung heißt in Sanskrit *mamakara*, was so viel bedeutet wie „Sinn für Besitztum und Mein-Eigenes." Sie ist der Zwilling von *ahamkara* (Ego). Die Überwindung dieses begrenzenden Sinnes, der sich in dem Gefühl von Ich und mein und durchs Ego ausdrückt, wird in der Philosophie des Vedanta Befreiung oder *moksha* genannt.

Wenn ich sage, dieses Stück Land ist mein, sage ich damit, dass der Rest des Landes, die Erde, keinen Bezug zu mir hat. Damit verordne ich der unendlichen Natur meines Höheren Selbst eine Begrenzung. Wenn ich außerdem annehme, ich bin mein Körper, Gemüt und Verstand, begrenze ich mich selbst auf ein relativ kleines Bild von mir und vergesse, dass ich Eins bin mit dem Alldurchdringenden Höchsten Bewusstsein.

Es ist vermutlich nicht möglich, ab sofort in allen Lebensbereichen solch eine Universalhaltung zu praktizieren, solange das Ego in uns ist. Der sichere und praktische Weg zur Befreiung besteht darin, unser Leben mit dem Leben eines Meisters, der diese Einheit mit dem Höchsten Selbst realisiert hat, zu verbinden.

So wie ein Boot, das den Ozean durchquert, beträchtlich weniger Kraft braucht, wenn es an einem Schiff festgemacht ist, als wenn es alleine fährt, können auch wir die andere Küste dieses Ozeans von Leben und Tod erreichen, wenn wir unser Leben mit dem eines Meisters verbinden.

Jeder von uns kam allein auf diese Welt und niemand wird mit uns gehen, wenn wir sie wieder verlassen. Wir haben unseren Körper, unseren Geburtsort und unsere Eltern nicht bewusst gewählt. Da das eine Tatsache ist, sollten wir auch bereit sein anzuerkennen, dass alles, was uns im Leben kostbar ist, unsere Verwandten und Freunde und unsere Talente, Geschenke des Allmächtigen sind. Wir lieben und schätzen diese Geschenke, doch wie oft erinnern wir uns daran, dass Gott uns dies alles gab?

Wenn wir dieses Leben selbst als Geschenk Gottes verstehen, haben wir eine Haltung tief empfundener Dankbarkeit gegenüber Gott und seiner Schöpfung, durch die sich Gott ausdrückt. Die Gegenwart und das Leben eines Meisters lehren uns diese Wahrheit. Der Meister in seinem Einssein mit Gott ist der Mittelpunkt, auf den hin wir unsere Liebe und Hingabe an Gott richten. Mit der Einstellung alles, was kommt, wurde uns von Amma gegeben und was wir verlieren, ist eine Gabe an sie, werden wir in jeder Situation die nötige Gelassenheit haben. Das ist wahre Entsagung.

Entsagung muss nicht unbedingt heißen, alles aufzugeben und in einen Ashram einzutreten, oder dass wir unsere Kinder und Ehepartner nicht lieben sollten. Wir können mit unserer Familie im Sinne des Loslassens leben, indem wir alles pflichtbewusst tun und uns zugleich darauf besinnen, dass alles eines Tages mit dem Tod vergehen wird. Wir sollten darauf vorbereitet sein. Das ist eine realistische Haltung von Entsagung.

Janaka war ein sehr berühmter König im alten Indien. Er war ein wirklicher *jnani,* jemand, der die Höchste Wahrheit verwirklicht hatte. Der Meister von König Janaka hieß Yagnayavalkya.

Obwohl Janaka König war, nahm er zusammen mit anderen Schülern von Yagnayavalkya Unterricht in den Weisheitstexten. Der Meister liebte König Janaka sehr wegen dessen tiefer Spiritualität und räumte ihm gewisse Privilegien ein. So wartete er mit dem Beginn seines Unterrichts, falls König Janaka noch nicht da war, was er aber nicht machte, wenn andere Schüler zu spät kamen. Und wenn manchmal König Janaka früher als alle anderen kam, begann der Meister unverzüglich mit dem Unterricht. Da die anderen Schüler das nicht verstanden, wurden sie eifersüchtig. Sie glaubten, ihr Meister sei Janaka gegenüber parteiisch, da er ein wohlhabender König war. Sie folgerten daraus, die Haltung ihres Meisters sei unkorrekt. Einige Gerüchtemacher verbreiteten diese Meinung und schürten Unruhe unter den Studenten.

Da Yagnayavalkya ihre Einstellung durchschaute, wollte er sie über den Irrtum ihrer unüberlegten Schlussfolgerung aufklären. Aus seiner großen spirituellen Macht heraus schuf er die Illusion eines Feuers.

Im Unterricht stürmte ein Bote aus Janakas Palast herein, übergab Janaka mit Erlaubnis des Meisters eine schriftliche Botschaft und flüsterte ihm dabei etwas ins Ohr. Das sahen die anderen Schüler und derjenige, der neben Janaka saß, warf einen verstohlenen Blick auf den Zettel, um herauszufinden, worum es ging. Der Meister hielt einen Moment mit dem Unterricht inne und schloss seine Augen. Als er sie wieder öffnete, war nur noch Janaka im Klassenzimmer. Alle andern Schüler waren rausgelaufen. Er setzte den Unterricht allein mit Janaka fort, der ernst und ruhig dasaß.

Nach einer Weile kamen die Schüler zurück und mussten entdecken, dass der Unterricht schon zu Ende war. Sie wurden ärgerlich auf den Meister und fragten ihn: „Warum hast du so früh mit dem Unterricht aufgehört? Es war doch niemand da. Du hättest auf unsere Rückkehr warten sollen."

Der Meister antwortete: „Janaka war da." Da wurden sie noch ärgerlicher und sagten zu ihrem Meister: „Weißt du nicht, was passiert ist?"

"Nein, was ist passiert?" fragte der Meister unschuldig.

"Der königliche Palast hat Feuer gefangen," antworteten sie.

Der Meister antwortete: „Ja und? Ihr lebt doch nicht im Palast. Was kümmert das denn euch?"

"Wir hatten in der Nähe der Verbindungsmauer zum Palast unsere Lendentücher zum Trocknen aufgehängt. Sie hätten verbrennen können. Es ist wirklich Gottes Gnade zu verdanken, dass wir gerade noch rechtzeitig hinkamen."

Der Meister wandte sich zu Janaka und fragte: „Weißt du nicht, dass in deinem Palast Feuer ausgebrochen ist? Ist es nicht deine Pflicht, ihn zu retten? Wie kommt es, dass du da so ruhig sitzest?"

In großer Demut antwortete Janaka: „Meister, das Leben ist unsicher. Wer weiß, ob ich den nächsten Atemzug noch tun kann? Bevor der Tod den Körper hinwegnimmt, sollte man die Unsterblickeit des Höchsten Selbst verwirklichen. Dann kann man nicht nur das eigene Selbst retten, sondern die gesamte Menschheit. Zu Füßen eines großen Meisters, wie du es bist, kann Selbst-Verwirklichung jeden Augenblick stattfinden. Nur ein Dummkopf versäumt die goldene Gelegenheit, den Lehren seines Meisters zu lauschen, weil er Dinge in Sicherheit bringen will, die ohnehin vergänglich sind."

Um seinen Schülern die Größe von König Janaka zu zeigen, sprach Yagnayavalkya zu ihnen: „Janaka ist der König des ganzen Landes. Der Palast ist sein zu Hause, und obwohl er wusste, dass er Feuer gefangen hatte, bewegte er sich nicht von hier weg. Er haftet all seinem wertvollen Besitztum überhaupt nicht an, obschon er mittendrin lebt. Ihr dagegen besitzt lediglich ein paar unbedeutende Dinge wie eure Lendentücher und seid doch so mit ihnen verhaftet. Ihr versucht sie zu retten, selbst auf das Risiko hin, die Gelegenheit der Selbst-Verwirklichung zu verpassen. Auch als *sannyasi* kann man kleinen, unbedeutenden Dingen wie einer Bettelschale, einem Paar Sandalen oder dem Wanderstab verhaftet sein. Und dann gibt es andererseits Menschen, die viele Kinder haben und große Verantwortung tragen und dennoch total losgelöst sind. Solch eine geistige Einstellung ist wahre Entsagung."

Viele Gelegenheiten, Entsagung zu üben

Angenommen wir schlafen nachts acht Stunden. Warum reduzieren wir das nicht um eine halbe Stunde? Triff mit dir selbst ein Abkommen: „Ab jetzt werde ich nur siebeneinhalb Stunden schlafen." Das ist Entsagung. Falls wir viermal am Tag essen, können wir entscheiden: „Ich werde nur dreimal am Tag essen, ohne die Essensmenge der einzelnen Mahlzeiten zu erhöhen."

Der Geist möchte nicht diszipliniert werden. Ein undisziplinierter Geist ist generell erregt und ruhelos, andernfalls wären wir so glücklich und friedevoll wie Amma. Wann immer wir Disziplin erzwingen wollen, gibt es einen inneren Kampf, der unser Bemühen jedoch nicht aufhalten darf. Wenn wir unseren Geist disziplinieren können, werden wir Gott verwirklichen.

Viele von uns wollen nicht lange meditieren und mögen auch nicht lange *yogasanas* (Yoga-Haltungen) machen. Wenn wir jedoch solche spirituellen Übungen als Disziplin beharrlich einhalten, praktizieren wir indirekte Entsagung oder Verzicht. Wenn wir ganz fest entschlossen sind, heute 45 Minuten zu meditieren, obwohl wir eigentlich schon nach einer halben Stunde aufstehen möchten, ist das Verzicht (d.h. Verzicht auf unser starkes Bedürfnis nach 30 Minuten aufzustehen). Es gibt in unserem täglichen

Leben viele Gelegenheiten zu solchem Verzicht. Unser Geist kann auf diese Weise trainiert werden.

Viele Menschen meinen sich erst dann der Spiritualität zuwenden zu können, wenn sie einmal genug Geld verdient, ihre Wunschposition erreicht und alle nur erdenklichen Sinnesvergnügungen genossen haben. Erst dann möchten sie über Entsagung nachdenken. Das wird nie gelingen. Geist und Körper werden uns nicht gehorchen, selbst wenn wir es im Alter schaffen, mit Beten und Meditieren zu beginnen. Es ist viel schwieriger, unseren Geist zu zügeln, unsere Gedanken einzudämmen und längere Zeit still zu sitzen, wenn wir alt sind. So ist es sicher besser, unsere spirituelle Suche in jungen Jahren zu beginnen – je früher desto besser.

Bekannte Formen von Entsagung

Entsagung ist für uns nichts Neues. Oft genug praktizieren wir sie in unserem Alltagsleben, allerdings meistens nur zu selbstsüchtigen Zwecken. Amma gibt zu dieser Art von Entsagung ein Beispiel. Viele Menschen behaupten keine Zeit zu haben, um zum *satsang*, in einen Tempel oder eine Kirche zu gehen, können dann aber Stunden in einem Krankenhaus warten, wenn ihr Sohn oder ihre Tochter krank ist. Vielleicht müssen sie im Krankenhaus viele Unbequemlichkeiten erdulden, doch nehmen sie dies klaglos hin. Solche Art von Entsagung nimmt man um der Familie willen auf sich.

Amma gibt noch ein anderes Beispiel. Wenn in Indien populäre Kinofilme gezeigt werden, stehen die Leute für die Eintrittskarten stundenlang Schlange in der heißen Sonne. Diese Leute halten solche Strapazen gut aus. Das Gleiche geschieht auf dem Baseballplatz. Die Leute sind so darauf aus, eine Eintrittskarte für das Spiel zu bekommen, dass sie sich von den Menschenmassen herumschubsen lassen. Derartige Formen von Entsagung haben keinen bleibenden Wert.

Unsere gegenwärtige Auffassung von Verzicht ist die eines Jungen, der sich von seinen Murmeln trennt, weil er keinen Spaß mehr daran hat. Es waren zwei Brüder, fünf und acht Jahre alt. Der Achtjährige schnappte seinem jüngeren Bruder alle Murmeln weg und weigerte sich sie ihm wiederzugeben, so sehr der Jüngere auch weinte. Jeden Tag kämpften sie um die Murmeln. Das ging eine ganze Weile so.

Eines Morgens holte der ältere Bruder alle Murmeln aus seiner Schublade hervor und gab sie dem Jüngeren zurück. Der kleine Junge traute seinen Augen kaum. Er glaubte, sein Bruder sei verrückt geworden. Warum sonst hätte er diese kostbaren Murmeln weggegeben? Sollte sein Bruder über Nacht großzügig geworden sein? Die einfache Erklärung dafür war, dass ihr Vater dem älteren Jungen ein Fahrrad gekauft hatte und dieser deshalb an den Murmeln nicht mehr interessiert war. Seitdem er etwas Besseres hatte, kümmerte er sich nicht mehr um die Murmeln.

Viele Menschen sind nicht sehr erpicht auf Entsagung, wenn das bedeutet, anderen Menschen zu dienen, spirituelle Übungen zu machen oder Anhaftung loszulassen. Dann aber, wenn wir zu Amma gehen, praktizieren wir Entsagung zu einem höheren Zweck.

Überall in der Welt warten Menschen, die normalerweise nicht auf Schlaf, Essen und anderen Komfort verzichten, während Ammas *darshan* viele Stunden darauf, einen kurzen Moment ihrer göttlichen Liebe zu erfahren. In Ammas Gegenwart sind alle unsere nichtigen Angelegenheiten und Bedürfnisse wie weggeblasen. Sobald wir jedoch von Amma weggehen, sind wir leider nicht fähig, diese Geisteshaltung beizubehalten.

Entsagung verlangt die Entscheidung, den Fokus unseres Lebens vom Weltlichen wegzuwenden und auf das Spirituelle auszurichten. Wir müssen uns des Ziels bewusst sein und alles daransetzen, es zu erreichen.

Die Größe eines echten Opfers

Der Grad unserer Entsagung liegt weder in der Höhe des für Wohltätigkeitszwecke gespendeten Geldbetrages noch im Wert der Dinge, auf die wir verzichten. Er hat maßgeblich mit der inneren Haltung und dem Zusammenhang zu tun, wie wir den Akt des Verzichtes vollziehen. Im *Mahabharata* gibt es eine fesselnde Geschichte zur Illustration der Essenz von Entsagung. Nach dem großen Krieg brachten die Pandavas ein großartiges Wohltätigkeits-Opfer dar: Kühe, Goldschmuck, Geld und andere Wertgegenstände. Die Opferhandlungen zogen sich mehrere Tage hin, und es wurden so viel Vermögen und Reichtümer verteilt, dass jeder es als größtes Opfer aller Zeiten pries. Die Pandavas waren trotz ihrer tugendhaften Natur ein bisschen Stolz auf ihre eigene Großherzigkeit.

Während der Opferhandlungen kam eines Tages ein Mungo auf den Opferplatz. Es war ein seltsamer Mungo, denn eine Hälfte war golden, während die andere braun war wie bei gewöhnlichen Mungos. Der Anblick dieses seltsamen Mungos erregte die Neugier der Pandavas.

Zu ihrem Erstaunen begann der Mungo mit menschlicher Stimme zu sprechen: „Das Verdienst des von euch dargebrachten Opfers entspricht noch nicht einmal einem Prozent dessen, was sich eine arme Brahmanen-Familie als Verdienst erwarb, die aus Barmherzigkeit ein Stückchen Nahrung weitergab. Die Pandavas wollten genauer wissen, wie diese Bemerkung zu verstehen sei, und fragten, warum denn sein Körper zur Hälfte golden sei. Der Mungo antwortete: „Vor einigen Jahren lebte eine Brahmanen-Familie in einem von Hungersnot und Dürre heimgesuchten Land. Jahrelang hatte es nicht geregnet und die Ernten fielen aus. Die Nahrungsvorräte schwanden dahin, so dass die Menschen verhungerten. Es starben täglich viele Familien. Diese Brahmanen-Familie hatte ein wenig Weizenmehl als Vorrat retten können, bis auch das fast aufgebraucht war. Sie beschlossen deshalb, ein paar Tage zu fasten und an dem Tag, an dem sie Hungers sterben würden, aus dem Mehl ein *chapatti* zu bereiten und zu essen, um noch ein paar Tage zu überleben."

"Nachdem sie viele Tage gefastet hatten, fühlten sie eines Tages, dass sie sterben würden, wenn sie jetzt nichts zu essen hätten. Zu ihrer Familie gehörten vier Menschen, der Mann und seine Frau, ihr Sohn und ihre Schwiegertochter. Sie entschieden sich also an jenem Tag, aus dem restlichen Mehl ein *chapatti* zu bereiten, das sie durch vier teilen wollten. Als sie es gerade essen wollten, sahen sie vor ihrem Haus einen Bettler stehen. Er sagte: 'Ich bin schon seit Tagen ausgehungert. Wenn ihr mir jetzt nichts zu essen gebt, sterbe ich vor eurem Haus.' Der Ehemann wurde darüber traurig und sagte: 'Ich bin bereit, meinen Teil wegzugeben, selbst wenn ich sterbe. Das kümmert mich nicht. Wenigstens kann ich dich retten. Du kannst gern meinen Teil essen.' Der Vater gab sein Stück *chapatti* dem Bettler, der es hastig herunterschlang.

"Wenn wir hungern und nur einen kleinen Bissen essen, verschlimmert das unseren Hunger. Das passierte auch dem Bettler. Er war so ausgehungert, dass er sagte: 'Oh, wenn ihr mir nicht noch ein Stück gebt, sterbe ich sicherlich.'

"Jetzt sprach die Frau: 'Nun, ich muss es so machen wie mein Mann, deshalb gebe ich meinen Anteil auch ab.' Sie gab ihren Teil dem Bettler, dessen Hunger immer noch nicht gestillt war. Jetzt war der Sohn an der Reihe. Der Sohn gab seinen Teil ebenfalls weg. Doch noch immer war der Hunger des Bettlers nicht gestillt."

"Die Frau des Sohnes entschied für sich: 'Jeder hat seinen Anteil abgegeben. Wie könnte ich meinen aufessen? Ich werde ihn deshalb auch weggeben.' Sie gab darauf dem Bettler ihren Anteil. Er aß ihn auf und verschwand."

"Sehr bald schon starb die gesamte Familie den Hungertod. Nach ihrem Tod kam ich zufällig auf der Jagd nach Nahrung an ihrem Haus vorbei. Ich fand ein bißchen verstreutes Weizenmehl. Als ich mich darin wälzte, blieb es auf einer Seite meines Körpers kleben und wegen der Großartigkeit des Opfers dieser Familie färbte sich diese Seite golden. Seitdem suche ich alle Orte auf, an denen Menschen Barmherzigkeit üben, doch bisher habe ich noch keinen Ort gefunden, der die andere Seite meines Körpers gold färben könnte. Ich war voller Erwartung, dass die andere Hälfte meines Körpers sich golden färben würde, wenn ich mich an diesem heiligen Ort mit so großen Opferhandlungen wälzen würde. Doch leider sind meine Hoffnungen nicht erfüllt worden."

Die Brahmanen-Familie schenkte als Almosen keine großen Geldbeträge. Jedes Familienmitglied gab lediglich ein Stück *chapatti* her. Unter diesen Umständen war dies das größte Opfer, das ein Mensch bringen konnte. Wie immer auch unsere Lebensposition sein mag, wie immer auch unser Werdegang oder unsere Situation; wenn wir Entsagung praktizieren können, indem wir etwas uns Kostbares oder eine unserer Anhaftungen loslassen, wird dies das größte Opfer sein.

Kapitel 14

Gottes Gnade

Ehrliches Bemühen bringt Gnade

Die meisten Menschen haben viele Pläne und Vorhaben im Leben, das allein reicht jedoch nicht aus, um das Ziel zu erreichen. Dazu braucht es ein solides Programm. Jedes Ziel, das wir im Leben erreichen wollen, setzt ganz wesentliche Elemente voraus. Amma sagt: „Wie auch immer unsere Ziele und Bestrebungen sind, um Erfolg zu haben brauchen wir drei Dinge: Das ehrliche Bemühen, dass dieses Bemühen zur rechten Zeit geschieht und die Gnade Gottes."

Anstrengung allein bringt noch kein positives Ergebnis; Gottes Gnade muss hinzukommen. Zwischen unserem Einsatz und dem Ergebnis liegen viele andere Faktoren, die den Ablauf mitbeeinflussen, und von denen manche sich unserer Kontrolle entziehen. Auch wenn für uns alle Voraussetzungen zum erwünschten Erfolg günstig sein müssen, können wir die Dinge, die außerhalb unserer Kontrolle liegen, weder ändern noch beeinflussen. Einzig Gottes Gnade kann sie günstig beeinflussen und unsere Bemühungen durch positive Ergebnisse belohnen.

Gnade können wir nicht auf Bestellung erhalten. Amma sagt immer, Gnade muss verdient sein, was einige Anstrengungen voraussetzt. Wir müssen uns redlich bemühen und geduldig auf Gnade warten.

In diesem Zusammenhang spielen *mahatmas* und *satgurus* eine vitale Rolle. Die Gnade, die wir von *mahatmas* und *satgurus* wie Amma empfangen, unterscheidet sich nicht von der Gnade Gottes. *Mahatmas* und *satgurus* sind die Verkörperung von Mitgefühl und bedingungsloser Liebe. Ihr einziges Ziel ist es, uns beizustehen, dass wir aus unseren weltlichen Problemen und Fesseln herausfinden und sie uns zu Gott oder der Höchsten Wahrheit hinführen können.

Amma vergleicht die Periode, in der *mahatmas* und große Meister auf dieser Welt leben, mit dem Ausverkauf an bestimmten Feiertagen, zum Beispiel um Weihnachten oder Dipavali und Ramadan, an denen Kleider, Möbel und andere Dinge zu herabgesetzten Preisen erworben werden können. Wenn wir diese Dinge in einer Zeit des Ausverkaufs erstehen, bezahlen wir weniger als sonst. In ähnlicher Weise können die Lebenszeiten von *mahatmas* mit einer Ausverkaufssaison für die Gnade Gottes verglichen werden. Dank ihrer Gnade können wir das ersehnte Ziel mit weniger Eigen-Anstrengung erreichen als normalerweise von uns gefordert würde. Dieses Privileg bewährt sich nicht nur darin, dass wir unser Ziel erreichen, sondern auch, dass wir schwierige Lebensverhältnisse meistern können.

Spiritualität beschränkt sich nicht einfach auf Meditation, sondern schließt auch die Art und Weise ein, wie wir mit anderen sprechen und uns anderen gegenüber verhalten usw. Wenn wir uns nicht ehrlich bemühen und beten: „Gib mir Gnade, gib mir Gnade," bleiben wir ohne Erfolg.

Amma erzählt in Bezug auf mangelndes Bemühen eine sehr lustige Geschichte. Ein armer Mann betete täglich zu Gott. Eines Tages kam ihm eine Idee: „Ich möchte reich werden. Wenn Gott mich segnet, werde ich sicher in kurzer Zeit reich. Warum soll ich nicht darum bitten?" Von nun an betete er zu Gott: „Oh Gott, bitte mach mich reich!" Als sich nach einigen Tagen noch nichts an seiner finanziellen Situation geändert hatte, dachte er: „Vielleicht sollte ich darum bitten, auf eine ganz bestimmte Weise an Geld zu kommen." In der Stadt gab es eine monatliche Lotterie. Deshalb betete er fortan: „Oh Gott, lass mich durch deine Gnade in diesem Monat den ersten Preis in der Lotterie gewinnen!"Als die Lotterie gezogen war, hatte er nicht einmal den letzten Preis gewonnen, geschweige denn den ersten. Er war ziemlich enttäuscht, dachte aber: „Im nächsten Monat wird wieder eine Lotterie gezogen, vielleicht gewinne ich dann."

Beim nächsten Mal gewann er wieder nichts. Er wurde langsam ärgerlich, betete jedoch weiterhin. Es vergingen Monate, ohne dass er etwas gewonnen hatte, bis er so wütend wurde, dass er eines Tages Gott anschrie: „Gott, warum hörst du mich nicht? Kannst du denn nicht einmal meine einfachen Gebete beantworten?"

Plötzlich hörte er die Stimme Gottes: „Mein Sohn, ich kenne selbstverständlich deine Probleme, höre deine Gebete und bemühe mich sehr darum, dir zu helfen."

Das machte den Mann noch wütender. „Wenn dem so ist, warum dann dieser Aufschub? Warum lässt du mich denn nicht den ersten Preis in der Lotterie gewinnen?"

Gott antwortete: „Ich warte darauf dir zu helfen, mein Kind, aber was kann ich denn tun, wenn du dir keinen einzigen Lotterieschein kaufst?"

Wenn wir uns auch so verhalten und ständig nur beten: „Oh Gott, schenke mir deine Gnade," funktioniert das nicht. Ohne Gottes Gnade kann unser Bemühen keine Früchte tragen, aber ohne unser Bemühen wird das Einströmen der Gnade Gottes behindert.

Gottes Gnade oder die Gnade des Meisters kann unser negatives Karma mildern. Einmal fuhren einige *brahmacharis* mit Amma zum Programm in die Stadt Kottayam, ziemlich weit weg vom Ashram. Wir waren von Devotees eingeladen worden, sie auf dem Rückweg in einem kleinen Dorf zu besuchen. Amma zelebrierte eine Puja bei ihnen zu Hause und unterhielt sich anschließend eine Weile mit der Familie. Sie waren überglücklich, Amma bei sich zu Besuch zu haben. Auf einmal wurde Amma ganz in sich gekehrt, und es wurde vollkommen still in dem Raum. Amma stand unversehens auf und ging ohne ein Wort der Erklärung zur Hintertüre hinaus. Es war drei oder vier Uhr morgens und draußen war es rabenschwarz. Während der Hausherr sich um eine Lampe bemühte, um ihr den Weg zu leuchten, schritt Amma schon durch die Mangobüsche hinaus in den Hinterhof. Um sie nicht zu stören, folgte er ihr in geziemendem Abstand und richtete das Licht auf ihre Füße.

Amma kehrte nach zehn Minuten ins Haus zurück. Jeder sah sofort, dass ein Zeh blutete, da sie sich wohl beim Gehen im Dunkeln in den Fuß geschnitten hatte. Die Familie war sehr aufgeregt und setzte alles daran, die Wunde zu reinigen und zu verbinden. Anschließend begleiteten die *brahmacharis* Amma zurück in den Ashram.

Einige Monate später besuchte diese Familie Amma im Ashram. Sie erzählten, dass ihr Dorf ausgeplündert worden sei; eine Bande Krimineller habe Haus um Haus ausgeraubt, dabei hart zugeschlagen und sogar einige sich wehrende Dorfbewohner getötet. Auch ihr Haus sei ausgeraubt worden, ohne dass jemand dabei verletzt worden sei. Die Familie erkannte, dass sie durch Ammas Gnade nicht angegriffen worden waren, und kam in den Ashram, um ihre Dankbarkeit Amma gegenüber auszudrücken. Am Ende ihres Berichtes hörte ich Ammas Kommentar: „Ich hatte bereits Blut in eurem Haus vergossen. Deshalb wurde dort niemand verletzt." Amma erklärte nichts weiter, doch ich hörte heraus, dass Blutvergießen in diesem Haus vorbestimmt gewesen sein musste. Indem sich Amma in deren Haus die blutende

Wunde am Fuß zugezogen hatte, konnte sie die Familie vor ihrem vorbestimmten Unglück bewahren.

Von Selbstsucht zu Selbstlosigkeit

Es ist ein wundervolles Privileg, einem *mahatma* zu begegnen, denn die großen Meister gießen ihre Gnade über uns aus, ohne zuvor eine Qualifikation von uns zu verlangen. Sie helfen uns, unser Ziel mit weniger Kraftaufwand zu erreichen, als andernfalls vielleicht nötig gewesen wäre.

Amma gibt das Beispiel eines Segelbootes. Wenn wir in einem Segelboot unter günstigem Wind segeln, müssen wir die Segel setzen, um den Wind zu nutzen, und die Fahrt wird schnell und einfach sein. Ähnlich ist es mit einem unter uns lebenden *mahatma* wie Amma. Die Brise ihrer Gnade und ihres Mitgefühls bläst unentwegt. Wir müssen nur unsere Segel setzen – unsere Herzen öffnen – um ihre Gnade zu empfangen.

Amma sagt, dass – sofern wir uns freundlich und liebevoll verhalten und anderen selbstlos dienen – wir diese Gnade erlangen können. Diese Gnade steht immer zu unserer Verfügung und diese Haltung bewirkt, dass unser Herz für diese Gnade empfänglich wird. In dem Maß wie unser selbstsüchtiges Treiben das Einströmen dieser Gnade verhindert, öffnen unsere selbstlosen Handlungen dem Strom der Gnade Gottes alle Tore.

Wir alle bringen für weltliche Belange ganz selbstverständlich die größtmögliche Energie auf – um eine gute Arbeitsstelle zu finden, um Geld zu verdienen und einen angesehenen Status in der Gesellschaft zu bekommen, alles Bestrebungen, die überwiegend egozentrischer Natur sind. Nur selten handeln wir selbstlos, bereichern uns jedoch endlos aus der Natur und der Gesellschaft. Die Harmonie zwischen Menschen, Tieren, Pflanzen und Naturkräften ist durch unseren Egoismus gestört. Unser Egoismus ist der einzige Misston in der großartigen Symphonie des Lebens auf der Erde.

Wer unentwegt von der Welt nimmt, führt die selbstsüchtigste Art von Leben. Lord Krishna nennt solch einen Menschen in der *Bhagavad Gita* einen Dieb. Ein derartiger Egoismus ist schädlich für die Natur und für jedermann, den egoistischen „Dieb" mit einbezogen. Selbstsucht ist wie unentwegte Nahrungsaufnahme ohne ausscheiden zu wollen. Übermäßiger Reichtum kann das Leben eines Menschen genauso beeinträchtigen wie übergroße Armut.

Wir sollten der Natur und anderen Menschen wenigstens etwas Beistand gewähren, jedoch verschwenden wir auf diese Mühe kaum einen Gedanken und meinen stattdessen: „Gott wird sich schon darum kümmern." Wir wollen nichts von uns selbst einbringen. Solange wir nicht bereit sind anderen zu geben, verhindern wir, dass der Gnadenstrom Gottes uns zufließt.

Amma rät, falls wir vierundzwanzig Stunden am Tag alles nur für uns selbst machen, wenigstens Zeit zu einem Gebet für den Frieden und das Wohlergehen aller Lebewesen zu finden. Wann immer sich uns eine Gelegenheit bietet, anderen körperlich oder finanziell, durch Einsatz unserer Fähigkeiten oder sonstwie zu helfen, sollten wir es tun.

Amma spricht oft über Bemühung und Gnade. Gottes Gnade ist der wichtigste Faktor, wenn wir mit unseren Bemühungen das erhoffte Ergebnis erzielen wollen. Amma erzählt dazu das Beispiel von zwei Bewerbern auf eine Stelle, in einem gemeinsamen Vorstellungsgespräch. Sie haben dieselbe Qualifikation und beide beantworten die Fragen des Interviewers korrekt. Wen wird man auswählen? Es kann nur einer genommen werden – derjenige, der sich im Gespräch die Sympathie des Interviewers erwirbt. Was verhilft uns wohl, das Herz eines anderen Menschen zu gewinnen? Einzig Gottes Gnade. Dieser Gnade ist zu verdanken, wenn ein

Mensch, der beispielsweise in einem Interview nicht besonders gut abgeschnitten hat, die Stelle bekommt, obwohl die anderen alle Fragen korrekt beantworteten.

(Anm. der Übers.: der Abschnitt mit Beispielen aus dem Cricket wurde vom englischen Original nicht übernommen, da die Spielregeln dem deutschen Leser wohl wenig bekannt sind.)

Amma sagt, dass durch Gnade unsere Bemühungen zur Vollendung geführt werden. Wir sollten erkennen, wie fundamental wichtig Gnade in unserem Leben ist.

Da wir wissen, dass wir Gottes Gnade benötigen, ist es ebenso wichtig, zum rechten Zeitpunkt zu handeln. Angenommen, du hast einen dir sehr lieben Sohn und kannst es kaum ertragen, wenn er weint und traurig ist. Mit vier oder fünf Jahren musst du ihn in den Kindergarten geben. Die meisten Kinder wollen bekanntlich nicht eingeschult werden und weinen in den ersten Schultagen, bis sie sich daran gewöhnt haben. So weint vielleicht auch dein Sohn, und es bewegt dich, weil du seine Tränen schwer ertragen kannst. Trotzdem denkst du nicht: „Vielleicht sollte ich warten, bis er fünfzehn ist, denn bis dahin weiß er, warum er zur Schule gehen muss, und wird nicht mehr weinen." Wäre das eine kluge Entscheidung? Würde deinem Kind ein Schulaufschub in irgendeiner Weise helfen? Niemand wartet mit dem Kindergarten bis das Kind ausgewachsen ist. Wir schicken unsere Kinder mit fünf oder sechs Jahren zur Schule, ob sie weinen oder nicht. Aus Erfahrung wissen wir, dass das, was dem Kind momentan Kummer bereitet, nur zu seinem Besten ist, und dass das Kind im richtigen Alter eingeschult werden muss. So gibt es für jede Bemühung in unserem Leben eine passende Zeit.

Wenn wir zur Unzeit säen, beispielsweise während des Monsuns, bekommen wir schwerlich eine gute Ernte, da die Samen von den heftigen Regengüssen fortgespült werden. Doch ohne die Gnade Gottes werden auch die zur rechten Zeit erbrachten

Anstrengungen nicht die erhofften Früchte tragen. Wenn wir beispielsweise zur rechten Zeit säen, uns sorgsam um den Anbau durch angemessene Zugabe von Dünger und Wasser kümmern und dann zur Erntezeit Hochwasser oder Wirbelstürme einsetzen, war all unsere Mühe vergebens. Deshalb ist die Gnade Gottes das wichtigste Element.

Meister und Avatare

Wann ist der beste Zeitpunkt Gottes Gnade zu erbitten? Die Schriften sagen, es ist, wenn ein Gott-verwirklichter Meister unter uns lebt. *Mahatmas* sind aus überströmendem Mitgefühl auf die Welt gekommen, und nur mit der Absicht uns beizustehen.

In einer Erzählung wird beschrieben, warum *Avatars* auf diese Welt kommen. Eine Gruppe von Menschen befand sich auf dem Weg in eine andere Stadt. Sie passierten einen dichten Wald. Da die Reise unglücklicherweise länger als geplant dauerte, gingen ihre Vorräte zur Neige. Zwei oder drei Tage wanderten sie ohne Nahrung weiter. Schließlich erreichten sie die hohe Mauer eines umzäunten Bezirkes. Da sie wissen wollten, was wohl auf der anderen Seite der Mauer sei, kletterte einer von ihnen hoch, um nachzuschauen, und ein anderer half ihm dabei. Als er über die Mauer blickte, rief er: „Oh mein Gott!" und sprang auf der andern Seite hinunter, ohne den anderen, die hören wollten, was er sähe, ein Sterbenswörtchen zu sagen. Die anderen warteten auf ihn, hoffend, er käme bald wieder, doch er kam nicht.

Daraufhin schickten sie einen Zweiten. Der sagte auch: „Oh mein Gott!" und sprang auf Nimmerwiedersehen über die Mauer. Daraufhin forderten sie einen Dritten auf hochzuklettern und ihnen zu beschreiben, was auf der andern Seite sei. Sie beschworen ihn, es nicht so wie die andern beiden zu machen. „Bitte komm zurück und sag uns, was es dort gibt," baten sie und halfen ihm die Mauer hochzuklettern. Als dieser über die Mauer schaute, lächelte er und sagte: „Oh, es ist unglaublich! Es ist wunderbar! Wartet nur!" Dies kaum ausgesprochen, sprang er ebenso auf die andere Seite hinunter, kam auch nicht wieder und dachte sich: „Warum diese Eile? Das möchte ich eine Weile genießen!"

Auf der andern Seite der Mauer hatten sie zauberhafte Obstbäume, eine liebliche Quelle und wunderbares Essen vorgefunden. Sie waren so ausgehungert, dass sie einfach runtersprangen und sich so vollstopften, bis sie sich nicht mehr bewegen konnten. Wie hätten sie da über die Mauer zurückklettern können?

Der Vierte fasste, bevor er über die Mauer kletterte, den Entschluss, auf jeden Fall zurückzukommen. Er sprang runter, aß etwas, kehrte zu den anderen zurück und erzählte von der wohlschmeckenden Nahrung. Dann half er ihnen über die Mauer, damit auch sie diese Köstlichkeiten genießen konnten.

Man sagt, die Glückseligkeit des Gottes-Rausches ist so überwältigend, dass diejenigen, die sie genießen, nie mehr in die Welt zurückkehren wollen, wie diese Drei, die so viel Nährendes sahen, sich damit anfüllten und nicht mehr zurückkamen. Ein Wesen wie Amma beschließt: „Ich werde nicht vollständig in diese Glückseligkeit eintauchen. Ich komme zurück. Zahllose Menschen leiden in dieser Welt, andere suchen die Höchste Wahrheit. Ich muss ihnen beistehen." Wenn solche Wesen ihren Körper verlassen, beschließen sie, in diese Welt zurückzukommen, den Menschen zu helfen und sie hinzuführen zur Glückseligkeit. Amma hat sehr oft gesagt, dass sie um ihrer Kinder willen zu vielen Wiedergeburten bereit ist.

Wir sollten uns stets vor Augen halten: Wir wurden wegen unseres Karmas geboren, wohingegen sich die Geburt eines *avatar* wie Amma einzig wegen ihres unendlichen Mitgefühls für uns vollzieht.

Es sei hier an die früher im Buch beschriebene Geschichte des Leprakranken Dattan erinnert, der vor vielen Jahren in den

Ashram kam. Amma in ihrem grenzenlosen Mitgefühl hatte ihm während des *Devi Bhava darshan* seine Wunden ausgeleckt. Das überschritt menschliches Vorstellungsvermögen. Niemand hätte sich ausdenken können so etwas zu tun. Man sagt, der Speichel eines göttlichen Wesens hat Heilkraft. Hätte Amma es gewollt, hätte sie ihren Speichel über ihre Finger auf die Wunden fließen lassen können. Sie machte es jedoch nicht, sondern leckte die Wunden aus. Das sah schrecklich aus, und niemand konnte das mit ansehen. Im Tempel wurden einige vom Hinschauen ohnmächtig, andere verließen den Tempel als Amma Dattan *darshan* gab. Viele wollten nicht zum *darshan* gehen, nachdem Amma Dattan *darshan* gegeben hatte, aus Furcht, von der Lepra angesteckt zu werden. Man kann diese Szene in einem der Videos über Ammas Leben sehen. Vermutlich hat noch nie jemand davon gehört oder gelesen, dass einem Leprakranken die Wunden ausgeleckt wurden. Hier steht jedoch ein lebendes Beispiel vor uns.

Als ich Amma fragte: „Wie konntest du Dattans Wunden auslecken? War das nicht ekelhaft?" gab sie mir eine erstaunliche Antwort.

Sie sagte: „Es war einfach ein spontaner Ausdruck meines Mitgefühls mit ihm." Amma fragte mich dann: „Was würdest du machen, wenn du an deiner Hand eine Infektionswunde hättest. Würdest du deine Hand abschneiden?" Ich verneinte. „Warum nicht?" fragte Amma. „Weil es meine Hand ist", antwortete ich. „Wie könnte ich meine eigene Hand abschneiden? Ich würde versuchen sie zu heilen." Daraufhin Amma: „Ich bin nicht von dem Leprakranken getrennt. Ich bin er. Er ist Ich. Mit anderen Worten, ich bin in ihm und er ist in mir."

Mahatmas sind von kosmischem oder universalem Bewusstsein, wie man sagt. Als Amma betonte, sie sei nicht getrennt von dem Leprakranken Dattan, äußerte sie die Höchste Wahrheit. Es zeichnet ein göttliches Wesen aus, sein oder ihr Höheres Selbst in jedem Menschen zu sehen und jeden Menschen in seinem oder ihrem Höheren Selbst gespiegelt zu sehen. Deshalb kann Amma mit allen Wesen so mitfühlend und liebevoll sein.

Ein Meister ist wie der Frühling

Wenn eine lebende Meisterin wie Amma unter uns ist und für uns da ist, können wir ihre Gnade mit einem bisschen Anstrengung leicht gewinnen. Amma sagt: „Wenn du zehn Schritte auf mich zugehst, gehe ich hundert auf dich zu, doch du musst wenigstens diese zehn Schritte machen!"

Wenn wir etwas ohne eigene Anstrengung bekommen, schätzen wir seinen Wert oft nicht richtig ein. Es wird verschwendet, als ob „Perlen vor die Säue" geworfen würden. In Ammas Augen ist jeder gleich. Wenn wir uns ernsthaft bemühen, werden wir schließlich ihre Gnade erwirken.

In den Schriften steht: *„Brahmavid brahmaiva bavathi."* Das heißt: „Wer Brahman erkennt, wird Brahman." Das ist eine der großartigsten Aussagen der Upanishaden. Deshalb wird gesagt, dass das, was wir von einem Gott-verwirklichten Wesen empfangen, von Gott selbst kommt. Was immer jedoch von uns selbst kommt, ist Produkt unserer Vorlieben, Abneigungen, unseres Egos usw. Wir können nicht behaupten, es käme von Gott. *Mahatmas* sind ohne Ego und sehen sich selbst nicht als begrenzte Individuen. Es ist ihnen völlig unmöglich selbstsüchtig zu handeln.

Vorläufig können wir nicht so sein. Wir können zwar unsere eigenen Kinder lieben, doch nicht unbedingt die Kinder der Nachbarn. Es würde uns schwerfallen, die anderen ebenso leidenschaftlich und aufrichtig zu lieben.

Mahatmas jedoch sind fortwährend im Strom des Universalen Bewusstseins und erkennen dieses Höchste Bewusstsein in Allem. Das spiegelt sich so unendlich klar in Ammas Leben und in ihren Worten. Wenn Amma *darshan* gibt, können wir sehen, dass sie keinen Unterschied macht zwischen hübsch und hässlich, reich und arm, Indern und Westlern. Wenn sie jemanden mit einer Behinderung oder einem Leiden sieht, drückt sich ihre Liebe und ihr Mitgefühl noch stärker aus, was nicht heißt, sie bevorzuge denjenigen, sie gibt einfach nur jedem Menschen das, was er braucht.

Der große Adi Shankaracharya verglich die großen Meister mit dem Frühling. Im Winter wird es vor allem in den nördlichen Ländern sehr kalt; die Sonne geht früh unter, die Nächte sind lang; die Bäume haben all ihre Blätter verloren und die Menschen bleiben lieber in ihren Häusern. Sogar die Vögel singen kaum. In manchen Gegenden der Welt ist der Winter so lang, dass die Menschen davon depressiv werden. Und dann, am Ende des Winters, kommt der Frühling, und alles erwacht zu neuem Leben. Die Pflanzen sprießen und blühen. Die Bäume bekommen frische Blätter und die Vögel zwitschern fröhlich. Die Sonne scheint länger. Die Menschen kommen aus ihren Häusern wieder heraus und werden aktiver. Ihre depressive Stimmung hellt sich auf.

Große Meister sind wie der Frühling, weil sie den Menschen durch ihre Anwesenheit, ihre Gnade, ihre bedingungslose Liebe und ihr Mitgefühl erfreuen. Das können diejenigen, die eine Zeit mit Amma verbracht haben, mit Nachdruck bestätigen. Viele Menschen haben Schweres auf dem Herzen, wenn sie zu Amma kommen und gehen mit einem Gefühl der Erleichterung, Befriedigung und Kraft wieder von dannen. So wie Kühle eine Eigenschaft des Wassers ist und Hitze eine Eigenschaft des Feuers, gehören bedingungslose Liebe und überfließendes Mitgefühl zur Natur göttlicher Wesen. Sie vermögen auch das Feuer der Liebe und des Mitgefühls in den Herzen derer zu entzünden, die mit ihnen in Kontakt kommen. So entfachen sie in denen, die sie umgeben, Gefühle von Liebe, Freude und Heiterkeit.

Die meisten Menschen fühlen sich wie neu geboren und bekommen ein völlig neues Lebensgefühl, wenn sie zu Amma kommen. Diejenigen, die eine Weile bei Amma gelebt haben, können das ohne Zweifel bestätigen. In Ammas Begleitung zu sein, macht glückselig und ist ein seltenes Glück. Selbst wenn wir längst nicht den Ansprüchen an einen vorbildlichen spirituell Strebenden genügen, schenkt uns Amma in ihrem Mitgefühl mehr als wir verdienen.

Würde Amma ihren Segen von unseren Qualifikationen abhängig machen, könnten ihn nicht viele empfangen. Amma sagt, wenn sie Menschen ohne gutes oder reines Gemüt von ihrer Liebe und ihrem Segen ausschließen oder wegschicken würde, käme das dem gleich, ein Super-Spezialkrankenhaus einzurichten, an dessen Eingang geschrieben stünde: „Kein Eintritt für Kranke!"

Obwohl manche von uns oft schon Ammas Größe erfahren durften, neigen wir dazu, sie mit unserem begrenzten intellektuellen Maßstab zu beurteilen und zu bewerten. Da Amma genau wie wir in einem menschlichen Körper lebt, denken wir über sie wie über einen normalen Menschen. Auch wenn wir noch so viele wunderbare Geschichten und Ereignisse über Amma lesen, können wir nicht begreifen, wer sie wirklich ist.

Amma vergleicht *mahatmas* mit riesigen Eisbergen. Für uns ist lediglich die Spitze des Eisbergs oberhalb des Wassers sichtbar und wir meinen nun, damit die Großartigkeit des Eisberges erfasst zu haben. Es ist aber nur ein winziges Bruchstück der riesigen Eismasse, die unter Wasser ist. In Analogie dazu können wir auch nur einen Bruchteil von Ammas Größe erfassen. Sehr viel von ihrer Größe bleibt uns verborgen.

Amma erzählt dazu eine passende Geschichte. Eine Maus lebte im Wald. Eines Tages lief sie verzweifelt umher und suchte etwas, bis sie an einen Teich kam, in dem ein riesiger Elefant badete. Als sie den Elefanten erblickte, hielt die Maus inne und schrie: „He, Elefant! Komm aus dem Wasser raus!" Der Elefant nahm zunächst keine Notiz von der Maus, schließlich ist ein Elefant ein gewaltiges Tier und eine Maus eine winzige Kreatur. Deshalb tat er so, als ob er die Maus nicht gehört hätte. Die Maus war aber sehr hartnäckig und schrie erneut: „He, Elefant, komm aus dem Wasser raus!" Schließlich bewegte sich der Elefant widerstrebend aus dem Wasser heraus. Sobald er draußen war, rief die Maus: „Alles okay. Du kannst wieder ins Wasser!" Der Elefant war ziemlich genervt und fragte die Maus ärgerlich: „Warum hast du mich überhaupt rausgerufen?" Die Maus erwiderte: „Ich suche meinen Badeanzug und wollte nur sehen, ob du ihn trägst."

Analog dieser Geschichte können wir Amma mit unserem begrenzten Verstand genauso wenig erfassen wie ein Elefant in die Badehose einer Maus passen würde. Unser intellektuelles Fassungsvermögen wird nie ausreichen, um zu verstehen, wie groß Amma ist oder wer sie ist. Wir sollten Amma nicht unterschätzen, weil sie einen menschlichen Körper hat und so bescheiden ist. Amma ist nicht auf den Körper begrenzt.

Vor ein paar Jahren besuchte eine Gruppe Devotees aus Chennai den Ashram. Ich unterhielt mich mit ihnen über Amma. Viele aus der Gruppe fragten verwundert, wie Amma denn täglich so vielen Menschen *darshan* geben könne. Ich erklärte ihnen, dass Amma zwar einen menschlichen Körper wie wir hat, in Wirklichkeit aber jenseits vom Körper ist. Ich fügte noch hinzu, dass Amma ihren Körper nur dazu benutze, um mit uns zu kommunizieren. Einer in der Gruppe war in diesem Punkt nicht einverstanden mit mir. Bei nächster Gelegenheit fragte er Amma: „Stimmt das, dass *mahatmas* jenseits vom Körper sind?" Amma sagte lächelnd: „Ja, das stimmt." Aber selbst das fand er noch nicht glaubwürdig.

Ein wenig später saß die Gruppe von Tamil Nadu gemeinsam mit einigen Ashramiten um Amma herum und unterhielt sich mit ihr. Plötzlich rief dieser Mann: „Wo ist denn Amma? Was ist mit Amma passiert?"

Wir waren überrascht, weil wir Amma ganz deutlich vor uns sitzen sahen, und glaubten, dieser Mann sei verrückt. Wir fragten ihn deshalb: „Was ist los? Worüber redest du?"

Ihm verschlug es eine Weile die Sprache, so erstaunt und verwundert war er. Schließlich konnte er uns erklären, dass Ammas Körper plötzlich vor seinen Augen verschwunden sei und er stattdessen eine herrliche Lichtflut gesehen hätte. Das Licht sei immer heller geworden und hätte seine Augen geblendet, sei schließlich schwächer geworden, bis Ammas Gestalt wieder erschienen sei. Diese Erfahrung überzeugte den anfangs so skeptischen Mann, dass Amma nicht der Körper ist.

Jetzt ist der richtige Moment, all unsere Kräfte einzusetzen, zu beten und zu arbeiten, um Ammas Gnade zu erhalten. Wir sollten unverzüglich mit unseren spirituellen Übungen beginnen ohne Zeit zu vergeuden. Jede bereits vergangene Sekunde ist für immer verloren. Kein Geld der Welt und keine noch so große Anstrengung können sie je zurückbringen.

Ich hörte eine Geschichte, die glänzend illustriert, wie wichtig es ist, niemals unsere Bestrebungen auf die lange Bank zu schieben. Diese Geschichte handelt von König Karna, der berühmt war für seine Barmherzigkeit. Da er so großzügig war, konnte er nie nein zu jemandem sagen, der etwas von ihm wollte. Eines Abends kam ein alter Mann in Karnas Palast und bat um etwas. Da Karna gerade speiste, verwehrten ihm die Wächter den Einlass. Der alte Mann jedoch war hartnäckig und ging nicht weg, ehe er zum König vorgelassen wurde. Er sagte: „Ich kenne den König. Wenn er mich sieht, wird er mir auf jeden Fall helfen."

Da man den alten Mann nicht los wurde, ging einer der Wächter zum König und überbrachte ihm seine Nachricht.

Karna befahl diesem Wächter, den alten Mann auf der Stelle zu ihm zu bringen und befahl einem anderen, ihm aus seiner Schatztruhe so viel zu geben, wie dieser sich wünschte. Als der Wächter mit einigen wertvollen Juwelen kam, nahm Karna, der gerade mit seiner rechten Hand aß, diese in seine Linke und gab sie rasch dem alten Mann. Als das seine Minister, die mit dem König speisten, sahen, fragten sie sich verwundert: „Warum wohl verhält sich der König auf diese Weise?"

Einer der Älteren unter ihnen fragte frei heraus: „Eure Majestät, was macht Ihr da? Mildtätige Gaben müsst Ihr mit der rechten Hand geben, zumal dieser alte Mann ein Brahmane ist."

In Indien ist es Sitte, bei guten Taten nicht die Linke zu gebrauchen. Inder gebrauchen in der Regel nur die rechte Hand (obwohl es viele Linkshänder gibt), vor allem, wenn sie Gott opfern oder jemandem eine milde Gabe geben, und vor allem, wenn der Beschenkte Brahmane ist. Karna entgegnete seinen Ministern: „Ihr wisst wie ausgetrickst der Geist ist. Ich weiß nicht, was mein Geist im nächsten Augenblick denken wird. Jetzt habe ich das Gefühl, ich sollte ihm helfen. Wenn ich eine Minute warte, um meine Hände zu waschen, könnte mein Geist versuchen mir einen Streich zu spielen und sagen: 'Warum sollte ich zu dieser ungewöhnlichen Stunde diesen alten Mann freundlich aufnehmen oder ihm helfen? Soll er doch warten oder ein andermal wiederkommen.' Deshalb darf ich es nicht aufschieben. Ich muss es genau jetzt tun, denn der nächste Augenblick untersteht nicht meiner Kontrolle. Vielleicht tue ich dann meinen letzten Atemzug oder der Mann stirbt, möglich auch, dass ich meinen Rang als König verliere oder er ändert seinen Entschluss und geht weg. Alles ist möglich. Deshalb verschenkte ich es ohne weiteren Aufschub."

Auch wir haben unseren Geist kaum unter Kontrolle. Statt dass unser Geist uns gehorcht, gehorchen wir ihm. Wann immer du den Impuls hast etwas Gutes zu tun, tue es sofort. Wenn du es verschiebst, wird vielleicht nie etwas daraus. Schlechte Dinge kannst du allerdings problemlos auf die lange Bank schieben. In diesem Zusammenhang erzählt Amma eine lustige Geschichte.

Ein sehr intelligenter Affe lebte in einem Baum nahe des Tempels. Viele Devotees kamen in den Tempel und saßen von morgens bis abends unter dem Baum und als Ausdruck ihrer Gottesverehrung fasteten sie. Der Affe schaute sich das eine Weile an und dachte: „Um Gott zu gefallen, sitzt jeder unter diesem Baum ohne etwas zu essen. Warum sollte ich das nicht auch können? Vielleicht segnet Gott mich und ich werde so berühmt wie Hanuman (der Affengott), den selbst die Menschen verehren." Er dachte einige Tage darüber nach und beschloss dann, an einem günstigen Tag mit dem Fasten zu beginnen. Am Tag davor erinnerte er sich selbst daran: „Morgen ist dein Fastentag, vergiss es nicht!"

In der Nacht wurde er ein bißchen ängstlich und dachte: „Ich habe noch nie in meinem Leben gefastet. Ich bin daran gewöhnt sehr oft etwas zu essen und soll morgen den ganzen Tag fasten. Ich werde vielleicht müde und es wird mir schwindlig. Vielleicht kann ich sogar nicht mehr gehen. Leider hängen an diesem Baum keine Früchte und um Früchte zu bekommen, müsste ich ziemlich weit gehen." Er dachte weiter nach: „Ich könnte von meinem Fasten so geschwächt werden, dass ich in Ohnmacht falle, bevor ich die Obstbäume erreiche. Deshalb wäre es wohl besser, wenn ich während des Fastens ganz nah den Obstbäumen bliebe."

Deshalb ging er zum Schlafen unter einen Baum voller Früchte. Mitten in der Nacht wachte er auf und es durchfuhr ihn: „Morgen ist mein Fastentag und ich werde anschließend so müde sein. Was ist, wenn ich diesen Baum nicht mehr erklettern kann? Dieser Baum ist wirklich hoch, und was ist, wenn ich beim Früchtepflücken runterfalle, da ich nach einem vollen Fastentag wirklich müde und geschwächt sein könnte? Ich sollte doch lieber raufklettern und mich auf einen Zweig setzen, um von den Früchten nicht so weit weg zu sein.

Dort angekommen, schlief er wieder ein und wachte wieder auf, weil es ihn durchfuhr: „Was ist, wenn ich meinen Arm nicht mehr ausstrecken kann? Ich will mir ein paar Früchte pflücken und auf meinem Schoß sammeln."

Er pflückte sich einige Früchte und legte sie auf seinen Schoß, was allerdings eine zu große Versuchung war. Er dachte: „Jetzt ist erst früher Morgen. Bis zum Abend werde ich wegen des Fastens so schwach sein, dass ich die Frucht noch nicht einmal in meinen Mund schieben und kauen kann. Welch Unglück wäre es, mit reifen Früchten auf dem Schoß zu sterben. Außerdem ist ja nicht viel Abstand zwischen Schoß und Magen. Ich will sie lieber in meinem Magen als auf meinem Schoß aufbewahren. Vielleicht kann ich an einem nächsten günstigen Tag fasten. Soll doch dieser Tag so sein wie alle anderen." Sprach's und verschlang die Frucht.

Unnötig anzufügen, dass es ihm nie gelang zu fasten.

Lasst uns nicht so sein wie der Affe in dieser Geschichte. Wir alle haben das Glück Amma bei uns zu haben. Lasst uns ohne Zögern alles daransetzen, um auf dem spirituellen Pfad weiterzukommen. Ammas Gegenwart wird unserer Praxis rasch den ersehnten Erfolg schenken. In ihrer Bescheidenheit sagt Amma nicht zu jedem Menschen: „Ich bin hier. Wenn du dich auf dem spirituellen Weg ein bisschen anstrengst, schenke ich dir schnelle Erfolge." Sie gibt uns stattdessen einen indirekten Hinweis und sagt: „Grabe einen Brunnen neben einem Fluss, so wirst du schnell zu Wasser kommen."

Kapitel 15

Den Geist reinigen

Opfer, Barmherzigkeit und Askese

Nach Aussage der Schriften sollten wir täglich drei Dinge tun, um unseren Geist zu reinigen und um unserem Leben Fülle zu geben. Lord Krishna nannte diese drei Elemente in der *Bhagavad Gita yagna, danam* und *tapas.* Das Erste ist Gottesdienst *(yagna)* ohne Erwartung eines persönlichen Gewinns. Das Zweite ist Barmherzigkeit oder Nächstenliebe, d.h. alle die Dinge loszulassen, denen unser Geist besonders verhaftet ist. Das dritte Element ist Askese *(tapas),* zu verstehen als bewusstes und unaufhörliches Bemühen um spirituelles Wachstum. Lord Krishna sagt, wir sollten diese Verhaltensweisen pflegen, ohne uns auf die Ergebnisse zu fixieren.

Yagna ist zu verstehen als Gottesverehrung oder Gebet zu Gott aus reiner Dankbarkeit, ohne irgendeine Gunst zu erwarten. Schließlich verdanken wir Gott unser Leben. Um unsere Dankbarkeit und Schuldigkeit Gott gegenüber auszudrücken, müssen wir Gott verehren, wie Amma sagt. Dazu gibt es verschiedene Formen: Rezitieren der 108 oder 1000 Namen oder eines *mantra*, Meditation, *bhajans* -Singen oder die Lektüre heiliger Texte.

Alles, was wir selbstlos als Dienst oder Gottesverehrung für die Gemeinschaft tun, kann *yagna* genannt werden. In den alten Zeiten pflegten große Könige und *Rishis* verschiedene Formen von *yagna*, bei denen sie aus Barmherzigkeit viel von ihrem Reichtum und ihrer Weisheit abgaben. Wenn Amma in der Gemeinschaft eine *puja* ausführt, ist dies eine zeitgemäße Form von *yagna*.

Jeglicher gemeinschaftliche Dienst unter Führung eines Meisters hilft unser Ego abzubauen. Amma gibt das treffende Beispiel von Steinen mit scharfen Kanten, die zusammen in einer sehr schnell rotierenden Maschine abgerundet und glatt poliert werden. Wenn wir gemeinsam in einem Ashram arbeiten, finden unsere Egos ähnlich viele Gelegenheiten, sich aneinander zu reiben und dabei geformt und geglättet zu werden. Darin liegt die Bedeutung, sich in einem Ashram aufzuhalten und in diesem Umfeld *seva* zu tun, besonders in Anwesenheit eines Meisters.

Das zweite Element ist Nächstenliebe *(danam)*. Hilf andern Menschen finanziell, wenn du es einrichten kannst; beispielsweise einem Kind, von dem du weißt, dass kein Geld für seine Ausbildung vorhanden ist, oder Waisen und mittellosen Menschen. Amma sagt, dass unter freigebiger Nächstenliebe nicht nur Geldspenden verstanden werden. Wer finanziell nichts erübrigen kann, hat vielleicht eine Fertigkeit oder Begabung, die er nützlich einbringen kann. Wer körperlich stark ist, könnte in einem Tempel, einer Kirche, einem Krankenhaus oder Altersheim Dienst tun. Nach Aussage der Schriften ist die Weitergabe von Weisheit, *jnana danam*, die höchste Form von Barmherzigkeit, da sie der Empfänger für immer behalten kann. Wäre es nicht besser, Menschen zu lehren, wie sie Geld verdienen können, anstatt es ihnen nur zu spenden? Folglich kann sich unsere Barmherzigkeit in Form unserer Fähigkeiten und Talente, unserer Körperkraft, unserem Geld oder Wissen ausdrücken.

Es kommt sehr darauf an, was wir geben, auf jeden Fall etwas, das dem Empfänger nützt. Unbrauchbares im Namen der Nächstenliebe abzugeben ist für den Gebenden keine Ehre. Es ist zudem sehr wichtig, mit welcher Haltung wir geben. Die

Schriften sagen: „Wenn du anderen etwas gibst, tue es in einer ganz bestimmten geistigen Haltung. Erstens solltest du das Bedürfnis haben eher mehr geben zu wollen, ohne irgendeine Gegenleistung zu erwarten. Zweitens solltest du dich davor hüten, egozentrisch zu werden oder stolz auf dein Geben. Du solltest mit einem Gefühl von Bescheidenheit geben und mit der Einstellung, dein Geschenk sei karg, und andere würden sicher mehr geben. Letztendlich solltest du geben im Wissen, dass du deinem eigenen Höheren Selbst gibst, denn es gibt nur das alldurchdringende Bewusstsein."

Brauchen wir ein besseres Vorbild als die Art und Weise wie Amma gibt? Amma sagt stets, sie wolle immer mehr Menschen helfen. Amma ist nie stolz auf ihr Tun, denn für sie sind wir alle ihre Kinder – und eine wahre Mutter ist nicht stolz, sondern nur beglückt ihren Kindern zu helfen. Demzufolge verkörpert Amma das höchste Ideal hingebender Haltung.

Amma sagt, durch Barmherzigkeit können wir unsere Dankbarkeit Gott gegenüber ausdrücken. Wir sollten Gott dafür danken, wenn er uns Möglichkeiten gibt, ihm auf verschiedene Arten zu dienen, ohne dabei auf unser wohltätiges Tun stolz zu sein. Wir sollten Menschen, die unsere Dienste nicht schätzen oder beachten, nicht als undankbar empfinden oder meinen, sie erwiesen uns nicht die nötige Ehre. Eine solche Einstellung würde unser spirituelles Wachstum nicht fördern. Wir sollten uns nur darauf konzentrieren, anderen so weit wie möglich zu helfen, egal ob die Empfänger dankbar sind oder nicht.

Das dritte Element heißt *tapas* (Askese, Buße). Früher, in alten Zeiten, machten die Menschen überaus strenge Übungen als *tapas*, beispielsweise standen sie stunden- oder tagelang auf einem Bein, saßen viele Tage draußen bei Regen und Sonnenschein oder auf einem Nagelbret oder fasteten über viele Tage. Man übte sich in Askese, um okkulte Kräfte zu entwickeln, körperliche

Begrenzungen zu überwinden, den Geist zu beherrschen oder eine Vision von Gott zu empfangen. Heutzutage wären solche *tapas* undenkbar, da niemand mehr die entsprechende Veranlagung hat. Im Tempo des modernen Lebens mit all seinen Zerstreuungen und Tücken werden schon einfache spirituelle Übungen wie regelmäßiges Meditieren morgens oder abends oder das tägliche Rezitieren der 1000 Namen der Göttlichen Mutter zu einer Form von *tapas*.

Tapas heißt wörtlich „Hitze erzeugen." Spirituelle Übungen, die wegen der widerstrebenden Kräfte des Geistes Hitze erzeugen, werden *tapas* genannt. Wenn man um etwas Gutes ringt, kann das auch *tapas* genannt werden. Wenn wir gute Gewohnheiten entwickeln, z.B. unseren Ärger zu beherrschen, geduldig zu sein, andere nicht zu beurteilen oder ihnen Fehler nachzusagen, sind damit oft heftige innere Kämpfe verbunden. Wir sind nicht gewöhnt, solche guten Eigenschaften zu trainieren und haben stattdessen unsere negativen Angewohnheiten viel zu stark sprießen lassen. Wollen wir sie nun aufgeben, bedeutet das natürlich großen inneren Kampf.

Ein Mann hatte die Angewohnheit, morgens um sieben Uhr Kaffee zu trinken und anschließend zu meditieren. Eines Morgens dachte seine Frau, sie hätte ihm seinen Morgenkaffee schon gebracht und war deshalb mit anderen Haushaltsarbeiten beschäftigt. Der Mann wartete ärgerlich auf seinen Kaffee. Er verschob seine Meditation, wartete weiterhin auf seinen Kaffee bis 7:30, 8:00, 8:30, doch seine Frau brachte ihn nicht. Schließlich musste er ins Büro. Seine Meditation fiel also aus. Er hätte sich den Kaffee schließlich selbst machen können, statt darauf zu warten, dass seine Frau ihn brachte! Und warum hätte er nicht erst meditieren können und anschließend Kaffee trinken? Er hätte doch, statt auf den Kaffee zu warten, mit seiner Meditation beginnen können – aber das wäre nicht Meditation nach dem Kaffee gewesen! Es hätte vermutlich inneren Kampf bedeutet, etwas abweichend vom Üblichen zu tun (auf seine Frau, die ihn bedient, zu warten). Er verspielte seine Chance, mit einer Einstellung von *tapas* zu handeln.

Nehmen wir das Beispiel der frühmorgendlichen Dusche, die besonders im Winter, falls es kein heißes Wasser gibt, zu *tapas* wird. Da uns eine morgendliche Dusche erfrischt und reinigt, ist sie gut vor der Meditation und anderen spirituellen Übungen. Unser Geist findet leider aus Faulheit und aus Widerstreben früh aufzustehen viele Gründe, das Duschen zu verhindern.

Amma sagt, *tapas* können wir mit einfachen Dingen beginnen, z.B. wenn wir unsere Gewohnheit Kaffee zu trinken aufgeben, uns an eine morgendliche Dusche gewöhnen oder mit dem Essen warten, bis wir das 15 Kapitel der *Bhagavad Gita* gesprochen haben. *Tapas* ist ein wertvolles Instrument, um unseren Geist zu zügeln. Amma sagt, dass wir alle in unserem Leben irgendeine Art von *tapas* praktizieren müssen, selbst in unserem Familienleben. Wenn ein Baby aus uns unbekanntem Grund weint, ist es eine Form von *tapas*, es zu beruhigen.

Vermutlich habt ihr schon von der ayurvedischen Heilmethode gehört. Ihre Anwendung verlangt eine ganz bestimmte Disziplin. Sollen die Heilmittel die gewünschte Wirkung haben, ist während der Kur auf bestimmte Lebensmittel zu verzichten. Auch wenn uns die strengen Diätvorschriften des Arztes nicht passen, sollten wir seine Vorschriften um des Heilerfolges willen befolgen. Dasselbe gilt für unsere spirituelle Praxis. Wenn wir ihren Vorteil voll ausschöpfen wollen, ist es wichtig, uns in den Disziplinen der Opferbereitschaft, Barmherzigkeit und Askese zu üben.

Vom Wert der Geduld

Vor ein paar Jahren kam in Belgien eine Frau mit vielen körperlichen Problemen zu Amma und saß weinend in der *darshan*-Reihe. Nach dem *darshan* lud Amma sie ein, sich neben sie zu setzen. Ich war gerade bei Amma als Übersetzer eingeteilt. Die Frau wollte eine Weile später nach Hause gehen und bat mich um etwas *prasad* von Amma. Als ich Amma danach fragte, schien sie keine Notiz von mir zu nehmen oder mich überhaupt nicht zu hören. Auch als ich Amma ein zweites Mal fragte, bekam ich keine Antwort. Ich nahm meinen Mut zusammen und fragte ein drittes Mal: „Amma, diese Frau möchte etwas *prasad* von dir." Amma sagte, ich solle schweigen.

Die Frau wurde mittlerweile richtig ungeduldig. Sie wirkte sehr aufgeregt und sagte: „Swami, bitte gib mir das *prasad*. Ich muss gehen." Ich hatte aber nicht den Mut, Amma noch einmal zu fragen. Die Dame wartete noch ein paar Minuten und ging dann ohne *prasad* fort.

Nach etwa fünf Minuten drehte sich Amma zu mir um und gab mir das *prasad* (gesegnete Asche) für die Frau. Als ich ihr sagte, dass die Frau bereits gegangen sei, antwortete Amma: „Oh … das hätte ihre Probleme gelöst."

Ich war betroffen, dass die Frau ihre Probleme hätte lösen können, wenn sie nur fünf Minuten gewartet hätte. Sie war so ungeduldig. In der Gegenwart eines Meisters wie Amma können uns Ungeduld und andere negative Eigenschaften teuer zu stehen kommen. Glücklicherweise kam die Dame am nächsten Tag zum *Devi Bhava*. Ich ging sofort zu ihr und sagte: „Sie hätten nicht so schnell fortgehen sollen. Sie waren kaum fünf Minuten weg, als Amma mir das *prasad* gab. Versuchen Sie beim nächsten Mal geduldiger zu sein und länger bei Amma zu verweilen." Diesmal bekam sie das *prasad* von Amma. Als ich die Dame im Jahr darauf wieder traf, erfuhr ich, dass es ihr gesundheitlich besser ging.

Manche, die Amma begegnen und sich in ihrer Gegenwart aufhalten, bekommen eine Kostprobe des ruhigen und stillen Zustandes, den auch unser Geist erlangen kann. Dies hilft uns, den Wert von Selbst-Verwirklichung zu erahnen. Da wir in diesem friedlichen Zustand verweilen möchten, werden wir inspiriert, unsere negativen Seiten zu überwinden. Wenn wir gute Eigenschaften wie Geduld, Toleranz und Nachsicht kultivieren, wird unser Gemüt ruhig und klar. Diese Klarheit des Geistes wird uns zu tiefen spirituellen Erfahrungen verhelfen und uns auf die Selbst-Verwirklichung vorbereiten.

Die Füße des Meisters verehren

Gleich den Wolken, die die Sonne verdunkeln, wird gegenwärtig unser Höheres Selbst vom Ego und anderen Negativitäten verdunkelt. Amma jedoch kann uns reinigen. Sie ist die reinigende Kraft der Herzen. Bieten wir ihr unser Selbst dar, das vom Ego und all den Anhaftungen verdunkelt ist, geht es durch die „Amma-Reinigung" und kommt als reines Selbst zu uns zurück. Wenn sich die Menschen vor Amma verneigen, berührt sie meistens ihren Kopf und segnet sie. Das bedeutet, wir bekommen das, was wir in Liebe und Bescheidenheit zu ihren Lotusfüßen niederlegen, als Segen zurück. Es ist ein vollendeter Kreislauf.

Mancher Leser fragt sich vielleicht verwundert, warum die Füße des Meisters verehrt werden und nicht der Kopf? Ist denn nicht der Kopf das Wichtigste vom Körper?

Die Füße des Meisters zu verehren, ist ein Symbol für die Verehrung der Höchsten Wahrheit und der Höchsten Weisheit, da die Meister im Wissen vom Höchsten Selbst, der Ewigen Wahrheit, verankert sind. Ihre Füße repräsentieren das Fundament, auf dem sie stehen, bzw. den Boden, auf dem sie verankert sind. Dieses Fundament nennt man *atma jnana* oder Wissen vom Selbst. Wenn wir uns zu Ammas Füßen niederwerfen, verehren wir damit symbolisch das Höchste Wissen des Selbst, die Höchste Wahrheit, aus der die gesamte Schöpfung lebt.

Wenn wir vor großen Meistern stehen, werden wir aus Ehrfurcht und Verehrung ganz still. Wir fühlen uns dann völlig unbedeutend. Es ist so, als stünden wir vor dem Gebirge des Himalaya. Der Anblick solcher Berge überwältigt uns und wir werden still und bescheiden.

Uns zu Füßen des Meisters niederzuwerfen, ist Ausdruck unserer Demut und Hingabe. Mit wahrhaftiger Demut und Hingabe wird in unserem Geist der Boden für die Gnade und die Lehren des Meisters bereitet. Als Antwort darauf formt uns der Meister zu jemandem, der ihm oder ihr ähnlich wird. Das ist die Größe eines Meisters. Im weltlichen Leben wünscht kein Mensch von seinem Untergebenen, ihm im Status ebenbürtig zu werden. Ganz anders ein Meister. Er möchte, dass alle seine oder ihre Schüler denselben Zustand von Selbst-Verwirklichung erreichen, den er oder sie erlebt. Und dies ist so, weil die Liebe eines Meisters selbstlos ist. Die Liebe eines Meisters setzt nicht Bedingungen oder Fähigkeiten voraus, die der Schüler mitbringen muss. Seine Liebe ist mit nichts in der Welt zu vergleichen.

Dankbarkeit

Als Devotees sind wir Amma dankbar. Sie hat unser Leben dramatisch verändert. Ihr Einfluss beginnt damit, wie wir unsere Freunde begrüßen und wie wir essen und reicht bis hin zu unserem emotionalen und spirituellen Wachstum, das wir erfahren. Wenn wir uns sehen, begrüßen wir uns nicht mehr mit „hey" oder „hallo", sondern mit „Namah Shivaya." Diese Grußformel hat eine besondere Bedeutung: „Ich verneige mich vor dem Höchsten Einen (in dir)." Indem wir dies aussprechen, fällt es uns leichter, in jedem den einen und selben Gott zu sehen. Wir fühlen in allen Lebensaspekten Ammas Gegenwart und die Veränderungen, die sie in uns bewirkt. Ob wir unseren Lebensstil ändern oder nicht, so haben sich doch unsere Perspektiven zum Leben erheblich verändert. Vor allem hat uns Amma einen Blick auf unser eigenes Höheres Selbst gewährt.

Auch wenn Amma von uns keine Dankbarkeit erwartet, können wir uns mit dankbaren Empfindungen leichter auf sie einschwingen und offen bleiben für ihre Gnade und ihren Segen. Diese Dankbarkeit bedeutet, ganz bewusst jede noch so kleine Spur von Freundlichkeit wahrzunehmen, die wir von Amma ebenso wie von der Welt empfangen.

Wenn wir einem Menschen gegenüber tiefe Dankbarkeit empfinden, zieht sich unser Ego zurück. Mit Dankbarkeit, so wird gesagt, können wir die Gunst der Gnade Gottes und seiner Vergebung auf uns lenken.

In einem Gefühl von Dankbarkeit gegenüber einem Menschen entfällt dieses Bedürfnis, gegeneinander abzuwägen, was wir ihm und was er uns gegeben hat. Sobald du etwas Gutes getan hast, vergiß es. Erinnere dich nur daran, was du Gutes von anderen bekommen hast. Da sich das Ego selbst dann einschleichen kann, wenn wir gute Dinge tun, sollten wir vermeiden, das in die Waagschale zu werfen, was wir andern Gutes taten, und stattdessen nicht vergessen, was wir von anderen bekommen haben. Es ist das Endziel unserer spirituellen Übungen, unser Ego auszulöschen.

Ich erinnere mich an die Geschichte eines Priesters. Eines Tages machte er eine besondere Erfahrung und wurde von Gottes Gnade gesegnet. Er stand abends vor seinem Schrein und betete zu Gott: „Oh Gott, ich danke dir zutiefst. Dein Mitgefühl und deine Gnade sind so groß. Ich bin nichts. In deiner Gegenwart bin ich nur eine unbedeutende Kreatur."

Als der Priester auf diese Weise betete, hörte der alte Hausmeister seine Worte und er begann ebenfalls laut zu beten: „Oh

Gott, ich bin nichts. Ich bin eine unbedeutende Kreatur, über die du deinen Strom von Mitgefühl gegossen hast."

Als der Priester das hörte, wurde er ziemlich ungehalten und dachte bei sich: „Sieh mal an, er denkt auch, er sei unbedeutend und ein Nichts! Er maßt sich an zu denken, er sei genauso wie ich!"

Das Ego ist sehr subtil und macht uns vor, wir seien der Ego-loseste Mensch der Welt. Was der Priester fühlte, war nicht Dankbarkeit; es war nur die Maske seines Egos.

Es gibt eine Geschichte von einem Jungen, der in einen Fluss fiel, aber nicht schwimmen konnte. Obwohl er gegen die Strömung ankämpfte, um wieder ans Ufer zu kommen, kam er nicht viel weiter und war in Gefahr zu ertrinken. Ein Mann, der seine missliche Lage sah und ein guter Schwimmer war, sprang in den reißenden Fluss und rettete den Jungen. Als der Junge sicher und gesund am Ufer war, drückte er seine tiefe Dankbarkeit aus: „Ich danke dir so sehr, dass du mein Leben gerettet hast."

"Du brauchst mir nicht zu danken", entgegnete der Mann. „Sieh nur zu, dass dein Leben es wert ist, gerettet worden zu sein."

Amma möchte genauso wenig unseren Dank. Lasst uns die Dankbarkeit gegenüber Amma durch unsere Taten, Worte und Gedanken ausdrücken. Nur auf diese Weise können wir Amma wenigstens etwas von dem zurückgeben, was sie für uns tut und was sie uns geschenkt hat.

Kapitel 16

Die „Putzfrau der Welt"

Unseren Geist fegen lassen

Amma hatte am 29. August 2000 beim Millenium Welt-Friedensgipfel vor den Vereinten Nationen eine Rede gehalten. Als sie die Versammlungshalle verließ, gab sie den Medienleuten während einer Pressekonferenz die Möglichkeit Fragen an sie zu stellen. Auf die Frage eines Reporters, was Amma tun würde, wenn sie zur Führerin der Welt gewählt würde, antwortete sie: „Ich möchte nicht Führerin der Welt sein, aber ich wäre gerne ihre Putzfrau. Ich würde gerne den Geist jedes Menschen ausfegen."

Vielleicht sind wir der Ansicht, unser Geist sei rein und Amma müsse lediglich den Geist anderer Leute ausfegen, doch sobald wir in einer schwierigen Lage sind, bekommen wir eine Ahnung von der wahren Natur unseres Geistes.

Amma erzählt die Geschichte eines sehr erfolgreichen Mannes. Da er viel Geld und Ruhm hatte, brachte es ihm auch viele Neider. Eines Tages wurde er beim Spaziergang vom Hund des Nachbarn gebissen. Es war ein Schoßhündchen und er sah keine Gefahr, an Tollwut zu erkranken. Aus diesem Grund ging er nicht zum Arzt. Nach ein paar Tagen fühlte er sich unwohl und ging nun doch zum Arzt. Dieser sagte ihm: „Es ist zu spät für Sie. Der Hund, der Sie gebissen hat, war tollwütig und jetzt steht Ihr Leben auf dem Spiel." Als der Mann das hörte, holte er sein

Notizbuch aus der Aktentasche und schrieb etwas auf. Der Arzt war beunruhigt und dachte, er hätte dem Mann besser nicht gesagt, dass sein Leben in Gefahr sei, sondern ihn lieber zu trösten versucht. Der Arzt folgerte: „Der schreibt sicher sein Testament." Um seinen Patienten aufzumuntern sagte er ihm: „Machen Sie sich keine Sorgen. Wir sind mit den neuesten Medikamenten ausgestattet. Ich versuche Ihr Leben zu retten, verlieren Sie also die Hoffnung nicht. Sie brauchen noch nicht Ihr Testament zu schreiben."

Der Mann schaute zum Arzt hinüber und sagte: „Herr Doktor, ich bin nicht so dumm, mein Testament zu schreiben. Sie wissen doch, wenn man von einem tollwütigen Hund gebissen wurde, kann man Überträger dieser tödlichen Krankheit sein."

"Ja, und jetzt?" fragte der Arzt.

Daraufhin der Mann: „Ich mache mir gerade eine Liste von den Leuten, die ich beißen möchte!"

Wären wir wirklich rein, müsste Amma unseren Geist nicht ausfegen, doch für die meisten von uns ist ihr demutsvoller Dienst vonnöten.

Der Meister schaut in die Zukunft

Als ich zum ersten Mal in den Ashram kam, hatte ich so meine Pläne für die Zukunft: Einen hochdotierten Job, die Heirat mit einer reichen, wunderschönen jungen Frau, den Bau eines großen Hauses usw. Während eines *Devi Bhava* bei diesem Aufenthalt zeigte Amma auf mich und sagte zu einem Devotee: „Geh und setz dich neben den *brahmachari*." Ich war erstaunt, dass Amma von mir als *brahmachari* sprach, da ich im Traum nicht daran gedacht hatte, *brahmachari* zu werden. Ich bekam den Eindruck, Amma sei doch nicht so allwissend, wie von ihr behauptet wurde. Mir schien ihre Vorhersage völlig abwegig zu sein.

Dann, drei Jahre später, gab die Bank, in der ich arbeitete, meinem Gesuch nach, wieder in meiner Heimatstadt zu arbeiten. Der eigentliche Grund meines ersten Besuches bei Amma war, von ihr den Segen zu einem schnellen Wechsel in die Bank meiner Heimatstadt zu bekommen. Nachdem der Wechsel geglückt war, wurde mir klar, dass das, was Amma über mein *brahmachari*-Werden gesagt hatte, sich wohl doch bewahrheiten würde.

Nach diesem Wechsel schien mir nämlich jeder Tag in der Bank endlos lang zu sein. Ich fühlte, dass ich dort nicht arbeiten konnte. Es fiel mir schwer mich zu konzentrieren und ich machte Fehler bei den Kalkulationen. Meine Vorgesetzten fragten sich, was mit mir los sei. Ich fühlte eine riesige Leere in meinem Leben. Erst jetzt, wo ich von Amma entfernt war, wurde ich mir der Kraft ihrer bedingungslosen Liebe bewusst. Ich hatte das Gefühl zum psychischen Wrack zu werden, wenn ich nicht unverzüglich zu Amma ginge. So verließ ich die Bank und meine Heimatstadt und eilte in den Ashram, ohne meinen Vorgesetzten etwas davon zu sagen oder einen Abschiedsbrief zu hinterlassen.

Amma hielt mich an, zu meiner Arbeit zurückzukehren und in eine Zweigstelle der Bank in der Nähe des Ashrams überzuwechseln. Es sollten noch einige Jahre vergehen, bis Amma mir gestattete, meinen Job aufzugeben.

Nach einem Wechsel in die Kleinstadt Karunagappally, in der Nähe des Ashrams, konnte ich mich endlich wieder im Ashram aufhalten. Während ich die Stelle in meiner Heimatstadt innehatte, dachten meine Eltern, ich sei vernüftig geworden und ich würde bald vergessen, was mit dem Ashram und Amma zusammenhing. Es schockierte sie, als ich meinen Umzug einleitete und wieder in den Ashram ging, und sie waren sehr aufgebracht. Sie setzten noch einmal alle Mittel und Wege ein, um mich nach Hause zurückzuholen.

Der Vater meiner Mutter kam zu mir, stürmte auf mich ein und versprach, wenn ich zurückkäme, mir ein nagelneues Auto und ein schönes Haus zu kaufen. Es gelang mir irgendwie, ihn hinaus zu komplimentieren, mit der Versicherung, wie dankbar ich ihm wegen seines großzügigen Angebotes sei und wie intensiv ich darüber nachdenken würde.

Ein paar Monate später bekam ich einen Brief von zu Hause mit der Botschaft, meine Mutter läge ernsthaft erkrankt in der Klinik, und ich müsse sofort nach Hause kommen. Der Brief beunruhigte mich. Ich ging damit zu Amma und trug ihr den Inhalt vor. Amma hörte geduldig zu, ohne etwas zu sagen. Ich wurde rastlos und wünschte mir von ihr eine klare Antwort. Etwas später sprach ich Amma wieder auf diesen Brief an. Mit leicht ungeduldigem Ton ermahnte sie mich zu schweigen. Ich wurde noch ruheloser und aufgeregter und vermutete sogar selbstbezogene Absichten in Ammas Verhalten, weil ich weder eine Antwort von ihr bekam noch die Erlaubnis nach Hause zu fahren.

Ich begriff damals noch nicht, dass ein Schüler eine Frage, die der Meister nicht beantwortet, ohne großes Aufhebens auf sich beruhen lassen soll. Stattdessen wollte ich Amma am nächsten Tag erneut fragen. Als ich sie um eine Antwort auf den Brief bat, wurde sie sehr ernst und sprach: „Ramakrishna, ich möchte dir die Wahrheit sagen, ob du sie magst oder nicht. Ich habe nichts zu gewinnen, indem ich dich hier im Ashram behalte. Es macht für mich keinen Unterschied aus, ob du bleibst oder nicht."

"Vor allem denke ich nicht, dass deine Mutter so krank ist wie du glaubst. Sie ist einfach traurig, dass du im Ashram bist. Es wird alles gut werden. Wenn du jedoch nach Hause gehst, kannst du vielleicht nie mehr hierher zurückkommen. Außerdem, wenn du jetzt nach Hause fährst, nimmst du deinen Eltern ihre Chance, zur Spiritualität zu finden. Du kannst entscheiden, was du tun möchtest. Ich weise dich nur auf die Folgen hin."

Das ist das Großartige an Meistern. Sie erzwingen nichts von uns. Sie sind voller Liebe. Liebe kann weder zwingen noch gewalttätig sein. Sie kann nur sanft und freundlich sein. In der *Bhagavad Gita* wird erzählt, wie Lord Krishna die gesamte *Gita* von über 700 Versen Arjuna auf dem Schlachtfeld übergibt. Nachdem er alle Fragen von Arjuna beantwortet und alle Zweifel zerstreut hat, sagt Krishna zu Arjuna: „Ich habe dir gesagt, was zu sagen ist. Jetzt kannst du es machen, wie du willst." (*yadecchasi tadha kuru*)

Nach Ammas Antwort entschied ich mich, nicht nach Hause zu fahren, da ich mich weder von Amma entfernen wollte, noch Anlass sein wollte, dass meine Eltern ihren spirituellen Weg nicht finden würden. Wie Amma vorausgesagt hatte, wurde zu Hause alles gut. Meine Mutter hatte kein ernsthaftes Gesundheitsproblem. Doch zunächst einmal reagierten meine Eltern noch erregter und ärgerlicher angesichts der Tatsache, dass ich nicht nach Hause kam, obwohl man mir doch gesagt hatte, meine Mutter sei ernsthaft krank.

Irgendwann schließlich erstatteten sie Anzeige bei der Polizei, dass ich geistig krank sei und der Ashram mich gewaltsam festhalte und ausbeute. Es kamen Polizisten, um der Anzeige nachzugehen. Als die Dorfbewohner eine Gruppe Polizisten auf den Ashram zukommen sahen, liefen sie zusammen und hofften auf Sensationen. Ich fand bald heraus, dass die Polizei meinetwegen in den Ashram gekommen war, um mich auszuspähen. Der Polizeihauptmeister stellte mir ein paar Fragen und forderte mich auf, am nächsten Tag ins Polizeirevier zu kommen. Dort fand dann in Anwesenheit meines Vaters ein Verhör statt. Ich beantwortete alle Fragen des Polizeioffiziers zu seiner Zufriedenheit und konnte ihn davon überzeugen, dass ich im Ashram aus freiem Entschluss lebte und nicht etwa von jemandem gewaltsam dazu gezwungen worden sei. Schließlich schloss er die Anklageakte, erklärte meinem Vater, mit mir sei alles in Ordnung und die Polizei könne mich nicht dazu zwingen, den Ashram zu verlassen.

Nach meiner Rückkehr zum Ashram erzählte ich Amma alles. Mein Vater tat mir zwar leid, doch war ich auch wütend über ihn, solch eine Szene zu inszenieren und die Polizei auf den Ashram zu hetzen. Schon hatten die Dorfbewohner Gerüchte verbreitet, warum die Polizei in den Ashram gekommen sei. Ich bat Amma sicherzustellen, dass mein Vater so etwas künftig nicht wiederholen werde. Doch Amma brachte nur ihre Liebe für meine Eltern zum Ausdruck. Sie war keineswegs aufgebracht über sie, bat mich vielmehr auf meine Eltern nicht ärgerlich zu sein. Sie sagte mir, mein Vater werde eines Tages in den Ashram kommen, Devotee werden und seinen letzten Atemzug mit dem göttlichen Namen auf seinen Lippen tun.

Und wieder bezweifelte ich Ammas Worte. Ich konnte mir einfach nicht vorstellen, dass mein Vater in den Ashram komme, ganz zu schweigen davon ein Devotee zu werden, da er und meine Mutter über Amma so verärgert waren.

Einige Jahre später kam mein Vater mit einigen Verwandten in die Bank, wo ich arbeitete, und forderte mich zur Unterschrift eines neuerlichen Gesuchs an meine Vorgesetzten auf, nämlich mich zurückzuversetzen in die Bank meiner Heimatstadt. Da ich in der Bank in Anwesenheit so vieler Kunden keine Szene machen wollte, unterschrieb ich den Brief einfach und dachte, sobald mein Vater wieder weg sei, könne ich diesen Versetzungsantrag wieder rückgängig machen. So schrieb ich am selben Abend einen Brief, mit dem ich den ersten Antrag für nichtig erklärte.

Ich kam zum Ashram zurück und erzählte Amma, was in der Bank vorgefallen war. Amma bezweifelte, dass meine Vorgesetzten meinen zweiten Brief, mit der Bitte meinen Versetzungsantrag rückgängig zu machen, beachten würden. Amma riet mir deshalb zu einem weiteren Brief, um sicherzustellen, dass mein

Versetzungsantrag rückgängig gemacht worden sei. Ich versicherte Amma, das sei nicht nötig, da ich so einen Brief bereits geschrieben hätte. Ich wollte nicht einen Brief nach dem anderen wegschicken. Doch bald schon musste ich den Preis dafür bezahlen, dass ich mit ihren Worten so leichtsinnig umgegangen war und ihre Anweisungen nicht befolgt hatte. Nach wenigen Monaten kam meine Versetzungsanordnung mit der Aufforderung, mich unverzüglich bei der neuen Zweigstelle einzufinden. Meinem Vater war es irgendwie gelungen, einen raschen Versetzungsantrag für mich durchzusetzen. Amma klärte mich später darüber auf, dass mein Bittbrief um Aufhebung des Versetzungsantrags meine Vorgesetzten nicht erreicht hatte, und sie deshalb vorgeschlagen hatte, einen zweiten Brief zu schicken.

Ich war wieder wütend und aufgebracht über meinen Vater, Amma jedoch sagte, es sei sinnlos mich über meinen Vater aufzuregen, denn dies habe ich nun einmal meinem eigenen Fehlverhalten zu verdanken. Ich musste mir das zwar eingestehen, erinnerte Amma jedoch daran, mein Vater sei bisher nicht zum Ashram gekommen, um ihr Devotee zu werden, wie sie vor vielen Jahren vorausgesagt hatte. Wenn er es getan hätte, wäre diese missliche Lage nicht eingetreten. Amma erwiderte, er werde bestimmt zum Ashram kommen, doch ich müsse mich gedulden.

Ich wollte sofort in der Bank kündigen, weil ich nicht in diese neue Zweigstelle wollte. Amma bestand jedoch darauf, ich solle zunächst längere Zeit abwesend sein und gestattete mir erst nach einer ganzen Weile zu kündigen. Das Problem des Wechselns war damit ein für alle Mal erledigt.

Eines Tages kam mein Vater zu meiner Überraschung zu Amma in den Ashram, fast acht Jahre nach Ammas Voraussage. Nach seinem ersten *darshan* von Amma veränderte sich mein Vater vollkommen. Er besuchte von nun an den Ashram regelmäßig und ließ sich von Amma in ein *mantra* einweihen. Es bewahrheitete sich alles, was Amma über ihn vorhergesagt hatte.

Mit Bezug auf die Voraussagen von *mahatmas* sagt Amma: „Was ein *mahatma* sagt, mag für den Moment, in dem es gesagt wird, wahr sein oder nicht. Es wird sich jedoch bewahrheiten, weil *mahatmas* in der Höchsten Wahrheit verankert sind." Nicht nur sprechen *mahatmas* die Wahrheit, die Wahrheit folgt ihren Worten.

Eines Tages kam mein Vater in den Ashram, um beim *Devi Bhava* Ammas Segen zu bekommen. Nach seinem *darshan* kam er von der Bühne herab und setzte sich in die Halle, um die 108 Namen zu beten. Als er den Tempel verließ, fühlte er sich benommen und setzte sich wieder hin. Er bat um ein Glas Wasser, trank es aus und tat nur wenige Minuten später ganz mühelos seinen letzten Atemzug. Später erzählte mir der Devotee, der ihm das Glas Wasser gegeben hatte, mein Vater habe Ammas Namen gesprochen und in seinen Händen Ammas *prasad* gehalten. Ammas Voraussage hatte sich wörtlich erfüllt. Amma bestätigte später, er habe im Sterben Ammas *mantra* rezitiert, und sagte, er müsse nun nicht mehr wiedergeboren werden. Er sei mit ihr verschmolzen. Auch wenn ich traurig war, als ich von seinem Tod erfuhr, beglückte es mich gleichzeitig, dass er im Sterben Ammas Namen rezitiert hatte und nicht mehr wiedergeboren werden muss.

Nach einigen Jahren kam auch meine Mutter in den Ashram und inzwischen gehört sie zu den Ashrambewohnern. Sie sagt, sie sei sehr glücklich bei Amma und müsse sich um ihre Kinder, Enkel und den Rest der Familie keine Sorgen machen, da sie alle Devotees geworden sind. Sie weiß, dass sich Amma um alle kümmert.

Das Leben im Ashram

Man findet es gemeinhin abwegig, bereits in jungen Jahren einen spirituellen Weg einzuschlagen. Die Leute meinen für gewöhnlich, man könne ein spirituelles Leben oder ein Leben im Ashram erst nach der Berufsphase oder in einem späteren Abschnitt des Lebens beginnen. Das ist eine ganz falsche Vorstellung. Die Schriften weisen darauf hin, dass man den spirituellen Weg schon in sehr jungen Jahren einschlagen kann, wenn man für ein weltliches Leben nicht viel übrig hat und eine spirituelle Neigung verspürt. Ausschlaggebend ist nicht das Alter eines Menschen, sondern sein Desinteresse an weltlichen Dingen und Zielen und seine tiefe Sehnsucht nach der Höchsten Wahrheit. Im Pensionsalter ist ein Mensch vielleicht körperlich nicht mehr in der Lage, sich einem spirituellen Lebensweg anzupassen – in diesem Alter könnte es zu schwierig werden, sich zum Meditieren in eine aufrechte Haltung zu setzen oder die Kraft zum Dienst an anderen zu finden.

Wenn junge Männer und Frauen sich dazu entschließen, in Ammas Ashram in Indien einzutreten, werden sie manchmal mit dem Widerstand ihrer Familien konfrontiert. Die Familien sind in Indien allgemein sehr viel mehr miteinander verbunden als im Westen. Während die jungen Leute in den westlichen Ländern oft mit achtzehn Jahren aus dem Haus gehen, wohnen die Kinder in Indien üblicherweise bei den Eltern, bis sie heiraten. Es ist nicht ungewöhnlich, dass ein vierzigjähriger, unverheirateter Erwachsener noch zu Hause lebt. Mitunter leben auch verheiratete Paare noch bei den Eltern des Ehemannes.

Einer der Hauptgründe, warum meine Eltern gegen meinen Eintritt in den Ashram waren, abgesehen von ihrer Liebe und Bindung an mich, bestand in der Tatsache, ihr ältester Sohn zu sein. In der indischen Tradition teilt sich üblicherweise der älteste Sohn die Verantwortung für die Familie mit dem Vater. Beim

Tod von Vater oder Mutter sorgt sich dann der älteste Sohn um die Begräbnisrituale und gebräuchlichen Ahnenriten. Außerdem hatte ich noch zwei unverheiratete Schwestern. Meine Eltern hatten Sorge, niemand würde sie heiraten wollen, wenn man erfahre, dass der älteste Sohn Mönch sei. Viele Leute respektieren Mönche zwar, hätten es aber nicht so gerne, wenn jemand aus der eigenen Familie Mönch würde. Viele meinen, wenn ein junger Mensch Mönch wird, stimme etwas nicht mit ihm oder mit seiner Familie.

Ist man verheiratet, hat man sich in seiner Familie meistens um vier oder fünf Menschen zu kümmern. Tritt man jedoch in einen Ashram ein, kann man einem viel größeren Kreis von Menschen dienen. Amma gibt das Beispiel von der Kokosnuss. Wenn wir sie zum Kochen nehmen, reicht sie gerade für ein paar Leute, lassen wir sie zu einem Kokosbaum wachsen, ernten wir viele Kokosnüsse, die wiederum sehr vielen Menschen zugutekommen. Zusätzliche Kokosbäume können aus diesen Kokosnüssen gezogen werden und eine noch reichlichere Ernte einbringen.

Wenn Männer und Frauen in den Ashram eintreten, um *brahmacharis* oder *brahmacharinis* zu werden, wächst ihre Liebe zusehends. Sie werden dank Ammas inspirierendem Vorbild immer selbstloser. Es wirkt sich entschieden positiv aus im Ashram zu leben, besonders mit einer so großen Meisterin wie Amma. Diese Menschen werden diszipliniert und entwickeln viele gute Eigenschaften. Wenn den Eltern wirklich am Glück und der Charakterbildung ihrer Kinder gelegen ist, gibt es keinen Grund, sie davon abzuhalten in Ammas Ashram einzutreten. Im Ashram wird nichts Nachteiliges gelehrt. Viele werden tatsächlich im Ashram verwandelt und beginnen ein rechtschaffenes Leben, was ihnen sonst vielleicht nicht möglich gewesen wäre. So sind Menschen, die für ihre Eltern oder die Gesellschaft ein Problem geworden wären, von Amma in die richtige Spur gesetzt worden.

In meinem Fall sind meine Eltern zu Amma gekommen, weil ich im Ashram geblieben und nicht zu ihnen nach Hause zurückgekehrt bin. Aus ihrer Begegnung mit Amma sind ihnen große Wohltaten erwachsen, auch wenn sie anfangs traurig und verärgert reagierten. Wäre ich zu ihnen nach Hause zurückgekehrt, hätten sie diese Wohltaten nicht empfangen. Viele Menschen fragen die *brahmacharis*, ob das denn in Ordnung sei, im Ashram zu leben anstatt sich um die Eltern zu kümmern. Amma sagt ihren *brahmacharis*: „Wenn sich zu Hause niemand um deine Eltern kümmert, kann der Ashram gut für sie sorgen. Bring sie hierher." Wieviele erwachsene Kinder, die bei ihren Eltern wohnen und verheiratet sind, sorgen wirklich für ihre Eltern, wenn sie älter werden? Außerdem nehmen viele junge Inder eine Anstellung im Ausland an. Sie besuchen ihre Eltern vielleicht nur alle paar Jahre, ohne dass diese daran Anstoß nehmen.

Amma weiß, dass Eltern wegen ihrer engen Bindung und ihrer Erwartungen an die Kinder nicht immer begreifen können, dass diese in den Ashram eintreten. Sie können den potentiellen Nutzen nicht nur für ihre Kinder, sondern für die Gesellschaft insgesamt, kaum erfassen. Einige mögen einwenden, dass junge Männer und Frauen, die in den Ashram eintreten, nicht im Einklang seien mit ihrem *dharma* dem Familie und der Gesellschaft gegenüber. Dabei wird die Tatsache übersehen, dass spirituelle Schüler ihr eigenes *dharma* haben, und dieses *dharma* ist manchmal höher und gewichtiger als ein anderes, da es zu einem Leben des Dienens und der spirituellen Praxis führt und letztendlich der Welt Nutzen bringt.

Angenommen ein Mann ist in der Armee und plötzlich bricht ein Krieg aus. So sehr er seine Frau und Kinder auch liebt, er wird sie verlassen und im Krieg kämpfen müssen, weil dies sein *dharma* ist. Vielleicht muss er sogar sein Leben hingeben, wenn die Situation es erfordert, da die Pflicht gegenüber seinem

Vaterland höher steht als die Pflichten seiner Familie gegenüber. Je nach Situation kann ein *dharma* wichtiger werden als ein anderes.

Natürlich führen nicht nur *brahmacharis* und *brahmacharinis* ein spirituelles Leben. Es wohnen auch viele Familienväter mit ihren Familien in Amritapuri. Ehemänner, Ehefrauen und Kinder widmen ihr Leben der spirituellen Praxis und dem Dienst an der Welt. Außerdem gibt es viele Menschen, die nicht ständig im Ashram leben können, dort jedoch so viel Zeit wie möglich verbringen. Und dann sind da noch die vielen Devotees in der ganzen Welt, die Amma gemeinsam dienen: in den Ashrams, Zentren und *satsang*-Gruppen und sich darum bemühen, jede Handlung als Gottesdienst für Amma auszuführen. Ammas Kinder, die im weltlichen Umfeld leben, unterstützen den Ashram und seine zahlreichen wohltätigen und humanitären Einrichtungen sowohl finanziell als auch durch harte Arbeit. Amma sagt, dass diese Kinder, die so tief in weltlichen Verantwortlichkeiten stecken und physisch nicht viel Zeit mit ihr verbringen können, manchmal genau diejenigen sind, die sich ihrer inneren Anwesenheit wahrhaftig erfreuen können, denn die sehnsuchtsvollen Herzen dieser Devotees sind im Geiste immer mit Amma verbunden.

Ob *brahmachari* bzw. *brahmacharini* oder in weltlichen Zusammenhängen lebend, wer sich ernsthaft danach sehnt, das Ziel unter der Führung eines *satguru* wie Amma zu erreichen, kann die Selbst-Verwirklichung erlangen. Tatsächlich lebten in alten Zeiten viele Heilige und Weise als Familienväter. Es liegt an jedem von uns, wo immer wir auch sind und was immer wir auch tun, auf dem schmalen Pfad voranzuschreiten: „Unterwegs auf Messers Schneide."

Eine gesegnete Chance

*"Ich möchte leben wie ein Räucherstäbchen, das in sich ver-
brennt und seinen Duft an die Welt verströmt. Ich möchte
noch im letzten Atemzug eines Menschen Tränen trocknen
und ihn an meiner Schulter trösten."*

– Amma

Amma lebt ihr ganzes Leben, Tag und Nacht, um ihrer Kinder
willen. Sie möchte immer mit uns und für uns da sein. Ich kann
die Tage an den Fingern abzählen, an denen Amma in den 25
Jahren, seit ich sie begleite, nicht *darshan* gegeben hat. Sie reist
um die ganze Welt und gönnt sich nie Urlaub oder den Luxus
einer Besichtigungstour oder sonst einer Unterhaltung.

Amma schläft meistens nur ein oder zwei Stunden in der
Nacht, unabhängig davon wo in der Welt sie sich gerade aufhält.
Oft schläft sie überhaupt nicht. Wenn sie nicht *darshan* gibt,
kümmert sie sich um die Belange ihres immer größer werdenden
humanitären Netzwerkes und anderer Institutionen, trifft sich
mit Regierungsmitgliedern und anderen Würdenträgern, die sie
um Audienz bitten, leitet jeden Abend das Singen von *bhajans*
ihrer Kinder und berät mehr als 2000 Ashrambewohner in ihrem
spirituellen Weiterkommen und ihren persönlichen Problemen.
Danach ist ihr Tag noch nicht zu Ende. Jede Nacht liest sie
stundenlang Briefe ihrer Devotees. Als in New York ein Zei-
tungsreporter Amma nach ihrem Geheimnis fragte, selbst nach
einem Tag mit stundenlangem *darshan* für ihre Devotees nicht
zu ermüden, sagte Amma: „Ich bin verbunden mit der ewigen
Energiequelle und nicht mit einer Batterie, die mit jedem Einsatz
an Energie verliert."

Amma sagt, sie möchte die Qual und das Leiden bei jedem
Menschen in der Welt lindern. Da es ihr jedoch physisch nicht
möglich ist, jedem Menschen auf dem Planeten zu helfen und

ihn zu trösten, wünscht sie sich, dass wir alle zu ihren Händen werden, die sich nach den Menschen in Not ausstrecken. Amma möchte, dass alle ihre Kinder auch eine Amma werden, die das Licht der bedingungslosen Liebe und des Mitgefühls über die Welt verströmen. Sie wünscht sich, wir könnten in solch einem Ausmaß wachsen und reifen, dass sogar der Wind, der unseren Körper streift, anderen Wohltat bringt. Jeden Augenblick ihres Lebens widmet sie diesem Ziel.

Als Ammas Kinder sind wir gesegnet, ihre Zeitgenossen zu sein und auf sie vertrauen zu dürfen. Es steht in unserer Verantwortung und unserer Freude, diesen Glauben auf jede nur mögliche Weise zu stärken. Um die Kraft unseres Glaubens an Amma zu intensivieren, mögen wir uns immer wieder neu an die Reihe positiver Erfahrungen und Erlebnisse erinnern, die wir und andere mit Amma hatten. Jede Erfahrung birgt eine ganz bestimmte Botschaft für unser Leben in sich.

Ammas Einfachheit und Demut verdecken ihre Größe. Ihre unschuldige Liebe gibt uns ein so angenehmes und vertrautes Gefühl, als ob sie ein ganz normaler Mensch sei. Und auf einmal geht es wie ein Blitz durch uns und wir erinnern uns ihrer Größe. Es gibt Zeiten, in denen wir über ihre Göttlichkeit kontemplieren und meditieren. Ihre mütterliche Liebe, Fürsorge und Sorgfalt können uns andererseits auch wegtragen. Wir brauchen diese Liebe und Zuwendung zu unserem spirituellen Wachstum, jedoch wenn es uns wegträgt, können wir ihre Größe leicht missverstehen, genauso wie Arjuna, der lange Zeit in Lord Krishna einfach nur einen Freund sah. Für weltliche Augen scheint Amma nicht mehr als ein liebevolles menschliches Wesen zu sein. Amma verbirgt ihre wahre Größe hinter ihrer Erscheinung. Auch wenn Amma zum Schein viele Dinge nicht wahrnimmt, weiß sie alles. Das hat Amma sehr oft schon bewiesen. In Wahrheit ist sie die

Verkörperung von Parashakti, der Höchsten Kraft – *die Göttliche Mutter des Universums.*

Lasst uns diese großartige Chance voll nutzen. Was wir an spirituellem Wachstum erreichen, bleibt unverlierbar in uns, selbst wenn wir am Ziel der Selbst-Verwirklichung in diesem Leben noch nicht ankommen. Im nächsten Leben dann geht es an dem Punkt weiter, wo wir diesmal unterbrochen wurden – wir müssen nicht wieder von vorne beginnen. Lasst uns an Amma in Liebe und Sehnsucht denken und bleiben wir bei unseren spirituellen Übungen mit Geduld, Begeisterung und optimistischem Glauben. Dann können wir Ammas Gegenwart immer spüren, ob wir ihr physisch nahe sind oder weit weg, und wir werden schließlich mit ihren Lotusfüßen verschmelzen.

Om Amriteshwaryai Namah

Glossar

adharma: Unredlichkeit; das Gegenteil von dharma

adhi bhautikam: Störungen, die wir durch unsere Umwelt erfahren

adhi daivikam: Störungen durch Naturgewalten

adhyatmikam: Störungen aus unserem Inneren

Advaita: die Philosophie der Nicht-Zweiheit oder Nicht-Dualität

ahamkara: Ego oder Gefühl von der eigenen Existenz, abgetrennt vom Rest des Universums

ahimsa: Gewaltlosigkeit. Es zu unterlassen, irgendein lebendiges Wesen in Gedanken, Worten oder Taten zu verletzen

agni: Feuer

Arjuna: der Dritte von den fünf Pandava-Brüdern. Ein großer Bogenschütze und einer der Helden des Mahabharata-Krieges. Krishna wendet sich in der Bhagavad Gita direkt an Arjuna.

arrta: Menschen, die Leid erfahren

artharthi: Menschen, die Reichtum und Wunscherfüllung suchen

atman: das Selbst oder Höchstes Bewußtsein

atma jnana: Wissen vom Höchsten Selbst

AUM: auch „Om." Nach Aussage der Veden ist es der uranfängliche Ton des Universums. Alle Töne steigen aus dem Om auf und lösen sich im Om auf.

avadhut: ein Heiliger, dessen Verhalten nicht sozial-konform ist

avatar: göttliche Inkarnation

ayurveda: die altindische, traditionelle medizinische Wissenschaft

Bhagavad Gita: „Gesang des Herrn." Bhagavad = der Herr oder Gott, gita = Gesang. Die Lehren, die Gott Krishna Arjuna auf dem Schlachtfeld von Kurukshetra gab, am Beginn des

Mahabharata-Krieges. Sie sind ein praktischer Leitfaden für das tägliche Leben und enthalten die Essenz der vedischen Weisheit.

bhajan: Lobgesang, Anbetung in Form von Gesängen

bhakti: spirituelle Hingabe oder Anbetung und Liebe

bhakti yoga: „Einheit durch Hingabe." Der Pfad der Hingabe. Ein Weg, um Gottes- oder Selbst-Verwirklichung durch Hingabe und vollständige Unterwerfung unter das Höchste Sein zu gewinnen.

bhava: eine göttliche Einstimmung oder Zustand (s.a. Devi Bhava)

bhiksha: Almosen, Gabe

Bhishma: Großvater (und Erzieher) der Pandavas und Kauravas. Obwohl er im Mahabharata-Krieg auf Seiten der Kauravas kämpfte, war er ein Verfechter des dharma und voller Sympathie für die siegreichen Pandavas. Er ist nach Krishna der bedeutendste Charakter im Mahabharata.

bhoga: Freude an Sinnesgenüssen

brahmachari: zölibatär lebender Schüler, der sich einer spirituellen Disziplin unterzieht und üblicherweise von einem spirituellen Meister erzogen wird

brahmacharini: zölibatär lebende Schülerin, die sich einer spirituellen Disziplin unterzieht und üblicherweise von einem spirituellen Meister erzogen wird

Brahman: die Absolute Wirklichkeit; das Höchste Sein

Brahmasthanam Temple: einzigartige Tempelform, die Ammas göttlicher Intuition entsprang. Erstmals werden in diesen Tempeln verschiedene Gottheiten auf einem Bildstock vereinigt. Der Bildstock ist vierseitig und zeigt die Darstellungen von Ganesha, Shiva, Devi und Rahu, um die innere Einheit hervorzuheben, die den mannigfaltigen Aspekten des Göttlichen zugrundeliegt. Es gibt inzwischen sechzehn solcher Tempel in Indien und einen in Mauritius.

chapatti: flaches, rundes Brot, ähnlich wie eine Tortilla

danam: Barmherzigkeit

darshan: eine Begegnung mit oder eine Vision von Gott oder von einem Heiligen

Dipavali: „Lichtfest," auch Diwali genannt. Ursprünglich begangen als Fest von Ramas Heimkehr zu Ayodhya, nach seinem vierzehnjährigen Exil; daneben gibt es noch andere Bedeutungen. In manchen Gegenden von Indien ist es ein Fest für Lakshmi, Saraswati und Durga. Es bedeutet den Sieg des Lichtes über die Finsternis.

Devi: Göttin; die Göttliche Mutter

Devi Bhava: „die Göttliche Stimmung von Devi". Der Zustand, in dem Amma ihr Einssein und ihre Identität mit der Göttlichen Mutter offenbart.

dharma: in Sanskrit bedeutet es „das, was die Schöpfung aufrechterhält". Zumeist angewandt als ein Hinweis auf das, was für die Harmonie des Universums verantwortlich ist. Andere Bedeutungen u.a.: Rechtschaffenheit, Verpflichtung, Verantwortung

gopi: die Gopis waren Hirtenmädchen und Milchmädchen, die in Vrindavan lebten. Sie standen Krishna als Devotees am nächsten und waren berühmt für ihre außerordentliche Hingabe an Gott. Sie verkörpern die intensivste Liebe zu Gott.

Guha: der Fährmann, der Rama über den Ganges übersetzte.

Haridwar: heilige Pilgerstadt in den Hügeln am Fuße des Himalaya

Janaka: König im alten Indien, berühmt dafür, dass er, obwohl Selbst-verwirklicht, nie seine weltliche Pflicht vernachlässigte, sein Königreich zu regieren.

japa: Wiederholung eines Mantra

jijnasu: jemand, der zutiefst nach Wissen strebt, besonders nach dem Wissen von der Höchsten Wahrheit oder von Gott

jnana danam: Wissen aus Barmherzigkeit weitergeben

jnani: jemand, der Gott oder das Höhere Selbst verwirklicht hat und die Höchste Wahrheit kennt

kalari: der kleine Tempel, in dem Amma in den Anfangsjahren des Ashrams Krishna und Devi Bhava darshan gab, und in dem auch heutigentags noch täglich Pujas zelebriert werden

karma: Handlung oder Tat. Auch die Kette von Wirkungen, die durch unsere Handlungen hervorgerufen werden

Karna: König in der Mahabharata; er gilt als einer der barmherzigsten Menschen der Geschichte.

Katha Upanishad: gehört zu den Haupterzählungen der Upanishaden, worin ein Junge sich aufmacht zu Yama, dem Gott des Todes. Yama beantwortet dessen Fragen über das Höhere Selbst.

Kauravas: die 100 Kinder von Dhritharasthra und Gandhari, deren Ältester der ungerechte Duryodhana war. Die Kauravas waren Feinde von ihren Cousins, den tugendhaften Pandavas, die sie im Mahabharata-Krieg bekämpften.

Krishna: bedeutendste Verkörperung von Vishnu. Er wurde in eine königliche Familie geboren, wuchs jedoch bei Pflegeeltern auf und lebte als jugendlicher Kuhhirte in Vrindavan, wo Er von Seinen hingebungsvollen Begleitern, den gopis und gopas (Kuhhirten und Kuhhirtinnen) geliebt und angebetet wurde. Krishna wurde später Herrscher von Dwaraka. Er war Freund und Berater Seiner Cousins, den Pandavas, vor allem von Arjuna, mit dem Er im Mahabharata-Krieg kämpfte, und dem Er Seine Unterweisungen als die Bhagavad Gita eingab.

Krishna bhava: ein Zustand, in dem Amma ihre Einheit und Identität mit Krishna offenbart

lila: göttliches Spiel

Mahabharata: gehört mit dem Ramayana zu den zwei großen Epen der indischen Geschichte. Es ist eine große Abhandlung über dharma und Spiritualität. Die Geschichte handelt vor allem vom Konflikt zwischen den Pandavas und Kauravas und der großen Schlacht von Kurukshetra. Mit 100.000 Versen ist es das längste Epos der Welt und wurde ungefähr 3.200 v.Chr. von dem Weisen Vyasa niedergeschrieben.

mahatma: große Seele

mahout: Elefanten-Dresseur

maitri: Freundlichkeit allen Wesen gegenüber

mamakara: Bindung oder Anhaftung an Besitz. Die Empfindung von Eigentum oder „Mein-Sein", zu mir gehörig, Ichgefühl

mantra: heiliges Gebet oder Gebetsformel

mantra japa: Wiederholung eines Mantra; durch die ständige Wiederholung des Mantra wird die latente spirituelle Kraft erweckt und Erleuchtung möglich. Das Mantra entfaltet seine höchste Wirkkraft, wenn es von einem verwirklichten Meister während einer Einweihung empfangen wird. Ein Mantra ist vollständig verbunden mit der Wirklichkeit, die es repräsentiert, und zwar als „Samenkorn" dieser Wirklichkeit. Das Mantra, das „Samenkorn" im Innern des spirituellen Anwärters, wird „genährt" durch ständiges Wiederholen (mit Konzentration), solange, bis es schließlich in der Höchsten Wirklichkeit aufkeimt.

Mata Amritanandamayi Devi: Ammas offizieller monastischer Name in der Bedeutung von Mutter der Unsterblichen Glückseligkeit

moksha: endgültige spirituelle Befreiung

mon: in Malayalam „Sohn". Amma flüstert dies oft ihren männlichen Kindern beim darshan ins Ohr. Mol bedeutet „Tochter".

Mount Kailas: gelegen im Himalaya; der Kailas Berg ist einer der heiligsten Pilgerorte. In einigen Hinduschriften gilt er als traditioneller Wohnsitz von Shiva.

mudra: symbolische Geste oder Haltung, meistens durch die Hand ausgedrückt, von tiefer spiritueller Bedeutung

Namadev: ein glühender Verehrer Gottes, der die äußersten Höhen der Gottes-Verwirklichung erreichte

Om Namah Shivaya: kraftvolles Mantra in der Bedeutung: „Ich verneige mich vor dem Ewigen Verheißungsvollen Bewußtsein"

Pandavas: die fünf Brüder Yudhisthira, Bhima, Arjuna, Nakula und Sahadeva, die Söhne von König Pandu und Heroen in dem Epos Mahabharata

pappadam: dünnes, rundes und flaches knuspriges Brot

paramartika satyam: die Wahrheit, die sich auf die Höchste und Ewige Wirklichkeit bezieht

Parashakti: die Höchste Kraft; weiblicher Aspekt des Höchsten Seins

Parvati: Gemahlin des Gottes Shiva

Patanjali: alter indischer Weiser, bekannt vor allem durch seine berühmten Yoga Sutras

prarabdha: die Auswirkungen des Handelns aus früheren Leben, die uns bestimmt sind, im jetzigen Leben zu erfahren

prasad: gesegnete Spende oder Geschenk eines Heiligen oder aus einem Tempel, meist als Nahrungsmittel

pratibhasika satyam: Erkenntnis der Wirklichkeit, wie sie erscheint

puja: religiöses Ritual oder feierliche Gottesverehrung (wörtlich: „Anbetung")

Rama: der göttliche Held des Epos Ramayana. Als Inkarnation von Gott Vishnu gilt er als Ideal des dharma und der Tugend.

Ramayana: „Das Leben von Rama." Es ist eines der größten indischen Epen, die Darstellung des Lebens von Rama,

254

niedergeschrieben von Valmiki. Rama war eine Inkarnation von Vishnu. Im Hauptteil des Epos wird beschrieben, wie Sita, die Gemahlin Ramas, von dem Dämonenkönig Ravana nach Sri Lanka entführt wird und wie Sita von Rama und seinen Anhängern errettet wird.

rishi: Selbst-verwirklichte Seher oder Weise, welche die Höchste Wahrheit erfuhren und ihre Einsichten in Gestalt der Veden, den ältesten und heiligsten indischen Texten, zum Ausdruck brachten.

samadhi: Einssein mit Gott. Transzendentaler Bewußt-seinszustand, bei dem sich jegliches Gefühl individueller Identität verliert

Sanatana Dharma: „das ewige Weltgesetz". Ursprüngliche, traditionelle Bezeichnung des Hinduismus

sankalpa: göttlicher Entschluss

sannyasi: ein Mönch, der das Gelübde der Entsagung (sannyasa) abgelegt hat. Traditionellerweise trägt ein sannyasi ein ockerfarbenes Gewand, als Zeichen dafür, dass alle Wünsche verbrennen. Die weibliche Entsprechung heißt sannyasini.

satguru: Selbst-verwirklichter spiritueller Meister

satsang: sat = Wahrheit, Sein; sanga = Verbundenheit. Sich in Gesellschaft eines Mahatma befinden oder einem spirituellen Vortrag bzw. Gespräch zuhören

seva: selbstloser Dienst

shanti: Frieden

Shiva: „der Gnadenvolle Eine" Eine Form des Höchsten Seins. Das männliche Prinzip. Auch ein Aspekt der Trinität (Brahma, Vishnu und Shiva), im Zusammenhang mit der Zerstörung des Universums, der Vernichtung dessen, was letztendlich nicht wirklich ist

Sita: Ramas heilige Gemahlin. In Indien wird sie als Ideal des Frauseins verehrt.

Srimad Bhagavatam: ein heiliges Buch, das die Leben der zehn Inkarnationen des Gottes Shiva beschreibt, besonders das von Krishna, mit seinen Eskapaden in der Kindheit. Es unterstreicht die herausragende Bedeutung von Hingabe als einem Weg zur Einheit mit Gott.

Sudama: fromme Brahmin und Kinderfreundin von Krishna

tabla: ein Paar kleiner indischer Handtrommeln

tantra: ein philosophisches System der Gottesverehrung zur Erlangung der Segnungen höherer Kraft. Mudras werden stärker hervorgehoben als Mantras

tapas: Askese, Buße

Tiruvannamallai: Stadt am Fuße des heiligen Hügels Arunachala, im südindischen Staat Tamil Nadu, wo der berühmte Heilige Ramana Maharshi lebte

Tulsidas: indischer Dichter und Heiliger, sehr bekannt durch seine Übertragung des Ramayana ins Hindi

udarah: edel

Upanishaden: die Schluss-Teile der Veden, die sich mit der Philosophie der Nicht-Zweiheit oder Nicht-Dualität befassen

vasana: latente Neigungen oder subtile Wünsche unseres Gemütes, die sich im Handeln und in der Gewohnheit zeigen

Veda: wörtlich „Wissen". Die heiligen Schriften des Hinduismus. Eine Sammlung heiliger Texte, die in vier Teile (Traditionsstränge) aufgeteilt sind: Rig Veda, Yajur Veda, Sama Veda und Atharva Veda. Die Veden gehören zu den ältesten Schriften der Welt und bestehen aus 100.000 Versen mit zusätzlicher Prosa. Sie wurden in die Welt gebracht von den Rishis, die selbstverwirklichte Seher waren. Die Veden gelten als unmittelbare Offenbarung der Höchsten Wahrheit.

Vrindavan: Krishnas Heimatort seiner Kindheit, wo sich viel von seinem lila (göttliches Spiel) entfaltete

vyavaharika satyam: die relative Wirklichkeit

yagna: Gottesverehrung ohne Erwartung eines persönlichen Gewinns

yoga: „vereinigen". Einheit mit dem Höchsten Sein. Ein weiter Begriff, der auch verschiedene praktische Methoden mit einschließt, durch die man das Einswerden mit Gott erreichen kann. Ein Weg zur Selbst-Verwirklichung

yogasana: Yoga-Stellung

www.ingramcontent.com/pod-product-compliance
Lightning Source LLC
LaVergne TN
LVHW051545080426
835510LV00020B/2856